离隰高速公路建设
质量提升与创新实践

山西离隰高速公路有限公司 编著

人民交通出版社股份有限公司

北 京

内 容 提 要

离隰高速公路是国家"71118"高速公路网中呼和浩特至北海高速公路在山西省境内路段的重要组成部分,同时也是山西省规划的高速公路网"四纵十五横三十三联"公路主骨架中西纵高速公路的中间段。本书对该项目建设的实践经验进行了系统性的总结,内容包括路基、路面、桥梁、隧道、涵洞工程的关键施工工艺、关键质量通病及防治措施以及特殊工艺与四新技术应用等。

本书可为山西省高速公路工程的施工、质量控制和管理提供借鉴,还可供从事公路、铁路和水利工程的设计、施工和管理相关人员参考。

图书在版编目(CIP)数据

离隰高速公路建设质量提升与创新实践／山西离隰高速公路有限公司编著.— 北京:人民交通出版社股份有限公司,2023.12
ISBN 978-7-114-19145-9

Ⅰ.①离⋯ Ⅱ.①山⋯ Ⅲ.①高速公路—工程质量—质量管理—山西 Ⅳ.①U415.12

中国国家版本馆 CIP 数据核字(2023)第 231106 号

Lixi Gaosu Gonglu Jianshe Zhiliang Tisheng yu Chuangxin Shijian

书　　名:	离隰高速公路建设质量提升与创新实践
著 作 者:	山西离隰高速公路有限公司
责任编辑:	朱伟康　刘　彤
责任校对:	刘　芹
责任印制:	张　凯
出版发行:	人民交通出版社股份有限公司
地　　址:	(100011)北京市朝阳区安定门外外馆斜街3号
网　　址:	http://www.ccpcl.com.cn
销售电话:	(010)59757973
总 经 销:	人民交通出版社股份有限公司发行部
经　　销:	各地新华书店
印　　刷:	北京市密东印刷有限公司
开　　本:	787×1092　1/16
印　　张:	18.25
字　　数:	461千
版　　次:	2023年12月　第1版
印　　次:	2023年12月　第1次印刷
书　　号:	ISBN 978-7-114-19145-9
定　　价:	128.00元

(有印刷、装订质量问题的图书,由本公司负责调换)

《离隰高速公路建设质量提升与创新实践》编委会

顾　　问：杨志贵　杨建红　陈　俊　郭聪林
　　　　　王润民　张于良　刘瑞斌　汪　伟
主　　编：常新忠　赵景鹏　马冬云　解卫江
执行主编：王　健
副 主 编：郝　宁　张雪峰　孟续峰　李　强　常惠宗　梁全虎
　　　　　阎晓杰　韩俊杰　任县刚　武春旺　苏　强
编　　委：任　鹏　张礼宁　张　敏　吕雪冰　安　进　梁　奇
　　　　　陈　强　徐　强　刘丽英　夏静萍　覃俊杰　薄小飞
　　　　　刘志远　高国栋　李　飞　王培剑　张海珠　史　健
　　　　　史振华　牛雨竹　杨文方　成文海　李卫红　孟志军
　　　　　田国良　麻　泉　郭向兵　狄安亚　贾志刚　李海森
　　　　　王晓刚　郭　勇　孟　雪　孙慧龙　郑贵锋　王　鹏
　　　　　杨振东　李国伟　王建龙　樊　炜　李　凤　姚晓峰
　　　　　孙志杰　李亚龙　强永亮　王　江　张尔明　张银海
　　　　　王中红　郭　刚　周　刚　刘延良　刘　岩　曾继松
　　　　　段长高　庞耀辉　龙　浩　赵立军　郝诚辉　陈红文
　　　　　薛时正　薛　刚　程高峰　郅乃荣　王国青　高海荣
　　　　　冯　涛　任振宇　赵国强　路飞龙

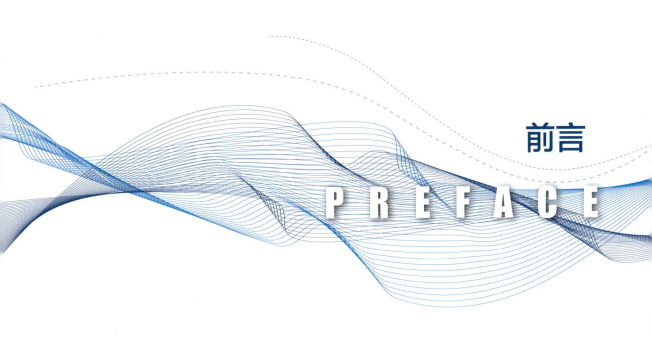

前言 PREFACE

谆谆嘱托,言犹在耳。习近平总书记五年内三次莅晋考察指导,充分体现了党的领袖对山西人民的深切关怀,充分体现了党中央对山西工作的高度关注。一句句问候、一声声叮嘱、一份份嘱托,鼓舞着3500万三晋儿女满怀壮志豪情;充分的肯定、殷切的关怀、深情的祝福,激荡起山西干部群众重整行装再向前的磅礴力量。

交通是兴国之要、强国之基。离隰高速公路全体参建人员始终坚持深入贯彻习近平总书记视察山西重要讲话重要指示精神,全面贯彻落实党中央质量强国、交通强国战略部署,认真落实交通运输部《关于打造公路水运品质工程的指导意见》和山西省委、省政府关于交通运输工作的部署要求,以创建平安百年品质工程为目标,大力推进公路平安百年品质工程建设,为山西省加快转型发展贡献交通力量,在此之中积累了较为丰富的工程建设经验。

筚路蓝缕,使命如初。2019年12月5日,离隰高速公路建设正式拉开序幕,由山西路桥建设集团主导投资建设。项目途经柳林、中阳、交口三县,路线全长83.191km,大部位于山岭重丘区,自然地形海拔高差大,同时穿越湿陷性黄土发育区域,全线桥隧高,工程规模大,且冬季严寒,年度有效施工期较短,项目建设和管理难度高。全体参建人员积极响应《山西省公路"品质工程"攻关行动试点方案》文件精神,以勇立潮头、奋楫争先的志气,踔厉奋发、笃行不息的毅力,奋力攀登、勇争一流的决心,全力推进

2023 年建成通车目标顺利完成,并力争到工程完工时,形成一批可复制、可推广的经典案例,建造出一条优质耐久、安全舒适、经济环保、社会认可的高品质高速公路。

慎终如始,担当作为。离隰高速公路作为山西省高速公路网"四纵十五横三十三联"中第四纵的重要路段,也是交通强国"黄河流域吕梁山生态脆弱区绿色公路"试点项目。项目建设伊始,全体参建人员牢固树立"品质工程,绿色公路"建设理念,肩负着为吕梁老区经济腾飞插上翅膀的使命,带着对品质、绿色公路的追求与执着,积极投身创新实践,以工程机械作笔,沥青砂浆为墨,山峦大地为画卷,在英雄辈出的吕梁山脉描绘出一条风光独好的锦绣大道,让吕梁大地的血脉息息相通,为新时代山西发展留下了浓墨重彩的一笔。

本书围绕离隰高速公路建设案例,系统性地探讨了路基、路面、桥涵、隧道工程施工质量控制要点、常见质量通病成因及防控措施,并且在湿陷性黄土地基处理、路面面层全幅智能化摊铺、小半径高墩柱现浇、低强度等级 CFB 灰渣混凝土应用等方面进行了系列技术创新,为山西省山区高速公路建设实践提供了一定的经验,以推动全省高速公路建设更加稳步发展,加快推进高水平交通强省建设。

本书共分为 7 章,第 1 章主要介绍离隰高速公路建设背景、工程概况、设计理念、组织实施;第 2 章~第 6 章分别介绍了路基、路面、桥梁、隧道、涵洞工程施工质量控制要点、常见质量通病成因及防控措施,并介绍了离隰项目建设过程中采用的特殊工艺及新技术应用;第 7 章对全书内容进行了总结。

本书在撰写过程中,得到了咨询检测、施工、监理等相关参建单位的支持,同时得到了集团公司领导的高度重视以及行业内专家的悉心指导,在此对各相关单位、领导及专家一并表示感谢。

限于时间和编者水平,书中遗漏、不足之处在所难免,敬请广大读者批评、指正。最后,我们向所有对本书的完成和出版给予帮助的支持者们表示最衷心的感谢。

作　者

2023 年 11 月

目录 CONTENTS

1 绪论 001

1.1 建设背景 002
1.1.1 完善路网布局 002
1.1.2 保障国家中部崛起和"一带一路"倡议实施 002
1.1.3 促进山西区域经济发展 002
1.1.4 加强国防建设和抗灾防险能力 003

1.2 工程概况 003

1.3 设计理念与方案 004
1.3.1 以人为本,安全至上 004
1.3.2 技术指标灵活运用,创新设计 005
1.3.3 人与自然协调统一,生态环保 005
1.3.4 资源节约,可持续发展 005
1.3.5 全寿命周期成本,系统论 005

1.4 组织与实施 006
1.4.1 建设单位组织机构 006

1.4.2　施工组织管理 ……………………………………………………………… 006
　　1.4.3　施工质量管控 ……………………………………………………………… 007

2　路基工程　　　　　　　　　　　　　　　　　　　　　　　　　009

2.1　填土路基 ……………………………………………………………………… 010
　　2.1.1　施工工序 …………………………………………………………………… 010
　　2.1.2　施工质量要点 ………………………………………………………………… 010
　　2.1.3　关键质量通病与防治 ………………………………………………………… 012

2.2　填石路基 ……………………………………………………………………… 016
　　2.2.1　施工工序 …………………………………………………………………… 016
　　2.2.2　施工质量要点 ………………………………………………………………… 016
　　2.2.3　关键质量通病与防治 ………………………………………………………… 017

2.3　填挖交界段路基 ……………………………………………………………… 019
　　2.3.1　施工工序 …………………………………………………………………… 019
　　2.3.2　施工质量要点 ………………………………………………………………… 019
　　2.3.3　关键质量通病与防治 ………………………………………………………… 021

2.4　土质路堑 ……………………………………………………………………… 021
　　2.4.1　施工工序 …………………………………………………………………… 021
　　2.4.2　施工质量要点 ………………………………………………………………… 022
　　2.4.3　关键质量通病与防治 ………………………………………………………… 022

2.5　石质路堑 ……………………………………………………………………… 023
　　2.5.1　施工工序 …………………………………………………………………… 024
　　2.5.2　施工质量要点 ………………………………………………………………… 024
　　2.5.3　关键质量通病与防治 ………………………………………………………… 025

2.6　特殊工艺及新技术应用 ……………………………………………………… 026
　　2.6.1　杂填场地超能强夯处置技术 ………………………………………………… 026
　　2.6.2　CFB灰渣改良高含水率路基土技术 ………………………………………… 035
　　2.6.3　黄土地区公路边坡生态防排水一体化技术 ………………………………… 041
　　2.6.4　整体式模板一次浇筑成型阶梯式急流槽技术 ……………………………… 050
　　2.6.5　路基"三同步"标准化施工 …………………………………………………… 054

3 路面工程 — 057

3.1 水泥混凝土面层 — 058
3.1.1 施工工序 — 058
3.1.2 施工质量要点 — 058
3.1.3 关键质量通病与防治 — 061

3.2 沥青混凝土面层 — 063
3.2.1 施工工序 — 063
3.2.2 施工质量要点 — 064
3.2.2 关键质量通病与防治 — 067

3.3 水泥稳定碎石基层 — 069
3.3.1 施工工序 — 069
3.3.2 施工质量要点 — 070
3.3.3 关键质量通病与防治 — 074

3.4 层间结合 — 076
3.4.1 透层 — 076
3.4.2 黏层 — 078
3.4.3 同步碎石封层 — 078
3.4.4 关键质量通病与防治 — 079

3.5 特殊工艺及新技术运用 — 080
3.5.1 胶粉复合改性沥青混合料技术 — 080
3.5.2 基层大宽度全幅摊铺技术 — 083
3.5.3 面层全幅智能化摊铺技术 — 089
3.5.4 压实度实时监测技术 — 092
3.5.5 节水保湿养护膜技术 — 093

4 桥梁工程 — 095

4.1 桩基 — 096
4.1.1 施工工序 — 096
4.1.2 施工质量要点 — 096
4.1.3 关键质量通病与防治 — 100

4.2 承台、系梁 ··· 103
4.2.1 施工工序 ··· 103
4.2.2 施工质量要点 ·· 104
4.2.3 关键质量通病与防治 ·· 105

4.3 桥墩、桥台 ··· 107
4.3.1 施工工序 ··· 107
4.3.2 施工质量要点 ·· 107
4.3.3 关键质量通病与防治 ·· 108

4.4 盖梁 ··· 109
4.4.1 施工工序 ··· 109
4.4.2 施工质量要点 ·· 110
4.4.3 关键质量通病与防治 ·· 110

4.5 梁板预制及安装 ··· 111
4.5.1 施工工序 ··· 111
4.5.2 施工质量要点 ·· 112
4.5.3 关键质量通病与防治 ·· 119

4.6 预应力张拉 ··· 133
4.6.1 施工工序 ··· 133
4.6.2 施工质量要点 ·· 134
4.6.3 关键质量通病与防治 ·· 137

4.7 管道压浆 ··· 139
4.7.1 施工工序 ··· 139
4.7.2 施工质量要点 ·· 139
4.7.3 关键质量通病与防治 ·· 140

4.8 附属工程 ··· 141
4.8.1 施工质量要点 ·· 141
4.8.2 关键质量通病与防治 ·· 144

4.9 特殊工艺及新技术应用 ··· 147
4.9.1 桩底岩溶探测技术应用 ·· 147
4.9.2 混凝土密实性无损检测技术应用 ·· 149
4.9.3 智能喷淋养护技术应用 ·· 155
4.9.4 小半径高墩柱现浇梁组合支架施工技术应用 ···································· 158

- 4.9.5 薄壁空心墩液压爬模应用 ··· 167
- 4.9.6 玄武岩纤维水泥混凝土应用 ······································ 173

5 隧道工程　　183

5.1 洞口及明洞工程 ··· 184
- 5.1.1 施工工序 ··· 184
- 5.1.2 施工质量要点 ··· 184
- 5.1.3 关键质量通病与防治 ······································· 186

5.2 洞身开挖 ··· 188
- 5.2.1 施工工序 ··· 188
- 5.2.2 施工质量要点 ··· 189
- 5.2.3 关键质量通病与防治 ······································· 194

5.3 初期支护 ··· 196
- 5.3.1 施工工序 ··· 196
- 5.3.2 质量控制要点 ··· 198
- 5.3.3 关键质量通病与防治 ······································· 199

5.4 仰拱及仰拱填充 ··· 204
- 5.4.1 施工工序 ··· 204
- 5.4.2 质量控制要点 ··· 204
- 5.4.3 关键质量通病与防治 ······································· 205

5.5 防排水 ··· 206
- 5.5.1 施工工序 ··· 207
- 5.5.2 质量控制要点 ··· 207
- 5.5.3 关键质量通病与防治 ······································· 209

5.6 混凝土衬砌 ··· 212
- 5.6.1 施工工序 ··· 212
- 5.6.2 质量控制要点 ··· 213
- 5.6.3 关键质量通病与防治 ······································· 214

5.7 特殊工艺及新技术应用 ··· 219
- 5.7.1 聚能水压光面爆破技术 ····································· 219
- 5.7.2 低强度等级 CFB 灰渣混凝土技术应用 ························ 225
- 5.7.3 隧道全液压轨行式整体模板台车技术应用 ····················· 241

6 涵洞工程 — 245

6.1 混凝土涵洞 — 246
6.1.1 施工工序 — 246
6.1.2 施工质量要点 — 247
6.1.3 关键质量通病与防治 — 249

6.2 波形钢管涵 — 252
6.2.1 施工工序 — 252
6.2.2 施工质量要点 — 252
6.2.3 关键质量通病与防治 — 259

6.3 特殊工艺及新技术应用 — 260
6.3.1 台背、涵背回填高速液压夯实机补强夯实 — 260
6.3.2 装配式钢波纹管涵快速连接工艺 — 263
6.3.3 高路堤大孔径钢波纹管通道应用技术研究 — 265

7 总结 — 273

参考文献 — 275

1 绪论

1.1 建设背景

离隰高速公路是山西省实现"县县通高速"目标的重点工程,是交通强国"黄河流域吕梁山生态脆弱区绿色公路"试点项目,离隰高速公路是G59呼和浩特至北海国家高速公路的重要组成部分,也是山西省高速公路网"四纵十五横三十三联"中第四纵的重要路段。山西省境内的西纵高速公路起于右玉杀虎口,经过右玉、平鲁、朔城区、五寨、临县、离石区、中阳、交口、隰县、吉县、河津、盐湖区、永济等,终点为芮城刘堡。离隰高速公路的建设对完善山西省高速公路网规划、改善吕梁山区交通运输条件、加速区域旅游发展、加强国防建设和抗灾防险能力、保障国家中部地区崛起战略实施以及促进区域经济发展等方面具有重要的作用和意义。

1.1.1 完善路网布局

离隰高速公路是完善国家高速公路网和山西省高速公路网络布局的需要。同时,本项目作为山西省西纵高速公路中间段,沟通了青岛—银川银高速公路(规划的第八横高速公路)与霍州至永和关高速公路(规划的第九横高速公路),是完善山西省高速公路网调整规划,提高区域高速公路网的网络化程度和整体服务水平,提升吕梁市乃至全山西省的公路现代化水平,改善山西省中西部地区的运输条件的需要。

1.1.2 保障国家中部崛起和"一带一路"倡议实施

山西是"一带一路"建设中贯通东西的枢纽和桥梁,离隰高速公路作为G59呼北高速的重要组成部分,对山西省发挥连南拓北的区位优势,促进中部地区崛起,对接"一带一路",打造"东融南承西联北拓"战略枢纽,加快构建内陆地区对外开放新高地具有重要意义。

随着我国社会经济的发展和改革开放的进一步深入,我国东、西部各大经济区之间的经济互补性将愈加明显,经济联系将进一步加强,这将使各大经济区之间的公路交通需求迅速增加。中部地区既是东部地区谋求发展的腹地,又是西部地区开放的前沿,占据天时地利,完全有可能在东西互动中实现快速发展。

山西省作为中部地区的六个省份之一,地处中西部结合地带,是国家煤炭、电力、焦化、冶金、机械、化工等领域的重要工业基地和文化旅游资源大省,但同时也是经济欠发达省份。公路交通基础设施薄弱已成为制约山西省经济快速发展的不利因素,导致其吸引外资的能力与相邻省份相比也有一定差距,自然资源和旅游资源的优势得不到发挥。改善山西省交通运输状况,缩小其与经济发达地区的差距,是促进山西省地方经济快速发展的先决条件。

1.1.3 促进山西区域经济发展

离隰高速公路是改善交通运输条件,提高吕梁、临汾地区经济发展水平的需要。本项目位于吕梁山脉腹地,连接吕梁与临汾地区。吕梁山区是山西省经济欠发达的地区之一,土地贫瘠、工业设施薄弱,人民生活水平较低。离隰高速公路所经过的中阳县、交口县、隰县,三县在南北方向上仅有国道 G209 连接,道路技术标准较低,路况较差,局部路段可达到二级公路标准,但多数路段为三级公路标准,道路通行能力较低,总体服务水平差,尤其是在穿越中阳县、交口县城的部分村镇路段,街道化严重,随着近年来汽车保有量与道路交通量的快速增长,这些路段的堵车现象时有发生;通往乡镇的县乡道路,标准普遍较低,部分路段仍为砂石路面。交通落后制约了地方经济的发展和人民生活水平的提高。本项目沿线县市的地下资源丰富,其中煤炭探明储量中阳县 16.91 亿 t,交口县 23.25 亿 t,隰县 600 万 t。另外,交口县的核桃、隰县的玉露香酥梨都是当地的知名土特产品。本项目建成后,高标准、大容量的高速公路将大大改善区域路网的服务水平,提高公路运输能力,满足未来社会经济发展对公路运输事业的需求,适应交通量快速增长的需要。交通条件的改善,将提高吸引外资的能力,加速县域资源开发,使当地的土特产品销往外地,促进地方经济发展。

1.1.4　加强国防建设和抗灾防险能力

离隰高速公路建设是加强国防建设和抗灾防险的需要。交通现代化建设是国防建设的重要组成部分,而交通建设本身就具有为经济建设和战备服务的双重性,既是发展经济的命脉和重要基础,又是巩固国防的重要保证。山西特殊的地理位置,自古以来起着"中原大门"和"京冀屏障"的作用,有着非常重要的国防地位。但本项目建成前沿线路网不发达,对战备保障较为不利。根据"平战结合"的原则,本项目的建设,在和平时期可保障干线公路网的畅通,加快经济发展的速度,在战争时期则能够保障现代化军事力量的迅速调动,提高军备和后勤物资运输的机动性、灵活性,对完善和提高整个华北地区国防交通网络的通行能力及交通运输效率,对加快国防现代化建设有着重要作用。同时,其在完成应急、抢险、救灾任务等方面都具有十分重要的意义。

1.2　工程概况

离隰高速公路北接临离高速公路,南与隰吉高速公路相连,路线主线全长 83.191km,桥隧比例 36.46%,同步建设车鸣峪、交口 2 条连接线,共计 22.121km。离隰高速公路项目由山西路桥建设集团有限公司(以下简称"山西路桥集团")和中铁三局集团有限公司(以下简称"中铁三局集团")组成联合体,采用公共私营合作制(PPP)模式投资建设,投资概算 104.9 亿元,建设工期 4 年。全线主线标段划分为 7 个,其中 LJ1 标段由中铁三局集团有限公司承建,LJ2 标段由贵州桥梁建设集团有限责任公司承建,LJ3 标段由中铁十八局集团有限公司承建,LJ4～LJ7 标段由山西路桥集团承建。全线设特大桥 1121m/1 座,大桥(含匝道、互通桥) 21406m/77 座,特长隧道 3591m/1 座,长隧道 5016m/3 座,中隧道 1628m/3 座。全线设 4 处收费站(中阳收费站、中阳南收费站、交口收费站、交口南收费站);隧道管理站、隧道救援站各 1 处,与中阳南收费站合建;服务区 1 处(中阳服务区),停车区 2 处(中阳停车区、交口停车区);路产维护站 2 处,分别与中阳收费站和交口南收费站合建。全线房建总建筑面积 21613m^2,场区占地总面积 297 亩。

主线采用双向四车道高速公路技术标准建设,设计速度为80km/h,路基宽度为25.5m;连接线采用二级公路标准建设,设计速度为60km/h,路基宽度为12m。全线汽车荷载等级采用公路—Ⅰ级标准,桥梁与路基同宽。其余技术指标按照《公路工程技术标准》(JTG B01—2014)相关规定执行。

本项目起点顺接临县至离石高速公路,临县至离石高速公路设计速度为80km/h、路基宽度为24.5m。在本项目起点段设置50m渐变段对路基宽度进行渐变,渐变段范围为 K0+000～K0+050(渐变率为1/100,两侧硬路肩由2.5 m线性过渡至3m),该渐变段位于路基上。本项目终点顺接隰县至吉县高速公路,该项目设计速度为80km/h、路基宽度为25.5m,其设计标准与本项目完全一致,无须过渡。

1.3 设计理念与方案

本项目地处吕梁山区,地形地质条件及水文条件复杂,桥梁、隧道、互通立交等大型构造物多,工程规模大。设计人员在总体方案设计中全面考虑地形、地质条件和工程建设环境,贯彻落实"创新、协调、绿色、开放、共享"五大发展理念,树立"以人为本、安全至上"的设计理念,坚持"低碳环保、安全智能、科技示范"的设计原则,从全局出发,从工程全寿命周期和社会综合效应等方面综合考虑,将路、桥、隧道、立交等工程与沿线建设环境紧密结合起来,有效协调公路工程与不良地质、环境保护、水土保持及沿线社会经济发展等多方面因素。

1.3.1 以人为本,安全至上

以人为本,是科学发展观的本质和核心,也是勘察设计的基本理念和要求。勘察设计既要坚持地形选线、地质选线,更要做到安全选线、环保选线;既要充分考虑公路设施的工程安全和运营安全,又要消除公路事故多发点以及诸多安全隐患,尽量在路线线形设计上采取有效的安全措施,从根本上解决行车安全问题。

工程安全也就是公路自身的结构安全,是工程设计的基本要求,包括桥梁、隧道、通道涵洞及挡土墙等构筑物的结构安全及工程稳定,也包括路基工程及路面工程的结构稳定性。通过设计、复核、审核严格把关,首先保证工程自身安全。

保证高速公路运营安全是工程设计的主要目标。其反映在技术上就是要保证车辆运行速度的连续性及协调性,避免运行车速发生突变或者急剧变化,注重交通组织和交通渠化等,保证高速公路有秩序、持续地运营,避免存在交通事故多发点和安全隐患。同时,需要人性化的管理体系和服务体系,做好事故预防、抢险救灾等安全工作。

在设计阶段,从路线方案开始就应尽量考虑行车安全的主要因素,比如阴阳坡、连续长大下坡等最根本的因素。尽量选择阳坡布线,平面上均衡选用线形指标,保证指标连续均衡过渡;纵面上尽量采用缓坡,缩小相邻路段的高差,避免长大纵坡路段的设置。

设计过程中,利用运行速度理论,对全线进行运行速度检验,分析运行速度的连续性和协调性,根据运行速度检验成果指导路线平纵面线形设计,尽量采用安全的线形。同时对困难路段进行安全性评价,分析可能发生安全事故的位置、原因,并采取有效的安全措施(比如设置标志、振动标线、强制减速带、临时停车区等)予以预防,尽量降低事故率,减少事故损失。

1.3.2 技术指标灵活运用,创新设计

灵活设计、灵活选用技术指标、创新设计是达到"安全、环境优美、节约资源、质量优良、系统最优"的手段,是公路勘察设计新理念的精髓。

规范和标准采用的是具有典型代表性的通用值,具有普遍性;每条公路由于地形地貌、环境气候、车型比例等的不同而有着自身个性特点,故应依据项目特点,赋予公路个性和灵气。应将灵活设计作为设计的基本理念,把设计产品变为设计作品,精雕细刻,抓住重点,才能突出功能实效,实现"更安全、更环保、更经济"的目标。

1.3.3 人与自然协调统一,生态环保

树立"不破坏就是最大的保护"的理念,坚持最大限度地保护、最低程度的破坏、最强力度的恢复,使工程建设顺应自然、融入自然,追求工程与自然环境的最大协调统一。

(1)越岭路线不能采用逢山开路的方法,应采用隧道和沿沟顺山组合布线;对于背山临河段,除考虑地形、地质等条件外,应顺地形地貌、人文景观之"势"而为。

(2)特殊路段进行桥梁与路堤、隧道与深挖综合比较;对于陡坡地形,尽量减少高填、深挖对自然环境的破坏。

(3)路基填挖边坡采用与自然坡面平滑顺接的流线型坡面形式;路基防护与公路景观设计相结合,以植物防护为主,圬工防护为辅。

(4)桥梁布置分为两大类别:受地形限制区段的地形起伏大,桥梁较高,人烟稀少,桥梁无建筑高度限制,主要从经济实用、施工便捷的角度考虑桥梁桥型的选择。受水文控制区段的地形平坦,填土较低,人口密集,对视觉美观要求较高,桥型主要选择结构轻巧、形式简洁、造型美观、施工便捷的预制小箱梁及预制T梁。

(5)注重隧道洞门设计,按照"早进洞、晚出洞"的原则,避免洞口较大的仰坡防护,在地形条件容许时优先选择具有行车条件好、与环境结合自然等特点的削竹式洞门形式。

(6)互通景观是一个区域的"面景观",不同于边坡、桥梁等"线状景观"。应选用当地具有特色的经济型树种,采用园林式景观手法,使互通景观与周围环境相协调。

1.3.4 资源节约,可持续发展

土地是关系国计民生的重要资源,是广大农民赖以生存的基础,节约用地的思想是公路设计的重要目标。设计坚持"统筹规划、合理布局、远近结合、综合利用"的原则,坚持"三合理原则",即合理利用线位资源,合理确定建设规模,合理确定建设方案。

1.3.5 全寿命周期成本,系统论

建立成本意识,采用合理的工程规模、技术标准和建设方案,在确保安全和功能的前提下,努力降低工程造价,节约工程投资。积极采用新材料、新工艺、新技术、新设备。

1.4 组织与实施

1.4.1 建设单位组织机构

山西离隰高速公路有限公司(以下简称"离隰公司")于2019年12月27日注册成立,注册资本金为53800万元,由山西路桥集团与中铁三局集团组成联合体投资建设,上述集团公司均为国有中型企业,在全国土木建筑领域均有较强的影响力,旗下均拥有设计、施工、监理、检测等多个分子公司,技术人才云集,管理经验丰富,设备及资金实力雄厚。离隰公司设置8个职能部室,分别为:纪检室、综合办公室、工程合同部、质量监督部、财务资金部、技术管理部、地方协调部、安全应急部,如图1-1所示。

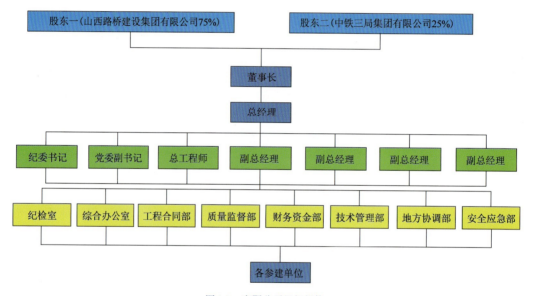

图1-1 离隰公司组织机构

1.4.2 施工组织管理

1) 工程施工组织模式

根据项目 PPP 合同条款约定,建安费中不少于10%的主体工程进行公开招标,根据项目投资协议与合作协议中的约定,除公开招标部分外,山西路桥集团施工75%,中铁三局集团施工25%。

2) 施工标段划分

中铁三局集团设 PPP 项目经理部,负责承建 K0+000~K15+000 段路基工程及 K0+000~K19+900 段的路面、机电、交安、绿化、房建工程;贵州桥梁建设集团有限责任公司为公开招标,负责承建 K15+000~K18+016.9 段的路基工程;中铁十八局集团有限公司为公开招标,负责承建 K18+016.9~K19+900 段的路基工程;山西路桥集团设路基、路面总承包项目部,负责承建 K19+900~K83+191 段的路基、路面、机电、交安、绿化、房建工程及车鸣峪连接线 LK0+000~LK13+807.5 段、交口连接线 LK0+000~LK5+851、GK0+140~GK2+450 段。

1.4.3 施工质量管控

在公路工程施工中,不可避免地会出现一些质量通病。由于其量大面广,对公路工程的使用品质与寿命将产生不同程度的影响。

公路工程质量通病的危害不仅限于对工程构筑物的耐久性和安全性的损害,更重要的是淡化了人们的质量意识,侵蚀了"平安百年、品质工程"的理念,如果任其发展,不但公路工程质量水平不能提高,甚至会导致出现质量事故。而质量通病的防治,是提高工程质量管理水平和工程实体质量的重要工作。

基于此,离隰公司在加强工程质量的主动监理和超前管理的理念下,通过施工全过程质量管控,结合离隰高速公路的工程特点,采用技术规程、规范、标准结合实践、工程实例的方式,总结了路基、路面、桥涵、隧道工程各个施工工艺的控制要点、施工过程中出现的主要质量通病的原因分析和防治措施。同时,为了体系的完整性和可用性,还收录了一些山西省一般高速公路常见的工程项目质量通病的原因分析和防治措施,旨在为公路工程各参建单位(建设单位、施工单位、监理单位等)的工程技术人员和管理人员在施工过程中提供参照,对类似的情况及时加以处治,尽可能降低质量通病发生的概率,提高质量管理思想、深化质量管理意识、强化质量管理责任,实现建设高品质公路的终极目标。

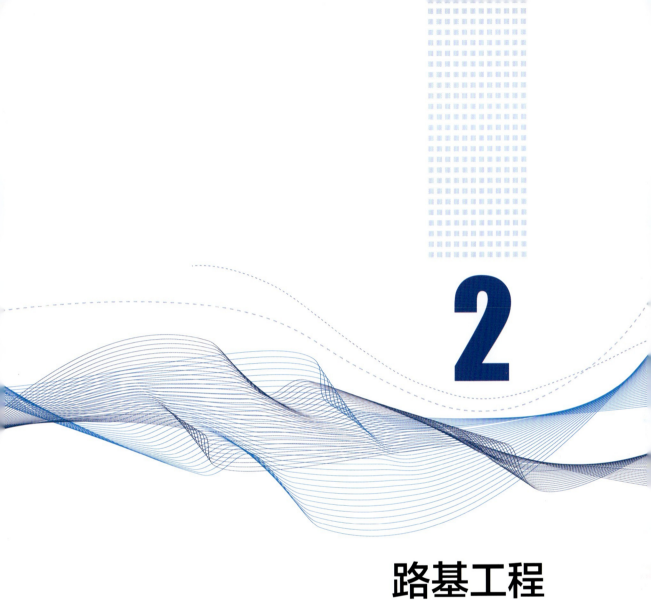

2 路基工程

2.1 填土路基

2.1.1 施工工序

填土路基施工工序如图 2-1 所示。

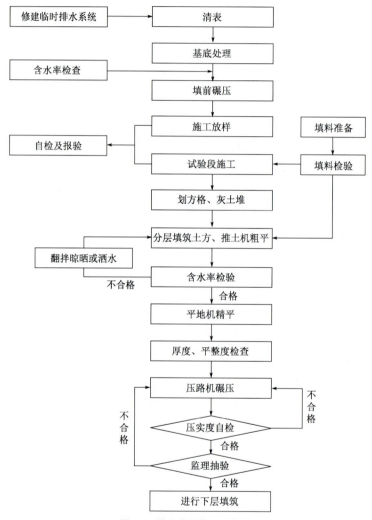

图 2-1 填土路基施工工序图

2.1.2 施工质量要点

2.1.2.1 基底处理

采用压路机静压、弱振、强振相结合的方式进行碾压。首先进行静压,静压采用大轮满轮过一遍。在静压结束后进行弱振,从两侧向中间错轮1/2弱振1遍。弱振结束后进行强振,压路机错轮1/3强振,强振结束后进行收面。对压实度达不到要求的地面,要增加碾压遍数直至压实度达到设计要求。碾压完毕后及时采用洒水车进行洒水,保证地面湿润,以增强上下层的结合。

2.1.2.2 路基填筑

(1)下承层检验合格后,用灰土划方格并根据自卸车方量计算方格尺寸,每个方格内卸一车,每20m左右横纵用"松铺厚度控制桶"制作"土钉"控制松铺厚度。填土摊铺初平后用平地机精平,在机械难以平整到位的边角部位采用人工配合机械进行平整,同时对控制桩进行保护。如图2-2~图2-5所示。

图2-2 划方格

图2-3 严格按方格线布料并摊铺

图2-4 填土厚度控制

图2-5 平地机精平

(2)松铺厚度经检查符合要求后进行碾压作业,碾压的原则为"先轻后重,先慢后快,先边后中,先低后高",如图2-6所示。碾压质量检验如图2-7所示。

(3)每层必须分层填筑,对填挖结合部、半填半挖部要挖台阶处理,台阶宽度不小于2m,高度1m并设置5%的内倾倒坡。对于"V形沟""鸡爪沟"、卸土存放区等特殊部位,每层要开挖到原状土并碾压、夯实,压实度应符合要求。

图 2-6 填筑碾压

图 2-7 碾压质量检验

（4）在施工过程中要注意调整横坡、纵坡，调坡层最大厚度不大于路基填筑层厚度，最小厚度不小于 10cm。

（5）设计有强、重夯处理的严格按设计要求处理，夯前用白灰布点，布点要从中间开始到四周布设，不得出现漏点、漏夯现象。

（6）路堤施工应按路基设计横断面整幅填筑，禁止半幅施工。不同的填料应水平分层、分段填筑。同一层路基的全宽范围内应采用同一填料，不得混合填筑。每种填料的填筑层压实后的连续厚度不宜小于 50cm。

（7）做好路基填土试验段工作，并总结试验结果。现场试验应进行到能有效地使该种填料达到规定的压实度为止。试验时应记录压实设备的类型、最佳组合方式，明确碾压速度、遍数、工序，每层填筑材料的松铺厚度、含水率等指标，试验结果报经批准后，可作为该种填料施工时控制的依据。

（8）路堤填土宽度每侧应宽于填层设计宽度 50cm，压实宽度不得小于设计宽度，以保证修整路基边坡后的路基边缘有足够的密实度。

（9）路基填筑高度大于 20m 的路段按照高填路堤设计。基底土层具有湿陷性时，采用强夯处理，距离建筑物较近无法采用强夯时，采用干拌水泥碎石桩进行处理；基底土层为软弱地基时，采用强夯置换处理，距离建筑物较近无法采用强夯置换时，采用碎石挤密桩进行处理；路基分层碾压密实，每填筑 3m 采用重锤夯实（600kN·m）补强以减少高填路基的不均匀沉降。若高填路基中设置有涵洞，应在涵顶填土超过 3m 后再采用重锤夯实补强。

2.1.3 关键质量通病与防治

2.1.3.1 原地表压实度不足，表面松软或"弹簧"现象

1）形成原因

（1）原地面耕植土、有机质土清除不彻底或处理深度不够。
（2）排水渗沟开挖过浅，原地下水位偏高导致基底土含水率大。
（3）原地面下存在暗坑、暗沟。

(4)施工机械选择不当,施工管理不到位,验收不严格。

2)防治措施

(1)根据现场实际情况彻底清除有机质土或种植土。
(2)加深开挖两侧排水渗沟,确保原地层范围内的孔隙水能顺利排出。
(3)对暗坑、暗沟进行局部集中换填处理。
(4)选择合理施工机械,加强施工过程管控和工序验收。

2.1.3.2　不同层次的路基未分段施工

不同层次的路基未分段施工,搭接处未开挖台阶,两段合在一处进行同步施工,形成一层明显的斜坡。

1)形成原因

(1)施工组织不合理,填土不均衡,造成两段路基填土相差过大。
(2)施工段划分不清,过程控制不到位。
(3)未按要求开挖台阶。

2)防治措施

(1)合理进行施工组织,避免填土不均衡。
(2)严格划分施工段,加强过程控制。
(3)路基施工应分段碾压,两段路基连接处应开挖台阶。

2.1.3.3　填料中含有杂物

填料中含有淤泥、杂草、建筑垃圾等杂物。

1)形成原因

(1)取土坑清表不彻底。
(2)取土坑中土源质量较差,内部含有淤泥、杂物、垃圾等。

2)防治措施

(1)严格检查取土坑内土质的情况。
(2)在路基填筑前,彻底清除路基范围内全部杂物。

2.1.3.4　不同土质混合填筑

1)形成原因

(1)同一取土坑中上下层土质差别较大,未分层取土、填筑。
(2)不同取土坑中的土质不同,同时填筑在一层路基中。

2)防治措施

(1)同一取土坑中上下层土质不一样时,应分层取土,分次做标准击实试验,分次填筑到路基中。

(2)不同取土坑中不同土质的土严禁混合填筑。

2.1.3.5　路基表面起皮、松散

1)形成原因

(1)压实层土的含水率分布不均匀且失水过多,碾压不及时,用粉砂土填筑时,表面保水措施不到位。

(2)为调整高程而导致找补层太薄。

(3)碾压机具或工艺选择不合理。

2)防治措施

(1)确保压实层土的含水率分布均匀且与最佳含水率的差值在规定范围内。

(2)严禁采用薄层贴补施工方式。

(3)选择合适的碾压机具和工艺。

2.1.3.6　路基表面网状裂缝

路基压实成型后,表面出现网状裂缝。

1)形成原因

(1)土的塑性指数偏高或为膨胀土。

(2)路基碾压时土含水率偏大,且成型后未能及时覆土。

(3)路基压实后养护不到位,表面失水过多。

(4)路基下层土过湿。

2)防治措施

(1)采用合格的填料,或采取掺加CFB灰渣、水泥改性处理措施。

(2)选用塑性指数符合规范要求的土填筑路基,控制填土最佳含水率时碾压。

(3)加强养护,避免表面水分过分损失。

(4)若因下层土过湿,应查明其层位,采取换填土或掺加生石灰粉等技术措施处治。

2.1.3.7　路基出现"弹簧"现象

路基碾压过程中出现"弹簧"现象,无法压实。

1)形成原因

(1)碾压时土的实际含水率超过最佳含水率较多。

(2)高塑性黏性土"砂化"未达到应有的效果。

(3)翻晒、拌和不均匀。

(4)碾压层下存在软弱层或淤泥。

2）防治措施

(1) 低塑性高含水率的土应翻晒到规定含水率方可碾压。
(2) 高塑性黏性土难以粉碎,应在取土场进行掺灰钙化处理。
(3) 对产生"弹簧"的部位翻挖掺灰后重新碾压或换填其他材料。
(4) 对软弱层进行必要的处理。

2.1.3.8　路基表面平整度差

压实成型的路基表面高低不平,平整度差。

1）形成原因

(1) 设备不配套,整平不到位。
(2) 粒径不满足要求。
(3) 压路机黏轮。
(4) 碾压时填料产生推移雍堆。
(5) 下承层表面不平整,导致上层整平碾压后表面不平整。

2）防治措施

(1) 在碾压前及稳压后均应以平地机进行精平。
(2) 填料粒径满足设计及规范要求。
(3) 应及时清除黏附在压路机钢轮表面的土。
(4) 采用先轻后重方式进行碾压。
(5) 各层严格控制平整度和高程。

2.1.3.9　路基压实度不合格

1）形成原因

(1) 压路机吨位偏小,碾压遍数不足,碾压不均匀,局部漏压。
(2) 填筑厚度过大。
(3) 填料粉碎不充分,粒径不符合规定要求。
(4) 碾压时土的含水率偏离最佳含水率较多。
(5) 土质变化,未及时调整最大干密度。
(6) 掺灰拌和到碾压成型时间间隔过长或碾压成型与试验检测时间间隔过长,导致灰剂量、压实度衰减。

2）防治措施

(1) 确保压路机的吨位及碾压遍数符合试验段相关数据规定,不得少压,严禁漏压。
(2) 填筑厚度应严格根据松铺系数试验数据确定。
(3) 选择合格的填料。
(4) 应在路基土的含水率接近最佳含水率时进行碾压。

(5)土质变化时应及时重新进行标准击实试验,确定准确的最大干密度。

(6)认真组织施工,每一回填层成型后应及时检测验收,方可进行下一层的作业。

2.2 填石路基

2.2.1 施工工序

填石路基施工工序如图 2-8 所示。

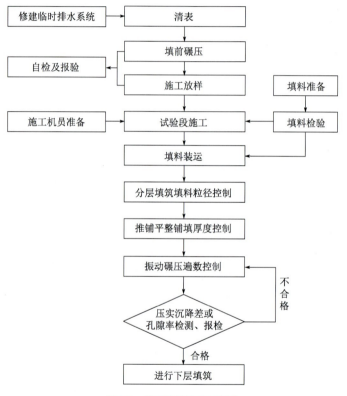

图 2-8 填石路基施工工序图

2.2.2 施工质量要点

(1)采用中硬和硬质石料填筑的路堤要进行边坡码砌。码砌边坡的石料强度、尺寸及码砌厚度均应符合设计要求;边坡码砌要与路基填筑同步进行。

(2)填筑的石料如岩性相差较大,特别是岩石强度相差较大时,应进行分层或分段填筑。

(3)当填筑石料级配较差、粒径较大、石块间空隙较大时,必须于每层表面空隙间填入石渣、石屑或中粗砂,使空隙填满为止。

(4)填石路基施工应分层填筑、分层压实,填筑前要划灰格、插杆挂线;填石路堤逐层填筑时,应安排好石料运输路线,设专人指挥,按水平分层、先低后高、先两侧后中央上料,并用大功率推土机摊平。个别不平处应配合细石块、石屑找平。

(5)大粒径石料采用渐进式摊铺法铺料,运料汽车在新填的松料上先两侧后中央逐渐向前卸料,大型推土机同步摊铺整平。对细料含量较多的石料宜采取后退法铺料。运料汽车在已压实的层面上后退卸料,形成梅花形密集料堆,采用推土机推铺整平。如图2-9、图2-10所示。

图2-9 土石混合路基开挖

图2-10 土石混填路基压实

(6)填石路基在压实前,应摊铺平整,填料最大粒径要严格控制,超出规定的应予以剔除或解小,局部不平整处人工配合机械以细石屑找平。摊铺完成后的石料表面平整,无明显大石料露头,表面无明显孔洞、孔隙。

(7)土石路堤应分层填筑压实,整平应采用大功率推土机辅以人工按填石路堤的方法进行;碾压前应使大粒径石料均匀分散在填料中,石料间孔隙应填充小粒径石料、土和石渣。

(8)土石混合材料来自不同料场,其岩性或土石比例相差较大时,必须分层或分段填筑。

(9)填料由土石混合材料换为其他填料时,土石混合材料最后一层的压实厚度应小于30cm,该层填料最大粒径小于15cm,压实后,表面应无孔洞。

(10)边坡码砌与路堤填筑同步进行,软质石料土石路堤的边坡按土质路堤边坡处理。

(11)压实后透水性差异大的土石混合材料,必须分层或分段填筑,不允许纵向分幅填筑。

(12)对于高度大于8m的高填路基,必须采用冲压路基进行冲击补强。填石路基应每填高3m冲碾一次。

2.2.3 关键质量通病与防治

2.2.3.1 填石路基所用块石粒径过大

填筑块石的粒径大于50cm且粒径超过层厚的2/3的块石含量多,导致路基后期产生沉陷、开裂等病害。

1)形成原因

填筑用材料的料源不好,开采的石料未经过破碎。

2)防治措施

控制料源,不符合规范的块石不得进场;人工破碎或剔除粒径大的块石。

2.2.3.2 填石路基大块石集中

填石路基中大的块石含量多且集中,片石之间无细集料填充,且不均匀系数不在 15~20 之内,导致路基后期产生沉陷、开裂等病害。

1)形成原因

(1)填石料粒径大,大块石未经破碎。
(2)填石材料级配不好,填筑材料全部为块石,无细集料填充。
(3)布料不均匀。

2)防治措施

(1)避免超大块石进入填筑路段,破解现场直径超大的块石。
(2)选择级配较好的填料进行填筑,填筑前,如发现料源中大块石集中且较大时,应掺拌细料再进行路基填筑。
(3)填筑后发现有大的块石集中较多的地方,挖除集中的块石并用级配好的填料换填,对碾压后发现仍有局部空隙大的部位,应加入细集料并充分翻拌重新压实。

2.2.3.3 填石路基压实度达不到要求

路基填筑时,压实遍数、压路机规格、碾压前平整度不满足要求,造成压实度达不到要求。

1)形成原因

(1)未做试验路段,不能合理确定压实遍数、碾压速度、松铺厚度等。
(2)压实机械配套规格不够,组合不合理。
(3)碾压面平整度差,导致整体压实不均匀。

2)防治措施

(1)做好试验路段,严格实施"首件工程",总结压实遍数、松铺厚度等。
(2)配备 25t 以上压实设备,选择合理的机械组合。
(3)通过小型机械或人工,利用小粒径石渣或石屑对坑洼处进行找平。

2.2.3.4 填石路基填筑厚度过厚

路基填筑时,单层填筑厚度过厚,压实度难以达到要求。

1)形成原因

(1)填石材料粒径过大。
(2)计算方量不准确,松铺厚度偏大。

2)防治措施

(1)控制填料的最大粒径,对于大的块石应经过破解或剔除。

(2)填筑时,应测量高程,计算填石方量,采取打格上料方法进行路基填筑,严格控制填筑层厚度。

2.3 填挖交界段路基

2.3.1 施工工序

填挖交界段路基施工工序如图2-11所示。

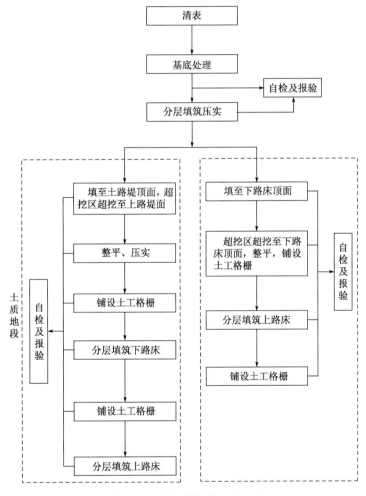

图2-11 填挖交界段路基施工工序图

2.3.2 施工质量要点

(1)填挖接合部的路基施工,宜采用挖台阶-分层回填的施工工艺,尽量扩大回填作业面;杜绝出现原地表清理不彻底或漏压、欠压现象,以加强对填挖接合部位工程质量的控制。

（2）清理填挖交界段断面的原地面，并从填方坡脚起向上设置宽 2m、高 2m、内倾 5% 的台阶，如图 2-12 所示。

（3）填筑时，必须从低点处的台阶开始分层摊铺碾压，开挖的台阶必须和对应的填筑层同时碾压；特别要注意填、挖交界处的拼接，碾压时必须做到密实、无拼痕；如采用土工格栅处理时，路基纵向填挖交界处土工格栅沿路基横向铺设，于上、下路床底部分别铺设一层土工格栅，土工格栅伸入挖方段长度为 8m，伸入一般填方段长度为 5m；路基横向填挖交界处土工格栅沿路基纵向铺设，填方侧土工格栅铺至距边坡坡面 50cm，挖方侧格栅的伸入长度不小于 8m 或伸入全部挖方侧（挖方侧长度不足 8m）。填挖交界处铺土工格栅如图 2-13 所示。

图 2-12　填挖交界处挖台阶

图 2-13　填挖交界处铺土工格栅

（4）为增强路堤的整体强度，减少路基差异沉降，路堤每填筑 2.0m，采用 36kJ 高速液压夯补强压实，压实度较一般路堤提高 1%。岩质陡坡路堤采用石渣填筑。

（5）施工前及施工过程中，应检查半挖基底和坡面是否有渗水现象，如有渗水，根据渗水情况设置防、截、疏导水流设施。

（6）开挖坡面应根据坡面地质情况进行坡面清理，并清除表面的风化层、孤石，保证碾压设备能够碾压到边。强夯夯沉量监测如图 2-14 所示。

图 2-14　强夯夯沉量监测

（7）受碾压设备自身的影响，正常碾压会导致台阶局部存在碾压空白区，在台阶接合部位必须增加横向碾压。

(8)填挖交界(纵横)地段的开挖必须等下路堤断面的原地面处理好后,方可开挖上方断面;对挖方中非适用性材料必须废弃,严禁用于填筑。

2.3.3 关键质量通病与防治

填挖交界段路基的搭接质量问题是常见的路基施工质量通病,搭接质量差会导致路基在交界位置出现裂缝,随着裂缝的进一步扩展,甚至会导致路基出现整体滑动破坏。

1)形成原因

填挖交界面两侧刚度的差异,导致变形;填挖高度差异,固结完成程度不同,工后沉降不同,导致变形裂缝。

2)防治措施

(1)对填方地基进行处理时,需要对地基进行清表,如存在不良土层,也要一同处理,对于浅层的不良土,可采用换填与掺加稳定剂的方法进行处理,对于深层的不良土,可采用复合地基法进行加固处理。

(2)采用开挖台阶法,增大路基搭接面,有效提高搭接处的摩阻力,从而提高路基的整体性。

(3)在搭接处铺设土工格栅,对土体变形进行抑制的同时,促进孔隙水压力的消散,使路基搭接处的结合变强,通常与开挖台阶法配合使用。

(4)路堤每填筑2.0m,采用高速液压夯补强,减少不均匀沉降。

2.4 土质路堑

2.4.1 施工工序

土质路堑开挖施工工序如图2-15所示。

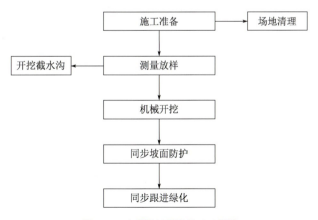

图2-15 土质路堑开挖施工工序图

2.4.2 施工质量要点

(1)严格按照设计坡度施工,若边坡实际土质与设计勘探地质资料不符,应及时提出变更设计申请,经批准后实施。

(2)土质路堑开挖应根据地面坡度、开挖断面、纵向长度及土方调配,选用安全、经济的开挖方案。

(3)较短的路堑采用横向全宽挖掘法,路堑深度较大时,采用多层横向全宽挖掘法;较长的路堑采用纵向挖掘法,按横断面全宽纵向分层开挖或采用通道式纵挖法开挖;超长路堑采用分段纵挖法开挖。

(4)土方开挖应自上而下进行,不得超挖,严禁掏底开挖。

(5)开挖过程中,必须保证边坡稳定;开挖至边坡时预留至少 30cm,保证在刷坡过程中设计边坡线外的土层不受到扰动,开挖面高度每 3~5m 在挖掘机作业高度范围内,人工配合机械按设计坡率、线形,对开挖坡面进行修整,同时应采用全站仪对已开挖边坡进行复核,以确保开挖坡面不超欠挖后,方可继续施工。

(6)高路堑边坡开挖应自上而下按照设计图纸分级进行,开挖坡面一次性成形,开挖一级防护一级,防止边坡失稳产生滑坍等灾害。

(7)在高路堑边坡地段的山体一般含水率大,在渗水量大的部位应按设计要求设置排水设施。

(8)路床施工前应先开挖两侧排水边沟(纵向坡度不小于1%),及时将雨水排出路基外,防止雨水集积危害路床。在渗水量大的部位有针对性地设置仰斜排水孔,并在边沟底设置渗沟。

(9)当路床以下存在含水层或含水率较大时,应采取设置渗沟、换填、改良土质等处理措施。

2.4.3 关键质量通病与防治

2.4.3.1 挖土边坡滑坍

1)形成原因

(1)未按规定放坡。

(2)在有地表水、地下水作用的土层开挖基槽,未采取有效降排水措施。

(3)坡顶堆载过大或受外力震动影响,使坡体内剪切应力增大,土体失去稳定而导致滑坍。

(4)土质松软,开挖次序、方法不当而造成滑坍。

2)防治措施

(1)根据不同土层土质情况采用适当的挖方坡度。

(2)做好地面排水措施,开挖范围内有地下水时,采取降排水措施。

(3)坡顶上弃土、堆载远离挖方土边缘 3~5m;土方开挖应自上而下分段分层依次进行,并做成一定坡势,以利泄水;避免先挖坡脚,造成坡体失稳。

(4)相邻基槽开挖,应遵循先深后浅,或同时进行的施工顺序。

(5)处理滑塌段落时可将坡脚土方清除,并做好临时性支护(如堆装土草袋、设支撑护墙)措施。

2.4.3.2 超欠挖

1)形成原因

(1)采用机械开挖,操作控制不严,局部超挖。

(2)边坡上存在松软土层,受外界因素影响自行剥落、滑塌,造成坡面凹凸不平。

(3)测量放样错误,导致超欠挖。

2)防治措施

(1)机械开挖,预留0.3m采用人工修坡。

(2)采用植生袋或植生袋+主动防护网将坡面找补平整。

(3)加强施工测量检查,增加测设点位,为施工提供准确的数据,同时严禁人为欠挖。

2.4.3.3 基底产生扰动土

1)形成原因

(1)基槽开挖时排水措施差,尤其是在基底积水或土壤含水率大的情况下进行施工,土很容易被扰动。

(2)土方开挖时超挖,后又用虚土回填,该虚土经施工操作后亦改变了原状土的物理性能,变成了扰动土。

2)防治措施

(1)认真做好基坑排水和降水工作。降水工作应待基础回填土完成后,方可停止。

(2)土方开挖应连续进行,尽量缩短施工时间。雨季施工或基槽(坑)开挖后不能及时进行下一道工序施工时,可在基底高程以上留15~30cm的土不挖,待下一道工序开工前再挖除。采用机械挖土时,应在基底高程以上留一定厚度的土用人工清除。冬季施工时,还应注意基底土不要受冻,下一道工序施工前应认真检查。禁止受冻土被隐蔽覆盖。为防止基底土冻结,可预留松土层或采用保温材料覆盖措施,待下一道工序施工前再清除松土层或去掉保温材料覆盖层。

(3)严格控制基底高程。如个别地方发生超挖,严禁用虚土回填。

2.5 石质路堑

根据岩石类别、风化程度、岩层产状、岩体断裂构造、施工环境等因素确定开挖方法。一般采用机械开挖、钻爆开挖等。

2.5.1 施工工序

石质路堑施工工序如图 2-16 所示。

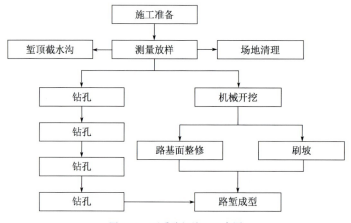

图 2-16 石质路堑施工工序图

2.5.2 施工质量要点

（1）对于风化岩、膨胀岩，宜采用机械开挖；开挖边界线外有建筑物时，施爆可能对建筑地基或居民生活造成影响，不能满足安全距离，宜采用机械开挖；小方量石方段采用机械打眼小炮开挖，大方量石方地段采用梯段浅孔控制爆破技术分层开挖。

（2）石方爆破以小型及松动爆破为主，开挖后满足路基填筑的大块石料较多时集中在挖方区进行二次爆破，直至石料满足路基填筑要求。

（3）爆破作业在施工前，进行详细设计并进行爆破试验，通过试验进一步修正爆破参数。根据岩石的岩性、产状及路堑边坡高度等，选择爆破方法，爆破时严格控制装药量。靠近边坡处，平行于边坡打预裂孔，先起爆预裂孔，再依次从临空面向边坡方向爆破。靠近基床部位，预留 30cm 光爆层，施工时分段顺线路方向平行于路基面钻孔，实行光面爆破。爆破后，使基床、边坡和堑顶山体稳定，不受扰动，爆出的坡面平顺。

（4）路基石方开挖时，充分重视挖方边坡稳定，选用中小爆破。开挖风化较严重、节理发育或岩层产状对边坡稳定不利的石方，采用机械开挖或小型排炮微差爆破，小型排炮药室距设计坡线的水平距离不小于炮孔间距的 1/2。路堑开挖后，边坡采用炮锤刷坡或隔孔装药光爆。开挖层靠边坡的两侧炮孔，特别是靠顺层边坡的一侧炮孔，采用减弱松动爆破。

（5）应逐级开挖，逐级进行整修，同时清除危石及松动石块，逐级按设计要求进行防护，每挖深 3～5m 应进行边坡边线和坡率的复测。

（6）施工过程中，深挖路堑应根据地形特征设置边坡观测点，监测边坡稳定性，并对地质情况进行核查，如与设计不符应及时反馈处理。

（7）石质路床欠挖部分应予凿除，超挖部分应采用强度高的砂砾、碎石进行找平处理，不得采用细粒土找平。路床底面有地下水时，应设置渗沟进行排导，渗沟应采用硬质碎石回填。

路床的边沟应与路床同步施工。

（8）石质挖方边坡应顺直、圆滑、大面平整；边坡上不得有凸出于设计边坡线的石块，其凸出或超爆凹进尺寸均不应大于20cm；对于软质岩石，凸出及凹进尺寸均应不大于10cm。石质路堑边坡开挖如图2-17所示。

图2-17　石质路堑边坡开挖

2.5.3　关键质量通病与防治

2.5.3.1　边坡滑塌

1）形成原因

（1）地质情况复杂，边坡坡度、防护排水措施设计不合理，边坡出现局部滑塌或大范围滑坡。

（2）防护排水措施施工不及时，造成地表水和地下水沿裂隙渗入岩层，降低了岩性间的黏聚力和摩擦力，增加了岩体重量，促使崩塌、滑坡的发生。

（3）施工不规范，路堑开挖过深、过陡，坡顶不恰当弃土，导致边坡失稳。

2）防治措施

（1）地质不良段落应加大勘察设计的深度，充分考虑地质条件、岩石类型、水文等因素，并论证边坡稳定性和安全性，选择合理的边坡形式和防护措施，并加强施工过程中的监测和优化。

（2）按照设计要求及时做好边坡防排水和导流措施，根据情况开挖坡顶截水沟，减少地表、地下水对边坡的影响。

（3）严格按照施工方案自上而下进行开挖，弃渣及时外运，避免在边坡顶部堆积。

2.5.3.2　超欠挖

1）形成原因

（1）采用机械开挖，操作控制不严，局部超挖。

(2)爆破方案和爆破参数设置不合理,未通过爆破试验优化方案和参数。

(3)测量放样错误,导致超欠挖。

<u>2)防治措施</u>

(1)加强对施工作业人员的技术交底,加大现场施工管理力度。

(2)根据地质条件和路堑深度选择合理的爆破方案,并通过爆破试验充分论证和优化方案和参数,对局部超挖的段落及时采用生态防护或窗式护面墙将坡面找补平整。

(3)加强施工测量检查,增加测设点位,为施工提供准确的数据,同时严禁人为超欠挖。

2.5.3.3 边坡平台成形效果差

<u>1)形成原因</u>

(1)未根据地质条件、岩石类型等因素预留足够的保护层厚度。

(2)钻孔深度和装药量未按照爆破方案合理设置。

(3)地质条件发生变化,爆破方案和参数未进行调整。

<u>2)防治措施</u>

(1)在进行平台开挖时预留保护层,保护层厚度根据岩石条件确定。

(2)控制边坡预裂孔钻孔深度及装药量,防止对平台内侧岩石造成破坏。

(3)对平台部位爆破揭露地质情况及时进行分析,合理调整爆破方案和参数。

2.6 特殊工艺及新技术应用

2.6.1 杂填场地超能强夯处置技术

2.6.1.1 工程概况

杂填场地位于离隰高速公路起点,桩号为 K0+000～K0+830,平面为直线,纵向为上坡,以填方路基形式通过,平均填土高度 13m。根据现场调查,此处原为黄土 V 形冲沟,被当地村民用作垃圾堆弃场地,可见建筑垃圾、生活垃圾、素填土等,填筑时间为 2008 年(估计)至今,垃圾填埋厚度约 15～20m 左右。杂填场地纵断面如图 2-18 所示,处治前现场如图 2-19 所示。

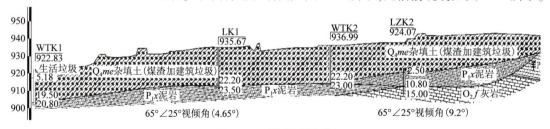

图 2-18 杂填场地纵断面

图 2-19 处治前现场

强夯法又称为动力压实法或动力固结法,采用大吨位的夯锤提升一定高度,自由落体给地基以冲击和振动作用,利用重力势能和冲击动能使地基土体发生压缩和挤压,从而提高地基的承载力,降低其压缩性。在处理杂填场地方面,因强夯法操作简单、工效高、施工费用低,加固效果显著,被大量应用。但公路工程中常采用的夯击能级较小($E<5000$kN·m),在本项目中处治深度无法达到要求。本项目采用超高能级强夯能级($E>10000$kN·m)对杂填场地地基进行处治;施工采用宇通1000B型强夯机(图2-20),最大起重重量150t;夯锤采用平地多用型夯锤,夯锤由上、中、下三部分夯锤组合而成,总重126t;对不同强夯能级的夯沉量曲线、停夯标准等进行了研究。

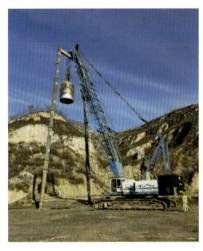 

图 2-20 宇通1000B型强夯机

根据现场实际情况,本次强夯处理拟选用三个主能级,试夯能级分别为12000kN·m、16000kN·m、25000kN·m。试夯时,先进行12000kN·m能级试夯,观察对周边范围内的边坡及村民的影响。根据现场实际情况再逐步提高能级进行试夯。

2.6.1.2 试夯区强夯参数

以12000kN·m试夯方案为例(区域面积为30m×30m,如图2-21所示)。将12000kN·m试夯区分为9个边长为10m的正方形,并在9个正方形中间均插入一点,第一遍夯点就位于每个正方形的中心位置,夯点间距10m,夯击能级为12000kN·m;第二遍夯点位于第一遍夯点所成正方形中心,夯击能级为12000kN·m;第三遍为插夯,夯点位于第一遍夯点所成正方形边线中心,夯击能级为6000kN·m;第四遍夯点在前三遍夯点位置及前三遍夯点所形成正方形中心进行加固夯,夯击能级为4000kN·m;第五遍为满夯,满夯能级为2000kN·m,一遍2击,彼此锤印搭接1/4锤直径长。

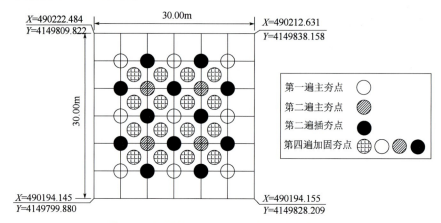

图 2-21 夯击能级 12000kN·m 试夯区夯点布置图

1) 停锤标准

(1) 12000kN·m 点夯停锤标准为最后两击平均夯沉量不大于 200mm。

(2) 6000kN·m 点夯停锤标准为最后两击平均夯沉量不大于 150mm。

2) 其他应当满足条件

(1) 夯坑周围地面不应发生过大的隆起。

(2) 不因夯坑过深而发生起锤困难。

限于篇幅因素,其他能级工况参数如表 2-1 所示。

各试夯场地强夯参数　　　　表 2-1

中心里程	能级(kN·m)				夯间距(m)
	主夯	插夯	加固夯	满夯	
K0+170	12000	6000	4000	2000	10
K0+260	16000	8000	4000	2000	10
K0+410	25000	12000	4000	2000	12

2.6.1.3 施工工艺流程及方法

1) 施工程序

施工前准备工作→测量地面高程→夯区测量放线→第一遍点夯放线→第一遍点夯施工→夯坑回填、整平→测量地面高程→第二遍点夯放线→第二遍点夯施工→夯坑回填、整平→测量地面高程→第三遍插夯放线→第三遍点夯施工→夯坑回填、整平→测量地面高程→第四遍加固夯放线→第四遍点夯施工→夯坑回填、整平→测量地面高程→测放满夯基准线→满夯施工→场地整平、测量地面高程→验收→交工验收。

2)点夯施工方法

(1)夯位放样。
(2)架设水准仪。
(3)测量夯击点地面高程。
(4)夯机就位,稳车后调整臂杆角度。
(5)测量锤顶高程并记录。
(6)提升脱钩器,标定落距并锁定脱钩器钢丝绳长度。
(7)提升夯锤,脱钩器打开夯锤自由落下。
(8)测量锤顶高程。
(9)重复步骤(7)、(8),夯至规定的夯击数。
(10)移机进行下一点夯击,直至完成本遍全部夯点。
(11)每一遍点夯施工完毕,用装载机推平。

3)满夯施工方法

(1)放出满夯外围轮廓线。
(2)夯机就位,锁定落距。
(3)锤印搭接1/4锤直径长,夯击2击。
(4)夯后场地整平,高程测量。

2.6.1.4 夯沉量分析

为揭示不同夯击能级条件下水平影响范围,以夯坑中心为中心,分别距离夯坑3m间距,沿垂直两个方向各布置8个地表沉降/隆起观测点进行监测。图2-22为夯击能级25000kN·m工况下,距主夯点不同距离地表高程隆起曲线。

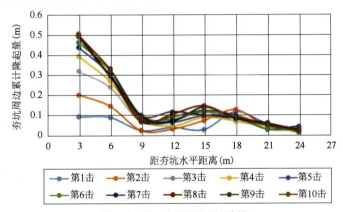

图2-22 夯坑水平影响距离曲线

从图2-22中可看出,距离夯坑9m范围内夯坑周边累计隆起量随水平方向逐渐减小,且减小幅度较大。9~18m范围内,不同击数工况下,变形规律不同,前2击,隆起较大值点位于18m处,但从第3击开始,隆起较大值点向夯坑移动3m,位于15m位置处。可见在杂填场地条件下,距离夯坑中心不同距离地表沉降并非单调递减,且随着夯击次数的增加,影响范围呈逐渐缩小趋势。

单个夯坑深度直接影响整个场地的夯沉量。下面通过建立单个夯坑模型,通过夯坑体积来间接推算场地夯沉量。表2-2为9个夯坑的实测夯坑深度以及建立的夯坑体积模型参数。

夯坑模型参数 – 12000kN·m 表2-2

编号	夯坑深度 h_i(m)	坑底半径 r_i(m)	坑口半径 R_i(m)	夯坑体积 V_i(m³)
A5-B1	5.54	1.5	2.3	63.73
A5-B3	4.89	1.5	2.3	56.25
A5-B5	5.44	1.5	2.3	62.58
A3-B1	7.93	1.5	2.3	91.22
A3-B3	7.83	1.5	2.3	90.07
A3-B5	6.5	1.5	2.3	74.77
A1-B5	5.3	1.5	2.3	60.97
A1-B3	3.16	1.5	2.3	36.35
A1-B1	3.16	1.5	2.3	36.35
计算夯沉量 S				0.64
实测夯沉量 S'				0.69

注:A 为场地面积,$A = 30m \times 30m = 900m^2$;夯坑体积 $V_i = \pi h_i/3(r_i^2 + R_i^2 + r_i R_i)$;计算夯沉量 $S = \sum_{i=1}^{9} V_i / A$。

分析表2-2数据,坑底半径为夯锤半径,由于夯锤中心在夯击过程中发生偏移,导致夯锤反复对夯坑侧壁土体发生冲切和挤压,导致侧壁土体发生较大的坍塌,如图2-23所示,整个夯坑上部呈上大下小的圆台形状,故在计算夯坑体积时采用圆台体积公式与实测高程较吻合。

a) 12000kN·m   b) 16000kN·m   c) 25000kN·m

图2-23 不同夯击能夯坑照片

表2-2中所列实测夯沉量为第1遍主夯点的9个夯坑施工结束后,场地平整后9个点的高程沉降量的平均值。本节分析不同夯击遍数场地的下沉规律。

图 2-24 为 12000kN·m 场地 9 个夯坑中心位置不同夯击遍数地表下沉变化曲线,图 2-25 为 25000kN·m 的,横坐标为夯击遍数,纵坐标为累计夯沉量,"-"为下沉,"+"为隆起。

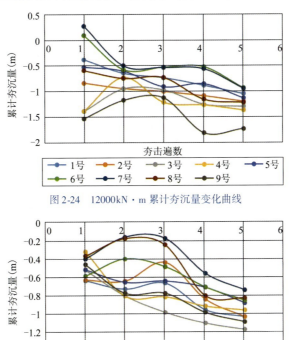

图 2-24　12000kN·m 累计夯沉量变化曲线

图 2-25　25000kN·m 累计夯沉量变化曲线

从图 2-24 中可看出,曲线共分为 3 类。第 1 类:沉降值均匀增大,夯坑有 1 号、2 号、5 号和 8 号。第 2 类:第 1 遍主夯后隆起,第 2 遍主夯后急剧增大,第 3 遍插夯和第 4 遍加固夯未发生明显沉降,第 5 遍满夯后又发生较大沉降,夯坑有 6 号和 7 号。第 3 类:第 1 遍主夯后,发生急剧下沉,下沉值为 1.5m;第 2 遍主夯后,夯坑隆起;后续变化规律稍有不同,夯坑有 3 号、4 号和 9 号。造成上述情况的原因是场地平整是采用挖掘机将夯坑周边土体铲进夯坑,再用装载机进行平整,平整后的场地存在一定范围的高低不平现象。为宏观了解对比三个场地的平均累计夯沉量随夯击遍数的变化规律,将每遍夯击在 9 个夯坑的数值取平均值,如图 2-26 所示。

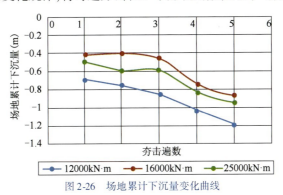

图 2-26　场地累计下沉量变化曲线

从图 2-26 中可以看出，主夯击能为 12000kN·m 的场地的下沉量随着夯击遍数线性增大，且每遍量值均为三个场地中的最大值，说明该场地杂填物质组成孔隙率最大，密实性最低。主夯击能为 16000kN·m 的场地和 25000kN·m 的场地变化规律类似，第 2 遍和第 3 遍夯击引起的场地下沉量非常小，第 4 遍和第 5 遍夯击后，场地的下沉变形趋势和 12000kN·m 的场地的工况一致。

为进一步解释每遍夯击在整个夯击过程中的功效，画出每遍夯击的单次夯沉量曲线，如图 2-27 所示。

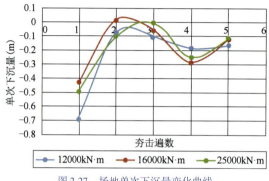

图 2-27 场地单次下沉量变化曲线

从图 2-27 中可以很直观地看出，主夯击能第 1 遍夯沉量占总夯沉量的 60% 以上；第 2 遍和第 3 遍功效相同，且从对场地压缩效果方面而言，其加固效果最小，夯后场地下沉量小于 0.1m；第 4 遍加固夯后场地下沉量约为 0.2~0.3m；第 5 遍满夯后场地下沉量约为 0.1~0.2m。

从上面的分析可看出，强夯工艺要求分遍夯。单击夯击能要大，使得冲剪形成一定深度的夯坑。夯点应遵循先重后轻、先深后浅的次序进行，即先用高能量加固深层，这时夯点间距应大，后用低能量加固浅层，以加固前述未加固或隆起松动的夯点间土，最后以低能量满片夯实表层。

2.6.1.5 停夯标准分析

由中华人民共和国工业和信息化部发布、中国有色金属工业协会主编的《强夯地基技术规程》（YS/T 5209—2018）、中华人民共和国住房和城乡建设部发布的《建筑地基处理技术规范》（JGJ 79—2012）6.3.3 规定了单击夯能级小于 12000kN·m 时的最后两击平均夯沉量标准；由中国工程标准化协会发布的《强夯地基处理技术规程》（CECS 279:2010）中规定了单击夯能级小于 8000kN·m 时的最后两击平均夯沉量标准，如表 2-3 所示。

最后两击平均夯沉量　　　　　　　　　表 2-3

单击夯击能 E (kN·m)	YS/T 5209—2018, JGJ 79—2012	CECS 279:2010
$E < 4000$	5	5
$4000 \leq E < 6000$	10	10
$6000 \leq E < 8000$	15	20
$8000 \leq E < 12000$	20	20

从表 2-3 可看出，YS/T 5209—2018 和 JGJ 79—2012 对最后两击平均夯沉量值规定一致，CECS 279:2010 中，当单击夯击能大于 6000kN·m 时，最后两击平均夯沉量值为 20cm。当单击夯击能大于 12000kN·m 时，规范中并未给出。本项目中主夯夯击能分别为 12000kN·m、

16000kN·m 和 25000kN·m,已超出上述规范中规定的最大单击夯击能,故需要通过试验确定。

下面通过对三个试夯区域不同夯坑的夯沉量进行分析。从第 2 击开始,将每 2 击夯沉量进行平均计算,重点分析最后两击的平均夯沉量。为分析方便,本文将主夯能级为 12000kN·m 的夯坑最后两击平均夯沉量定义为符号 AVE_{12},后续采用该符号进行分析。

图 2-28 为夯击能级 12000kN·m 试验的场地最后两击平均夯沉量与夯击次数曲线图。从图中可看出,曲线并非单调递减,说明杂填物质沿深度方向的不均匀性。按《强夯地基技术规程》(YS/T 5209—2018) 和《建筑地基处理技术规范》(JGJ 79—2012) 推荐的最后两击平均夯沉量规律推算,AVE_{12} 应为 25cm。从曲线图上辅助线可看出,某些夯坑曲线与辅助线有不止一个交点。同时也可发现 $AVE_{12}=25cm$ 条件下,夯坑夯击次数从 5 击到 15 击,击数差异较大。

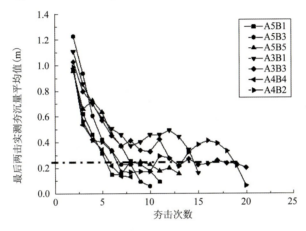

图 2-28　最后两击夯沉量曲线

为进一步得到最优的 AVE_{12},以 15cm 为下限,35cm 为上限,间隔为 5cm,共选取 5 个 AVE_{12} 进行作图分析,从图 2-28 上找出每个 AVE_{12} 下的锤击数,得到图 2-29。横坐标为 AVE_{12},纵坐标为夯击次数。从图 2-29 中可非常直观地看出,当 $AVE_{12}<25$ 时,有 2 个夯坑击数波动较大,但当 $AVE_{12} \geq 25$ 时,曲线基本趋于稳定。说明 $AVE_{12}=25$ 在该场地下较合适。

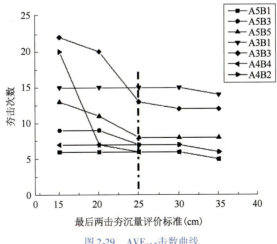

图 2-29　AVE_{12}-击数曲线

图 2-30 为夯击能级 16000kN·m 试验的场地最后两击平均夯沉量与夯击次数曲线图。从图中可看出,曲线并非单调递减,说明杂填物质沿深度方向的不均匀性。按《强夯地基技术规程》(YS/T 5209—2018)和《建筑地基处理技术规范》(JGJ 79—2012)推荐的最后两击平均夯沉量规律推算,AVE_{16} 应为 30cm。$AVE_{16}=30cm$ 条件下,夯坑夯击次数从 4 击到 6 击,较 $AVE_{12}=25cm$ 工况要集中。

为进一步得到最优的 AVE_{16},以 20cm 为下限,40cm 为上限,间隔为 5cm,共选取 5 个 AVE_{16} 进行作图分析,从图 2-30 上找出每个 AVE_{16} 下的锤击数,得到图 2-31。

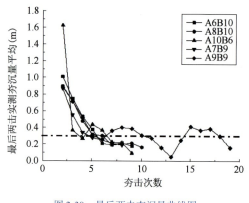

图 2-30　最后两击夯沉量曲线图　　　　图 2-31　AVE_{16}-击数曲线

从图 2-31 中可非常直观地看出,当 $AVE_{16}<30cm$ 时,夯坑击数波动较大,但当 $AVE_{16}\geqslant 30cm$ 时,曲线基本趋于稳定。说明 $AVE_{16}=30cm$ 在该场地下较合适。

图 2-32 为夯击能级 25000kN·m 试验的场地最后两击平均夯沉量与夯击次数曲线图。从图 2-32 中可看出,曲线并非单调递减,说明杂填物质沿深度方向的不均匀性。按规范《强夯地基技术规程》(YS/T 5209—2018)和《建筑地基处理技术规范》(JGJ 79—2012)推荐的最后两击平均夯沉量规律推算,AVE_{25} 应为 35cm。$AVE_{25}=35cm$ 条件下,夯坑夯击次数从 4 击到 6 击,较 $AVE_{12}=25cm$ 工况要集中。

为进一步得到最优的 AVE_{25},以 20cm 为下限,45cm 为上限,间隔为 5cm,共选取 6 个 AVE_{25} 进行作图分析,从图 2-32 上找出每个 AVE_{25} 下的锤击数,得到图 2-33。

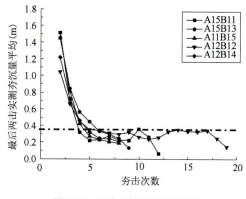 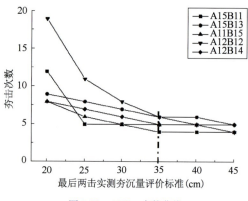

图 2-32　最后两击夯沉量曲线图　　　　图 2-33　AVE_{25}-击数曲线

从图 2-33 中可以非常直观地看出,当 AVE_{25} < 35cm 时,夯坑击数波动较大,但当 AVE_{25} ≥ 35cm 时,曲线基本趋于稳定。说明 AVE_{25} = 35cm 在该场地下较合适。

夯击能级从 16000kN·m 提高到 25000kN·m 的最后两击平均夯沉量标准变化幅度和从 12000kN·m 提高到 16000kN·m 的相同,经分析,这是由于夯击能 25000kN·m 试验的场地以煤矸石为主,整体压缩变形量小的缘故。

2.6.1.6 小结

以离隰高速公路某杂填场地高能级强夯处治工程为研究对象,对三个不同杂填场地进行了高能级强夯试验,对不同夯击遍数的各个夯坑深度、几何形体和夯点累计沉降量进行了分析。基于体积等效原理,考虑了不同夯击能和杂填物质组成,建立了单个夯坑模型-场地平均夯沉量预测模型。对三个高能级强夯的最后两击平均夯沉量限值进行了分析,提出了适用于本工程的停夯标准。研究结果表明:

(1)用实测数据可解释高能级强夯采用分遍、不同能级和不同夯点间距组合的实际意义。

(2)各遍夯击对场地的压缩功效排序为:第一遍主夯 > 第四遍加固夯 > 满夯 > 第二遍主夯、第三遍插夯。

(3)随着强夯能级的增大,最后两击平均夯沉量也随之增大。本杂填场地条件下,12000kN·m、16000kN·m 和 25000kN·m 三个能级的最后两击平均夯沉量分别为 25cm、30cm 和 35cm。杂填场地由于物质成分复杂,场地均匀性差,宜采用最后两击平均夯沉量作为停夯主控指标,夯击次数不宜作为控制指标。

2.6.2 CFB 灰渣改良高含水率路基土技术

2.6.2.1 工程概况

离隰高速公路路基主线石口互通 K71+330~K73+600 范围内,共设计挖土方 98.85 万 m^3,填土方 85.95 万 m^3。在实际开挖过程中,土方含水率较大,路基填料强度(CBR)值不能满足设计要求。本着固废利用和节能环保原则,采用循环流化床(CFB)灰渣对含水率较大路基土进行改良,以达到降低含水率,满足设计要求的目的。

2.6.2.2 路基土体取样情况

对石口互通 EK0+300 及厂区土场 0+570、0+620、650、660、670 合计 6 个断面处的路基土体采用挖机开挖,开挖深度约 5m,对不同深度的土体进行取样。试验室采用烘干法对土样进行含水率试验,具体情况如下。

EK0+300 处 5 份土样平均含水率为 17.5%。其中,最大含水率为 18.9%,位于地表以下 3.1m 处;最小含水率为 16.1%,位于地表以下 5m 处。取样点如图 2-34 所示。

厂区 5 处取样点示意图及现场照片如图 2-35 所示。

厂区共取土样 17 份,平均含水率为 21.8%。其中,最大含水率为 28.1%,位于厂区 0+660 埋深 3m 处(如图 2-36)。最小含水率为 17.5%,位于厂区 0+620 埋深 3m 处。

图 2-34　EK0+300 取样点

图 2-35　厂区取样点

a) 现场取出的土样

b) 静置1晚土样

图 2-36　含水率为 28.1% 土样

本次取得的 22 份土样中(EK0+300 处 5 份、厂区 17 份),含水率小于 20% 的土样占比 55%,含水率区间位于 20%~25% 的土样占比 27%,含水率大于 25% 的土样占比 18%。如表 2-4 所示。

石口互通路基土含水率统计　　　　　　表2-4

取样部位	取土深度(m)	天然含水率(%)
EK0+300	1	17.1
	2.2	17.8
	3.1	18.9
	4.1	17.4
	5	16.1
厂区0+660	1.3	19.2
	2	19.7
	3	28.1
	4	18
	4.7	20.9
厂区0+620	1	18.8
	3	17.5
	5	22.7
厂区0+670 1号	4	27.1
	5	22.1
厂区0+650 2号	1.3	27.4
	3.0	27.3
	4.0	22
	5.0	22.8
厂区0+570 3号	1.1	18.6
	3.0	20.3
	5.0	17.8

2.6.2.3 路基空间含水率分析

由于厂区含水率较大,对厂区17份土样单独进行深入分析。为分析路基土壤含水率分布情况,沿线路方向对厂区取5处土样,厂区0+570取土点位于最东侧,即水平坐标为0的点,依次按桩号间距从东向西进行排列,同一层土为一根曲线,做出土壤含水率沿线路方向分布曲线,如图2-37所示。

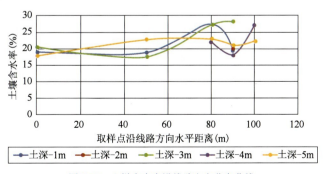

图2-37　土样含水率沿线路方向分布曲线

从图中 2-37 可看出,土壤含水率沿线路方向分布差异较大。$X = 0 \sim 50m$ 区间内含水率约在 16%～23% 范围内波动；$X = 80 \sim 100m$ 区间内含水率约在 17～28m 范围内波动；两个区间的最低含水率相近,但最高含水率相差 5%。

为分析不同埋深路基含水率分布,将纵坐标设定为土层深度,横坐标设定为含水率,同一取土点为一组,得出不同深度土壤含水率分布散点图,如图 2-38 所示。

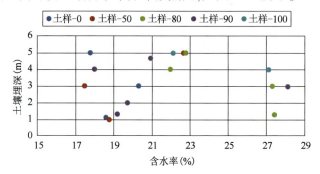

图 2-38 不同深度土样含水率分布散点图

从图 2-38 中可看出,不同取样点同一深度的土壤含水率分布规律不同。在地表以下 1m 处,土样-0、土样-50、土样-90 的含水率相近,约为 19%；在地表以下 3m 处和 4m 处,不同取样点土壤含水率分布差异较大。在地表以下 3m 处,土样-0 和土样-80 的含水率相差约 9%,在地表以下 4m 处相差 5%；地表以下 5m 处,土样-50、土样-80、土样-100 含水率相近,约为 22%。

2.6.2.4 高含水率土的定义

按照土工试验工程土的分类和定名相关规定,利用液塑限对土质进行定名,检测路段全部为低液限黏土,结合前期击实、CBR 等试验,各取样代表段落土质均满足填料要求,可用于路基填筑。

但是在高含水率状态下填筑路基极易发生弹簧、翻浆等情况,压实度检测结果不满足要求,难以保证路基承载能力。因此须通过相关措施使其含水率接近可压实的最佳含水率。

根据沙庆林院士《公路压实与压实标准》一书中第七章第二节的相关内容,高含水率土的定义为:"所谓高含水率土是相应于规定的压实而言的,土的含水率超过某一最大容许值后,就不可能压实到规定的密实度。含水率大于此容许值的土称之为高含水率土。"土的最大容许含水率 W_m 计算公式如下:

$$W_m = 100\rho_w \frac{1 - V_a/100}{\rho_d} - \frac{1}{\rho_s} \qquad (2-1)$$

式中：ρ_w——水的密度,通常可以取为 $1g/cm^3$；

ρ_s——土粒的密度,g/cm^3；

V_a——土中残留的密闭空气率,对于黏性土,通常约为 2%,粉土约为 3%,砂性土可达 6%～9.5%；

ρ_d——要达到的干密度,$\rho_d = K\rho_{md}$,g/cm^3；

K——规定达到的压实度,%；

ρ_{md}——土的最大干密度,g/cm^3。

取该路段土的最大干密度平均水平 1.9g/cm³,93% 压实度对应干密度为 1.77g/cm³,黏性土空隙率取 2%,土粒密度取 2.70g/cm³,水的密度取 1g/cm³,将其带入上面公式,计算后可得本路段土的容许含水率约为 $W_m = 18.4\%$。即,本路段高含水率土的确定标准为:天然含水率大于 18.4%。

《公路压实与压实标准》中明确要求,当采用高含水率土进行路基填筑时,必须采取必要的措施,否则达不到设计的压实度。因此针对上述土质填筑路基,应进行必要的处治。

2.6.2.5 外掺 CFB 灰渣试验分析

根据 LJ7 标段掺 CFB 灰渣改良土含水率试验结果,天然含水率为 26% 的土 CFB 灰渣掺量为 5%、8%、10% 和 20% 时,改良土含水率分别降低 2.5%、4.7%、6.6% 和 8.1%(LJ7 标试验结果见附件)。将 CFB 灰渣掺量作为 x,改良土含水率降低值作为 y,做出曲线,并进行回归,如图 2-39 所示。

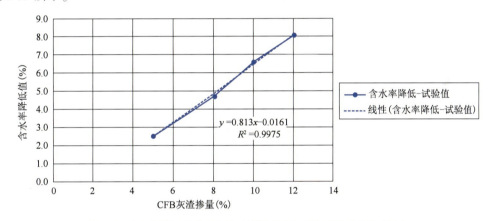

图 2-39 CFB 灰渣掺量-改良土含水率降低值曲线图(天然含水率 26%)

从图 2-39 可看出,二者呈线性相关,相关系数为 0.9975,公式如下:

$$y = 0.813 \times x - 0.0161 \tag{2-2}$$

式中:y——改良土含水率降低值,%;

x——CFB 灰渣掺量,%。

在对含水率过高土体进行改良时,应对取土区不同深度和不同位置的原土体进行取样,采用烘干法测定土体天然含水率,再根据目标含水率计算出需要降低含水率值 y,带入式(2-2)中,求出 CFB 灰渣掺量 x。

本着节约工程造价和固废利用的原则,本次采用外掺 CFB 灰渣进行改良。

选取含水率较大区域(厂区)17 个土样的含水率平均值 21.8% 作为本次土样天然含水率的代表值,当外掺 CFB 灰含量为 5% 时,含水率降低至 19.3%($x = 5\%$,$y = 2.5\%$)。综合考虑到在实际工程中,填筑土体在开挖、翻拌、晾晒、运输过程中也会损失一部分水分,故建议 LJ7 标段外掺 CFB 含量为 5%,可满足工程要求。

实际现场含水率如与本次取样含水率差异较大时,应另做含水率试验,再根据式(2-2)确定 CFB 掺量。

2.6.2.6 外掺 CFB 灰渣施工工艺

高含水率路基填料常用的处治方案主要有晾晒法、外掺法、换填法三种。

在适宜的施工季节,一般可以采用晾晒的方法。晾晒法是在筑路之前,提前一段时间取土,在干燥季节,摊铺晾晒。其优点是工艺简单,成本低,但是不适合雨季和赶工期阶段施工。

外掺法主要是采用掺加具有一定吸湿能力和固化作用的外掺材料,如生石灰、水泥、粉煤灰、土壤固化剂等,其中生石灰的作用效果最为显著,且施工质量和均匀性最易控制。在高含水率土中掺入生石灰有如下几方面作用:生石灰掺入土中后,直接使干料比例增加,从而降低含水率;生石灰中氧化钙和氧化镁与土中的水分发生化学反应,生成氢氧化钙和氢氧化镁,反应过程中固体成分增加,水分减少;石灰与水作用为放热反应,温度升高,加速水分蒸发过程;加入生石灰后,石灰土的最佳含水率增大,有利于达到要求的压实度。

如高含水率土采用上述两种方法无法保证经济性和进度要求时,可以采取更换合格填料的措施来解决,但采用换填法时应考虑堆放废弃土和借土新增征地、借方运距等问题,应在做综合分析后慎重决定是否采用。

此处主要介绍掺灰改良施工工序、施工要点及注意事项。

1) 施工工序

施工中采用路拌法,施工流程如下:

施工准备→施工放样→铺土→布灰→拌和→碾压。

2) 施工要点

准备工作。在拟处理的路段取原状土,做 3% 或 5% 剂量的石灰稳定土的重型击实试验,确定其最大干密度、最佳含水率。

铺土。依据施工经验,按松铺系数为 1.2,压实厚度为 20cm 计算每车土的摊铺面积,选用体积基本相等的翻斗车运料,将路基全幅打成相应规格的方格网,每个方格堆放一车土,以便指挥人员控制铺土的均匀性。

布灰。布灰前用压路机对铺开的松土碾压 1~2 遍,保证备灰时不产生大的车辙,严禁重车在作业段内调头。

拌和。石灰土的拌和,务必拌和均匀。先用装载机强固齿翻松一遍,再用路拌机拌和,随时检查拌和厚度,严禁在拌和料底层留有素土。路拌机应拌和两次。

施工现场也可使用旋耕机和重型铧犁机进行高含水率土的翻拌,但要保证其拌和的均匀性。

整平。石灰土拌和第二遍时紧跟着用推土机排压、平地机整平和整形,直线段上平地机由两侧向路中心刮平,在平曲线上平地机由外侧向内侧刮平。整完后,用振动压路机快速静压一遍,以消除局部不平,再用平地机配合人工进行精平。在整平过程中检查石灰土的松铺厚度,按设计坡度和路拱施工成型。整个整形过程一般应在 1h 内完成。

碾压。石灰土完成精平成型后,当混合料处于可压状态时,即可进行碾压,采用 16t 振动压路机静碾一遍,然后用 16t、18t 压路机振压,胶轮压路机稳压。整个碾压过程须在 1.5h 内完成。用振动式压路机碾压四遍,最后一遍静压修面。碾压一般先慢后快,先轻后重。

3)注意事项

施工时生石灰的剂量不宜过多,以免石灰在土的空隙中以自由灰形式存在,导致强度反而下降。因为用于处理湿软路基、降低土的塑性、改善土的压实性能且不需要提高很大的强度时,仅需 3% ~ 5% 的石灰用量就已足够,并非掺量越多越好。

掺灰处理的主要目的是改善土质,便于土块粉碎,降低土中部分含水率,但仍需通过晾晒工艺使土达到便于压实的含水率。因此,施工中应随时掌握天气变化,抢晴天,多翻料,及时检测掺灰土的含水率,不失时机地进行碾压。

铺土、布灰时应适当考虑富余量,整平时宁刮勿补,切忌薄层找补。

布灰时应做好防尘和劳动保护工作,以防污染环境及影响施工人员的健康。

施工时应结合情况确定处治方案,尽量采用晾晒法施工,降低工程造价。

2.6.2.7 小结

针对高含水率土填筑路堤时,含水率过高、CBR 值不满足规范要求的问题,采用 CFB 灰渣对路基土进行改良,通过置换和化学反应,降低了路基土含水率,同时通过试验建立了 CFB 灰渣掺量和含水率降低值之间的对应方程,可为同类工程提供借鉴和参考。

2.6.3 黄土地区公路边坡生态防排水一体化技术

2.6.3.1 工程概况

试验段边坡位于离隰高速公路 LJ4 标段以 K35 + 641.03 为起点的编号为 D 的匝道(DK0 + 000 ~ DK0 + 547.59)边坡中的一段,桩号为 DK0 + 247 ~ DK0 + 370,该段路线平面有一定的弧度,从匝道的小桩号到大桩号高程逐渐变小,纵向为下坡,以挖方路基形式通过。根据图纸以及现场调查,该段边坡为四级边坡,第一、二级边坡为岩石(灰岩)边坡,第三、四级边坡为黄土边坡,且部分边坡已经种植上紫穗槐,但部分紫穗槐长势并不良好。互通边坡三维效果图如图 2-40 所示,试验段边坡如图 2-41 所示。

图 2-40 互通边坡三维效果图

图 2-41 试验段边坡

生态边坡是在植物学、生物化学、土力学等学科的指导下,对各种人为力量和自然力量作用下形成的裸露斜坡进行人工生态防护与修复后的边坡。传统边坡工程往往没有考虑对环境的影响而只考虑其工程效应,故而很容易对环境造成破坏。生态边坡对环境的保护更加注重,是结合环境工程与岩土工程的产物,它在确保边坡功效的基础上更加注重对环境的影响,是一种非常有效的护坡、固坡手段。生态防护主要依靠植物根系的锚固作用对边坡进行加固,提高边坡的稳定性,同时植物的茎叶可以减小降雨下落时的速度,减小坡面径流的速度,从而减少水土流失。

目前我国的高速公路边坡绿化养护基本采用人工巡查、水车拉水漫灌、人工辅助进行喷灌的方式,需要大量的人工,运距长、费用高,而且费水、费时,特别在一些缺水的西北地区,水资源严重匮乏,伴随着中国高速公路的发展,强调工程以人为本,可持续发展,恢复和重建高速公路边坡及路侧两旁的自然生态植被势在必行,而恢复和重建植被的必备条件是充足的水资源,边坡水资源的不足是边坡生态恢复过程最大的难点之一。对于黄土地区高速公路边坡防排水与绿化用水矛盾以及水资源匮乏的问题,传统的罐车拉水及人工辅助喷灌因其运距长、水资源利用率低、人工成本高、交通安全隐患大等缺点已经不符合新时代可持续发展理念。为构建生态边坡,为植被提供充足的水资源,对高速公路的雨水回收利用进行了研究并确定了可实行的具体方案,如图 2-42 所示。

根据现场实际情况,进行了图 2-42 的绘制,每一级边坡分为两段,每段上布置两根支管,这两根支管与单独的主管进行连接,防止一根主管堵塞,造成其他支管也不能进行工作的现象的发生,支管尽量布置在边坡的中央位置,以便滴灌得更加均匀。

2.6.3.2 滴灌参数

(1)灌溉补充强度。

灌溉补充强度是指作物生长所必需的最少水量。可按下式计算,即:

$$I_a = E_a - P_0 - S \tag{2-3}$$

式中:I_a——滴灌灌溉补充强度,mm/d;

E_a——滴灌条件下的设计耗水强度,mm/d;

P_0——有效降雨量,mm/d;

S——根层土壤和地下水补给量,mm/d。

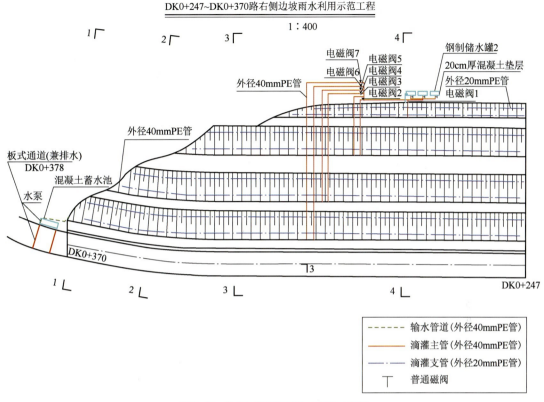

图 2-42 雨水收集及利用施工方案示意图

但对一般地面,作为设计状态,可认为作物消耗的水量全部由滴灌来补充,按下式来计算:

$$I_a = E_a \qquad (2-4)$$

(2)土壤湿润比。

土壤湿润比是滴灌湿润土体占计划湿润层深度总土体的百分比。土壤湿润比可以通过下式来确定,即:

$$P = \frac{0.785 D_w^2}{S_1 \times S_e} \times 100\% \qquad (2-5)$$

式中:P——土壤湿润比,%;

D_w——土壤水分水平扩散直径或湿润带宽度,它的大小由土质、滴头、灌水量等因素决定,m;

S_1——毛管间距,m;

S_e——滴头间距,m。

实践中,习惯以地面以下 20~30cm 处湿润面积占总灌水面积的百分比表示。

(3)流量偏差率。

流量偏差率对于评价滴头流量均匀性评价、灌溉质量、滴灌系统设计等具有很大的意义。根据流量偏差率的公式及《微灌工程技术规范》(GB/T 50485—2009)的规定,流量偏差率为最大滴头流量与最小滴头流量之差和滴头流量平均值的比值。即式:

$$q_v = \frac{q_{max} - q_{min}}{\bar{q}} \tag{2-6}$$

式中：q_v——流量偏差率，%；

q_{max}——滴头最大流量，L/h；

q_{min}——滴头最小流量，L/h；

$\bar{q}$——滴头平均流量，L/h。

（4）设计灌水均匀度。

滴灌的灌水均匀度可用克里斯琴森（Christiansen）均匀系数来表示，按下式来计算，即：

$$C_u = 1 - \frac{\Delta q}{q_a} \tag{2-7}$$

$$\Delta q = \frac{\sum_{i=1}^{N} |q_i - q_a|}{N} \tag{2-8}$$

式中：Δq——灌水流量变化值，L/h；

q_a——初始流量，L/h；

q_i——每次灌溉的流量，L/h；

N——灌溉次数。

灌水均匀度与流量偏差率是滴灌设计中比较重要的两个参数，有必要通过科学的试验来确定灌水均匀度、流量偏差率两个参数与管长、初始水头、滴头间距的具体关系，为滴灌系统的设计提供参考。滴灌设备是一种高效的节水工艺，但是在高速公路中的应用还比较少，通过试验确定均匀度、流量偏差率等变化规律，明确其与影响因素的对应关系，观察滴灌设备在工作中的问题，针对灌水均匀度、流量偏差率两个参数进行试验研究及预测。

试验的主要材料如滴灌管、滴灌头等来自浙江弘晨灌溉设备有限公司，选取外径为20mm、内径为14.5mm、壁厚为1.5mm的滴灌管，材质为聚乙烯（PE），呈黑色，内壁外壁光滑，如图2-43所示；毛管及滴灌头的孔口直径为4mm，毛管采用的是外径为7mm内径为4mm的PE管，其材质好、抗老化、质地柔软、内壁光滑，如图2-44所示。

图2-43 滴灌管

图2-44 毛管及滴灌头

为了观察试验现象,将滴灌管水平安置在试验室大厅内,控制整个系统的水头符合规定要求,测定滴灌过程中的水头,测压管量程为 0~6m。滴灌管的长度 L 分别为 50m、40m、30m、20m;初始水头 H 分别为 5m、4m、3m、2m;各个滴头间距 S 分别为 0.8m、1.0m、1.2m;在不同参数条件下进行试验。滴头下的量筒收集 10min 的水量,在特殊情形下,滴灌量较大,超出量筒量程,采用降低时间计算平均值的方法解决。在数据测量过程中,滴头稳定滴灌 2min 后开始采集数据,尽可能保证在采集数据过程中真实可靠、科学准确,每测完一组数据将滴灌管中的水分完全排干,避免影响下一次测量数据。如此反复进行试验,测定不同条件下的滴灌数据。为了保证试验数据的可靠性,每一组试验重复进行两次,取两次试验的平均值作为各个滴头的实际参考值。整个试验的统计参数包括各个滴头流量、水头高度、滴灌管长度、滴头间距、初始水头等。

通过改变影响因素包括滴灌管长度、滴头间距、初始水头等获得各个滴灌管不同长度处的水头高度、各个滴头的流量等数据。通过绘制的关系曲线来确定各个影响因子对灌水均匀度及流量偏差率影响程度,同时将其中 70% 数据作为样本建立模型,预测其他条件下的变化规律。

2.6.3.3 施工工序及方法

1) 生态防排水边坡施工工序

生态防排水边坡施工工序如图 2-45 所示。

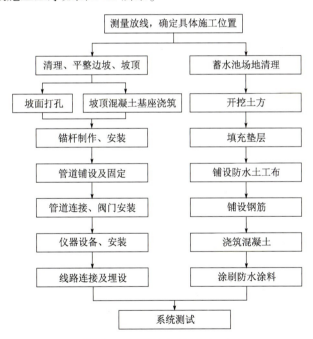

图 2-45 生态防排水边坡施工工序

2) 生态防排水边坡施工方法

(1) 自动滴灌系统。

①第一步:测量放线,确定具体施工位置。

根据沿线路面以及路基设施等的具体位置,测量确定出蓄水池以及输水管道的具体位置。

坡面上按照图纸进行首个打孔位置的确定,放线(保证每条支管有1%倾斜度),每隔1m标注一个打孔位置,便于后续打孔。在坡顶确定出基座所需的平台面积大小,进行标注,便于后续进行清理坡面以及混凝土的浇筑。

②第二步:清理、平整坡面及坡顶。

清理、平整坡面是将容易滑落、影响边坡稳定的岩石处理掉,使坡面尽可能平整,有利于管道的铺设及保证后期滴灌时水流的通畅。

a. 安设工作平台,保证作业区有良好通风和充足照明,采用安全绳进行作业。

b. 自上而下清除开挖面的浮石,清除墙脚的石渣和堆积物。

c. 处理光滑岩面。

d. 埋设控制锚杆间距的标志。

清理、平整坡顶是将坡顶的杂草以及一些裸漏的石块以及废弃物处理掉,并将坑洼处进行垫平,使坡顶尽可能平整,有利于混凝土的浇筑。

③第三步:坡面打孔、坡顶混凝土基座浇筑。

a. 按照之前测量、放线标志出的位置在坡面上进行打孔。

b. 在坡顶平整过后的场地进行混凝土浇筑。

④第四步:锚杆制作安装。

锚杆采用2m长$\phi 20$螺纹钢筋,间距1m,浆液采用水泥砂浆。锚杆端部采用对焊连接螺杆,螺杆外径为25mm。锚杆采用先注浆后插杆工艺进行施工,如图2-46所示。锚杆:$\phi 20$螺纹钢;水泥:采用强度等级不低于42.5的普通硅酸盐水泥或硅酸盐水泥;拌制砂浆的用水质量须满足有关规范的规定;采用最大粒径小于2.5mm的中细砂;注浆锚杆水泥砂浆的强度等级不低于20MPa。

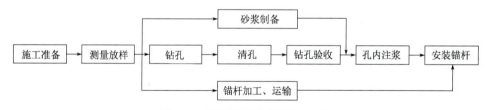

图2-46 先注浆后安装锚杆施工工序

a. 钻孔。

严格按设计文件及设计图纸的钻孔位置、孔向和孔深进行施工,保证孔位偏差小于100mm,孔深偏差不大于50mm。根据锚杆孔孔径、孔深要求,孔向尽可能垂直坡面,钻孔达到标准后,用高压风清除孔内岩屑和积水。

b. 砂浆制备和注浆。

在现场用砂浆搅拌机拌制浆液,通过UBJ3砂浆泵向孔内灌注,注浆管下至距孔底100mm,注浆深度约为孔深2/3。

c. 锚杆的安装。

⑤第五步:管道铺设及固定。

按照施工图进行支管以及主管的铺设以及固定,支管放置在锚杆的U形卡环内,主管采用锚杆固定在坡面上。

⑥第六步:管道连接、阀门安装。

将支管与主管之间进行连接,每一级边坡主管与支管连接的地方安装一个电磁阀。

⑦第七步:仪器、设备安装。

将土壤含水率传感器安装在边坡的不同位置;将水位传感器安装在蓄水池以及储水罐内部。

⑧第八步:线路连接及埋设。

将各个设备、仪器进行线路连接,所有的线路放置在聚氯乙烯(PVC)管中,并埋置在土壤中,并做好线路标示,以便后期进行检修及养护工作。

(2)雨水收集输送系统。

①第一步:蓄水池场地清理。

根据测量放线确定蓄水池的位置,对蓄水池旁边的杂草以及堆置物进行清理,做好开挖前的准备工作。

②第二步:开挖土方。

采用机械加人工的方法进行土方开挖,采用小型挖掘机进行初步土方挖掘,在底部以及蓄水池四周采用人工进行处理整平,便于后期进行钢筋的铺设。

③第三步:填充垫层。

在蓄水池底部填充垫层,并进行压实,防止后期沉降。

④第四步:铺设防水土工布。

根据要求进行防水土工布的铺设,在蓄水池底部以及四周都铺设防水土工布,土工布连接处,要有搭接处理,防止后期雨水渗入底部土层。

⑤第五步:铺设钢筋、支模版。

按照施工图布置,进行钢筋笼的焊接以及铺设。安装模板,准备浇筑混凝土。

⑥第六步:浇筑混凝土。

在完成支撑的模板内浇筑混凝土并进行捣实,混凝土强度达到要求后,拆除模板。

⑦第七步:涂刷防水材料。

在蓄水池的底部以及四周,采用人工进行防水材料的喷涂工作。

2.6.3.4 试验数据及分析

试验数据如图 2-47 ~ 图 2-54 所示。

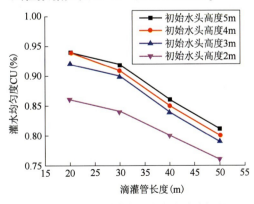

图 2-47 灌水均匀度与滴灌管长度关系(滴头间距 1.2m)

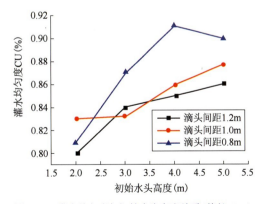

图 2-48 灌水均匀度与初始水头高度关系(管长 40m)

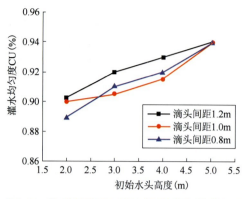

图 2-49　灌水均匀度与初始水头高度关系(管长 20m)

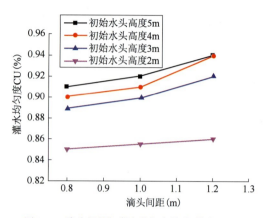

图 2-50　滴头间距与灌水均匀度关系(管长 30m)

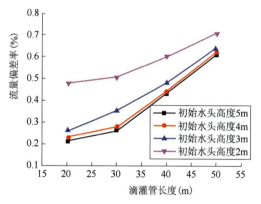

图 2-51　滴头管长度与流量偏差率关系(滴头间距 1.2m)

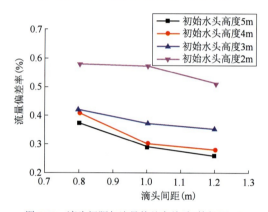

图 2-52　滴头间距与流量偏差率关系(管长 30m)

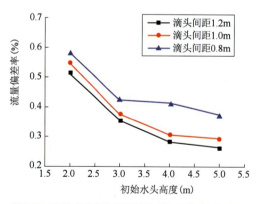

图 2-53　初始水头高度与流量偏差率关系(管长 30m)

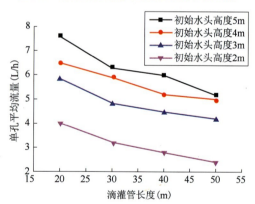

图 2-54　滴灌管长度与单孔平均流量关系(间距 1.0m)

根据滴灌管出流试验数据分析,滴灌影响因子包括初始水头高度、滴头间距、滴灌管长度对灌水均匀度有很大的影响。滴灌管长度越长,灌水均匀度越低,在滴灌管长度 30~40m 的条件下,灌水均匀度基本上保持在 0.8% 以上,同时在此范围内均匀度比较均衡,变化幅度相对较小;初始水头高度越高,灌水均匀度越高,反之,灌水均匀度越低,同时灌水均匀度在初始水头高度 3~4m 范围内曲线斜率显著增加,表明灌水均匀度变化剧烈,在此范围内效果最为明显,在初始水头大于 4m 后变化放缓;滴头间距越大灌水均匀度越高,但是当水头高度较低时,滴头间距对灌水均匀度影响程度明显下降。

滴灌管越长流量偏差率越高,反之流量偏差率越低,在滴灌管长度 20~30m 范围内偏差率控制比较好,变化幅度较小,与之对应的初始水头高度为 3m 以上效果较佳;滴头间距对流量偏差率影响较小,适当提高水头高度可以减轻其影响;初始水头高度越低流量偏差率越高,初始水头高度越高流量偏差率越低,在水头高度 4~5m 范围内,流量偏差率基本上接近于水平,影响程度较小。

初始水头高度越高,单孔平均流量越高;滴灌管长度越长,单孔平均流量越少;在初始水头高度较高的情况,滴头间距可以适当缩小,减小对单孔平均流量的影响,应用到实际的滴灌系统中,根据现场的实际情况,在需要增加滴头密度的情况下,为保证滴灌质量,可以适当增加水头高度。

2.6.3.5 灌水均匀度与流量偏差率的预测分析

灌水均匀度与流量偏差率的变化趋势预测如图 2-55 所示。

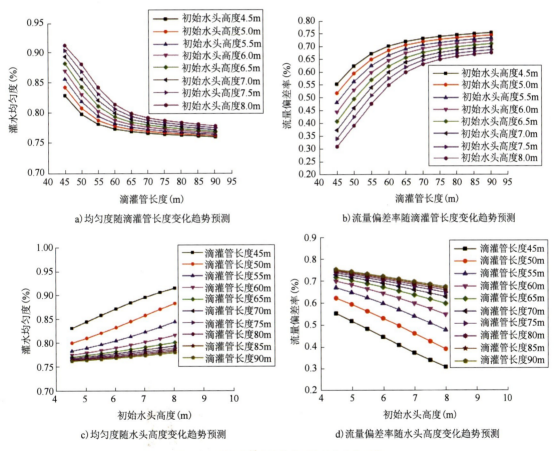

图 2-55 均匀度与流量偏差率的变化趋势预测

由预测结果可知:在滴头间距为 1m、滴灌管长度 45~90m、初始水头高度在 4.5~8m 条件下,灌水均匀度随滴灌管长度的增加而减少,流量偏差率随滴灌管长度增加而增加;灌水均匀度随初始水头高度增加而增加,流量偏差率随初始水头高度增加而减少。可以发现,灌水均匀度随滴灌管长度变化的过程中,始终保持在0.75以上;灌水均匀度在随初始水头高度变化过程中保持在0.75以上,在滴灌管长度达到65m以上时,水头高度变化对灌水均匀度影响较小,基本上控制在0.75~0.8,在这范围内即使滴灌管长度增加,灌水均匀度依旧保持稳定,在实际工程中,如若需要适当增加滴灌管长度满足灌溉要求,可以在滴灌管长度为65m时做出协调。流量偏差率随滴灌管长度增加而增加,在滴灌管长度为75m左右,流量偏差率基本稳定,即使滴灌管长度继续增加,偏差率也增加缓慢;流量偏差率随水头高度的增加而减小,可以发现在长度45~65m范围内滴灌管随水头高度的变化程度基本保持平行,而在70~90m范围内的基本保持平行,而且流量偏差率范围比较统一,保持在0.65~0.75范围内,可得出初始水头高度对长度在70m以上的滴灌管的流量偏差率影响不大,可以适当增加长度。

2.6.4　整体式模板一次浇筑成型阶梯式急流槽技术

2.6.4.1　技术简介

整体式模板一次浇筑成型阶梯式急流槽,施工方便简单、可操作性强,能够确保急流槽的整体施工质量,与传统的分次施工成型急流槽台阶和槽底方法相比,能够节省在施工过程中使用到的工序、时间、人力、物力、财力,达到了降低成本、提高经济效益的目的;与传统的方法相比,其具有更高的质量保障、更高的实用性、更高的安全性。这项施工工艺措施能够有效规避施工过程中出现的可预见的施工控制弱点,有较好的社会经济效益,且技术难度一般,操作简易,所需设备易加工,施工工艺简单,值得大面积推广使用。

2.6.4.2　施工前准备

1) 模具准备

阶梯式混凝土急流槽采用整体式定型钢模板,根据图纸设计尺寸,每节模板宜为9~10m。表面密闭,顶面间隔1m留有开口,设置开合门阀(图2-56),混凝土从开口处经由料斗进入模具,混凝土振捣也由开口处完成,不用时将门阀关闭,这样既能保证急流槽的外观质量,也可保证急流槽浇筑厚度和几何尺寸符合要求。

图2-56　模具开合门阀

2)作业条件准备

(1)完成施工图纸复核,确认急流槽各截、断面的主要结构尺寸及工程数量。准备进行施工的急流槽,路基须成型,其几何尺寸、平面位置全部满足设计要求。

(2)完成急流槽施工方案的编制,包括施工放样、工序、进度计划、质量、安全、环保保证措施等内容。

(3)施工现场达到"三通一平"条件,特种设备已验收合格,特种作业人员持证上岗。

(4)施工前先进行首件工程的试验,确定施工过程的工序、技术参数,浇筑首件经验收合格后,方可正式加工生产。

2.6.4.3 施工工序及方法

阶梯式混凝土急流槽施工工序如图 2-57 所示。

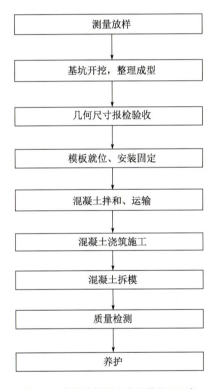

图 2-57 阶梯式混凝土急流槽施工工序

1)测量放样

施工放样时,首先使用全站仪按照设计图纸确定位置,精准定位出急流槽边线、高程。

2)基坑开挖

严格按照放样边线开挖,先用小型挖机设备进行开挖,然后进行人工精细修整,确保成型基坑平面位置、断面尺寸全部符合设计要求。急流槽开挖如图 2-58 所示,急流槽基坑验收如图 2-59 所示。

图 2-58　急流槽开挖

图 2-59　急流槽基坑验收

3）模板就位，安装固定

基坑验收合格后在基底侧壁打入钢筋或者木桩，端头绑扎铁丝，模板吊装就位，支立撑杆调整模具高程与水平，使之符合设计位置，连接基底固定桩铁丝，在模板顶部拉紧固定，确保在混凝土浇筑施工中模板不上浮和移位。如图 2-60～图 2-63 所示。

图 2-60　槽身铺土工布

图 2-61　槽身侧壁锚钉、底部支撑

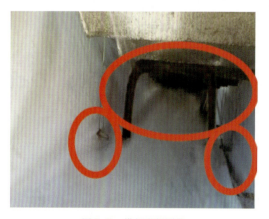
图 2-62　模板底部固定

图 2-63　模板就位固定

4）混凝土生产、运输

水泥混凝土采用集中厂拌法生产，按照验证后的施工配合比，严格按照原材料和外加剂的掺配剂量进行试拌，在正式生产中，须严格按照批复的配合比进行拌和。混凝土运输如图2-64所示。

图2-64　混凝土运输

5）混凝土分节浇筑

开始浇筑时，为防止混凝土在模板内黏结，需预先在模板及贮料斗内喷洒脱模剂，保持各接触面湿润，保证混凝土浇筑的流畅性（图2-65）；因为急流槽截面较小，混凝土量小，且在斜坡上施工，所以混凝土投放一定要缓慢，从每一节模板的预留槽口放入，操作人员根据到场的水泥混凝土的实际情况，实时调整浇筑速度，确保放入的混凝土全部振捣到位，避免出现空洞及麻面现象（图2-66）；浇筑混凝土施工全过程应配备专人对模板进行看护，防止模板上浮或者移位、脱落。

图2-65　混凝土浇筑

图2-66　混凝土振捣

6）拆模养护

混凝土拆模后，宜采用塑料薄膜或土工膜进行封闭覆盖保湿养生，养护期内保证混凝土表面始终处于湿润状态，防止混凝土失水出现裂缝。

7）成品保护

每天施工结束后，应彻底清理模板装置及模具，并认真涂抹一层脱模剂，保证模具内壁光滑，整齐存放；做好混凝土覆盖养护措施后，要在坡脚和坡顶设置围挡，对成品进行防护隔离，防止人为损坏。对养护完成的段落，安排人员及时清理覆盖物，做到现场整洁，工完场清。成型后的急流槽如图2-67所示。

图 2-67　成型后的急流槽

2.6.4.4　小结

整体式模板一次浇筑成型阶梯式急流槽与传统的分次成型急流槽施工工艺相比，传统工艺每道急流槽施工周期为2天，人工为8个工日；整体成型工艺每道急流槽施工周期为1天，人工为6个工日。综上所述，该施工工艺较传统工艺施工效率明显提升，降低了施工成本。

2.6.5　路基"三同步"标准化施工

2.6.5.1　施工理念

离隰高速公路路基以土石方为主，离隰项目以路基土石方标准化施工为抓手，依照山西路桥集团公司专项质量提升行动方案，在项目建设中秉持"全寿命周期"理念，以创建平安百年品质工程和绿色示范公路工程为目标，推行路堑"三同步"施工，即"开挖一级，防护一级，绿化一级"，既提高了工序间衔接的工作效率，又保证了施工质量，工完场清，同时为建设期路基全断面交验、大规模开展路面施工以及运营期降低管养成本打下坚实的基础，按照"建-管-养"一体化设计理念，对路基工程进行了精细化考虑。

2.6.5.2　路基施工"三同步"工艺

（1）边坡开挖时先预留一定宽度刷坡，再进行二次精刷。推广使用挖机坡面智能引导控制系统（图2-68），保证边坡平顺，线形美观。坡面成型后同步施作防护设施，加强质量管控，对砌筑砂浆采取集中预干拌，运至现场后二次拌和，规范标准化作业，提高工程耐久性。

图 2-68 挖机坡面智能引导控制系统

(2)路堑开挖前优先施工截水沟。每级边坡开挖后,同步跟进平台排水沟(图 2-69)和坡面急流槽,及时将来水引离边坡,确保作业面不积水。结合现场调整平台预制块设计,使之端部与边坡线形协调,结合牢固,解决悬空掉边隐患。同时现场应用"四新技术",预制块施工使用搬运器,节省人工,提高工效。

图 2-69 开挖后防护排水同步跟进

(3)坡面防护排水工程完成后,同步跟进绿化工程(图 2-70),并加强日常养护,对于局部绿化缺失部位必须补种,绿化缺失严重段落坚决予以返工处理。

图 2-70 边坡绿化同步跟进

路基"三同步"施工的核心思想是工序间的紧凑衔接，真正做到"开挖一级、防护一级、绿化一级"，既提高了工序间衔接的工作效率，保证了施工质量，又降低了施工成本。

2.6.5.3　小结

坚持路基"三同步"施工，系统化进行边坡作业，避免边坡整体成型后再次防护和绿化施工扰动，提高了边坡稳定性与抗冲刷性，减少了边坡水土流失和水毁病害。

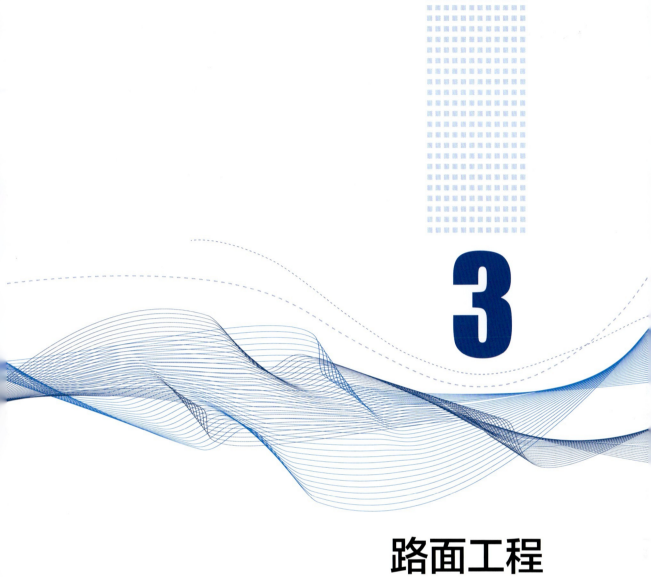

3

路面工程

3.1 水泥混凝土面层

3.1.1 施工工序

水泥混凝土面层施工工序如图 3-1 所示。

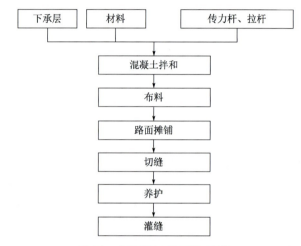

图 3-1 水泥混凝土面层施工工序

3.1.2 施工质量要点

3.1.2.1 模板安装

模板宜采用钢模板,模板应无损伤,有足够的刚度,其表面应光洁、平整、顺直,局部变形不得大于 3mm,振捣时模板横向最大挠曲应小于 4mm,高度应与混凝土路面板厚度一致,误差不超过 ±2mm。

横向施工缝端模板应设置传力杆插入孔和定位套管,传力杆直径和间距应符合设计要求,纵缝模板平缝的拉杆穿孔眼位应准确。

模板应每米设置一处支撑固定装置,模板垂直度用垫木楔方法调整。纵横曲线路段应采用短模板,每块模板中点应安装在曲线切点上。

模板安装检验合格后,与混凝土拌和物接触的表面应涂脱模剂或隔离剂;接头应粘结胶带或用塑料薄膜等密封。

3.1.2.2 钢筋设置

钢筋选用热轧钢筋,钢筋应直顺,不得带有裂纹、断伤刻痕,表面油污和片状锈蚀应清除。钢筋网布设在板顶面下 12cm 处,拉杆、传力杆设在板厚中部。钢筋混凝土板筋网片的安装如图 3-2 ~ 图 3-5 所示。

图3-2　模板铺装

图3-3　铺设钢筋

图3-4　人工小型机具摊铺

图3-5　三辊轴机组摊铺

3.1.2.3　安设传力杆

当侧模安装完毕后，即在需要安装传力杆位置上安装传力杆。当混凝土板连续浇筑时，可采用钢筋支架法安设传力杆。即在嵌缝板上预留圆孔，以便传力杆穿过，嵌缝板上面设木制或铁制压缝板条，根据传力杆位置和间距，在接缝模板下部做成倒 U 形槽，使传力杆由此通过，传力杆的两端固定在支架上，支架脚插入基层内。当混凝土板不连续浇筑时，可采用顶头木模固定法安设传力杆。即在端模板外侧增加一块定位模板，板上按照传力杆的间距及杆径、钻孔眼将传力杆穿过端模板孔眼，并直至外侧定位模板孔眼。两模板之间可用传力杆一半长度的横木固定。继续浇筑邻板混凝土时，拆除挡板、横木及定位模板，设置接缝板、木制压缝板条和传力杆套管。

3.1.2.4　混凝土的拌和

混凝土采用 HZS180 型强制式拌和机搅拌，并设置自动计量装置。按照配合比下料并严格控制在误差允许范围内，同时搅拌时间必须符合规范要求，在拌和过程中严格按照试验室提供并经监理工程师批准的配合比进行拌和，每盘料的拌和均要严格控制下料误差，并做好相关记录，做到有据可循。

3.1.2.5 混凝土振捣

混凝土振捣采用插入式振动器。振动时间一般以混凝土表面出现乳浆停止下沉,不再冒气泡为宜,对于插入式振动棒,这个时间一般在20~30s之间。振动过程中不许有超振或漏振现象,且振动棒不得碰撞模板。

3.1.2.6 混凝土摊铺

混凝土摊铺成型采用三辊轴混凝土摊铺整平机,摊铺混凝土前检查模板位置、高程是否符合设计要求,且是否支撑稳固、模板涂刷脱模剂均匀。铺筑前,基层顶面必须打扫干净并保持湿润状态,没有积水,杂物。安排专人指挥车辆均匀卸料,布料速度与摊铺速度相适应,混凝土布料长度大于10m时,可开始振捣作业。密排振捣棒组间歇插入式振实,每次移动距离不超过振捣棒有限作业半径的1.5倍,并不大于500mm,振捣时间15~30s。三辊轴整平机对作业单位分段进行整平,作业单位长度为20~30m,振捣机振实与三辊轴整平两道工艺流程之间的时间间隔不超过15min。三辊轴滚压振实料位高差高于模板顶面5~20cm,过高时铲除,过低时及时补料。三辊轴整平机在一个作业单位长度内,采用前进振动、后退静滚方式作业,宜分别滚压2~3遍。滚压完成后,将振动辊轴抬离模板,用整平轴前后静滚整平,直到平整度符合要求且表面砂浆厚度均匀为止。表面砂浆厚度控制在4mm±1mm,三辊轴整平机前方表面过厚、过稀的砂浆必须刮除丢弃。

3.1.2.7 接缝施工

横缩缝宜在混凝土硬化后切割,锯缝必须及时,在夏季施工时,宜每隔2~3块板先锯一条,然后补齐。通常切割横缝时间的温度时间乘积值为200℃·h,具体切割时间宜根据现场的气温条件试验确定。

横胀缝应与路中心线成90°,缝壁必须竖直,缝隙宽度一致,缝中不得连浆。胀缝板应事先预制,常用的有油浸纤维板(或软木板)。

3.1.2.8 抗滑构造施工

(1)采用刻槽法制作宏观抗滑构造时,刻槽机最小刻槽宽度不应小于500mm。衔接距离与槽间距相同。刻槽过程中应避免槽口边角损坏,不得中途抬起刻槽机或改变刻槽方向。刻槽不得刻穿纵、横缩缝。刻槽后表面应随即冲洗干净,并恢复对路面的养护。

(2)软拉宏观抗滑构造时,待面层混凝土泌水后,应及时采用齿耙拉槽。衔接距离应与槽间距相同,并始终保持一致,不得局部缺失。软拉后的表面砂浆应清扫干净。

(3)矩形槽深宜为34mm,宽宜为3~5mm,槽间距宜为12~25mm。采用变间距时,槽间距可在规定尺寸范围内随机调整。

3.1.2.9 养护和填缝

混凝土路面铺筑完毕后应及时进行养护,使混凝土中拌合料有良好的水化、水解强度发育条件并防止收缩裂缝的产生。养护时间一般应不少于14d。可采用喷洒养护剂法、塑料薄膜养护法或透水土工布、土工织物洒水养护法,即在混凝土路面铺筑完毕后,及时覆盖塑料薄膜或透水土工布、土工织物,并每天均匀洒水数次保湿养护。

混凝土在养护期间和封缝前禁止车辆通行,在达到设计强度的40%后,方可允许行人通行。

填缝工作宜在混凝土养护14d后进行,封缝时,应先清除缝隙内泥浆等杂物。填缝材料可以采用聚氨酯封缝胶、改性聚氨酯或硅酮类材料。

3.1.3 关键质量通病与防治

3.1.3.1 露筋

露筋是指钢筋混凝土结构内部的主筋、副筋或箍筋等裸露在表面,没有被混凝土包裹。

1)形成原因

(1)浇筑混凝土时,钢筋保护层垫块位移,或垫块太少甚至漏放,致使钢筋下坠或外移紧贴模板面外露。

(2)结构、构件截面小,钢筋过密,石子卡在钢筋上,使水泥砂浆不能充满钢筋周围,造成露筋。

(3)混凝土配合比不当,产生离析,靠模板部位缺浆或模板严重漏浆。

(4)混凝土保护层太小或保护层处混凝土漏振,或振捣棒撞击钢筋或踩踏钢筋,使钢筋位移,造成露筋。

(5)模板未浇水湿润,吸水黏结或脱模过早,拆模时缺棱、掉角,导致露筋。

2)防治措施

(1)浇筑混凝土,应保证钢筋位置和保护层厚度正确,并加强检查,及时纠正。

(2)钢筋密集时,应选取用适当粒径的石子,保证配合比准确和良好的和易性。

(3)浇筑高度超过2m,应用串筒或溜槽下料,以防止离析。

(4)模板应充分湿润并认真堵好缝隙。

(5)混凝土振捣严禁撞击钢筋,在钢筋密集处,可采用直径较小的振动棒进行振捣;保护层处混凝土要仔细振捣密实;避免踩踏钢筋,如有踩踏或脱扣等应及时调直纠正。

(6)拆模时间要根据试块试压结果正确掌握,防止过早拆模,损坏棱角。

3.1.3.2 麻面

麻面是指混凝土局部表面出现缺浆和许多小凹坑、麻点形成粗糙面,但无钢筋外露现象。

1)形成原因

(1)模板表面粗糙或黏附水泥浆渣等杂物未清理干净,拆模板时混凝土表面被黏坏。

(2)模板未浇水湿润或湿润不够,构件表面混凝土的水分被吸去,使混凝土失水过多出现麻面。

(3)模板拼缝不严密,局部漏浆。

(4)模板隔离剂涂刷不匀,或局部漏刷或失效,混凝土表面与模板黏结造成麻面。

(5)混凝土振捣不实,气泡未排出停在模式板表面形成麻点。

2)防治措施

(1)模板表面要清理干净,不得粘有干硬水泥砂浆等杂物。
(2)浇灌混凝土前,模板缝应浇水充分湿润。
(3)模板缝隙应堵严,应选用长效的模板隔离剂并涂刷均匀,不得漏刷,混凝土分层均匀振捣密实,并用木槌敲打模板外侧至气泡排出为止。

3.1.3.3 蜂窝

蜂窝是指混凝土结构局部出现酥松,砂浆少、石子多,石子之间形成空隙类似蜂窝状的窟窿。

1)形成原因

(1)混凝土配合比不当,石子、水泥加水不准造成砂浆少,石子多。
(2)混凝土搅拌时间不够,未拌均匀,和易性差振捣不密实。
(3)下料不当或下料过高,造成石子、砂浆离析。
(4)混凝土未分层下料,振捣不实或漏振或振捣时间不够。
(5)模板缝隙不严密,水泥浆流失。

2)防治措施

(1)严格控制混凝土配合比,经常检查确保计量准确。
(2)混凝土拌和均匀,坍落度适合,混凝土下料高度超过2m应设串筒或溜槽。浇灌应分层下料,分层捣固,防止漏振。

3.1.3.4 孔洞

孔洞是指混凝土结构内部有尺寸较大的空隙局部没有混凝土或蜂窝特别大,使得钢筋局部或全部裸露。

1)形成原因

(1)在钢筋较密的部位或预留洞和埋设件处,混凝土下料被搁置,未振捣就继续浇筑上层混凝土。
(2)混凝土离析,砂浆分离、石子成堆、严重跑浆。
(3)混凝土内掉入工具、木块、泥块等杂物,混凝土被卡住。

2)防治措施

(1)在钢筋密集处及复杂部位处,应采用细石混凝土浇灌,在模板内充满,认真分层振捣密实或配人工捣固。
(2)预留洞口应两侧同时下料,侧面加开浇灌口,严防漏振,砂石中混有黏土块、模板工具等杂物掉入混凝土内,应及时清除干净。

3.1.3.5 龟裂

龟裂是指混凝土路面表面产生网状、浅而细的发丝裂缝。裂缝呈小六角形花纹,深度为

5~10mm。

1) 形成原因

(1)混凝土浇筑后,表面没有及时覆盖,在炎热或大风天气,表面游离水分蒸发过快,体积急剧地收缩,导致开裂。

(2)混凝土在拌和时水灰比过大;模板与垫层过于干燥,吸水大。

(3)混凝土配合比不合理,水泥用量砂率过大。

(4)混凝土表面过度震荡或抹平,水泥和细集料过多地上浮至表面,导致缩裂。

2) 防治措施

(1)混凝土路面浇筑后,及时用潮湿材料覆盖,认真浇水养护,防止强风和暴晒。在炎热季节,必要时应搭棚施工。

(2)配制混凝土时,应严格控制水灰比和水泥用量,选择合适的粗集料级配和砂率。

(3)在浇筑混凝土路面时,将基层和模板浇水湿透,避免吸收混凝土中水分。

(4)干硬性混凝土采用平板振揭器时,防止过度振荡,使砂浆集聚于表面。砂浆层厚度应控制在2~5mm范围内,不必过度抹平。

3.1.3.6 角隅断裂

角隅断裂指的是混凝土板产生裂缝,而混凝土板从板角到斜向裂缝两端的距离小于其边长一半,裂缝面竖直并纵向贯穿整个板。

1) 形成原因

(1)角隅处纵横缝交叉处容易产生唧泥,形成脱空,导致角隅应力增大,产生断裂。

(2)基础在行车荷载与水的综合作用下,逐步产生塑性变形累积,使角隅应力逐渐递增,导致断裂。

(3)胀缝往往是位于端模板处,拆模时容易损伤,造成隐患,故此处角隅较易断裂。

2) 防治措施

(1)选用合适的填充剂,减少或防止接缝渗水;重视经常性接缝养护,使接缝处于良好的防水状态。

(2)采用抗冲刷、水稳定性好的材料,以减少冲刷与塑性变形。

(3)混凝土路面拆模与振捣时,要防止角隅损伤,并注意充分揭实。

(4)胀缝处角隅应采用角隅钢筋补强。

3.2 沥青混凝土面层

3.2.1 施工工序

沥青混凝土面层施工工序如图3-6所示。

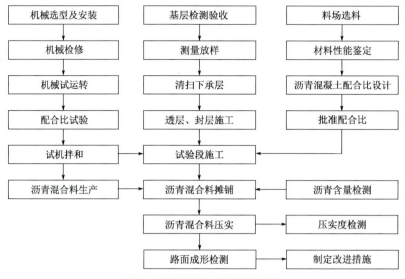

图 3-6 沥青混凝土面层施工工序

3.2.2 施工质量要点

3.2.2.1 配合比设计

(1)在集料备料之前,将拟用于沥青混凝土路面的各种集料、矿粉、沥青和外掺剂,按《公路工程沥青及沥青混合料试验规程》(JTG E20—2011)要求,进行材料试验。

(2)在规范要求级配曲线范围内初选粗、中、细三组级配进行体积分析,选出满足空隙率在3%~5%之间,矿料间隙率合理以及其他指标均满足规范要求的最佳级配曲线。其中,混合料的最大理论密度采用实测值,沥青混合料拌和与压实温度按黏温曲线的规定确定。

(3)根据已确定的设计集料级配,以初试沥青用量为中值,用增加和减少0.3%沥青含量的方法,取五个不同的沥青用量,制备五组马歇尔试件,进行试验。测定试件的密度、计算空隙率、沥青饱和度、矿料间隙率等物理指标及稳定度、流值等物理力学指标。

(4)根据确定的沥青用量,再按照《公路工程沥青及沥青混合料试验规程》(JTG E20—2011)进行水稳定性、高温稳定性、低温抗裂性、渗水性检验,最后确定目标配比的最佳沥青用量。

3.2.2.2 混合料摊铺

1)摊铺

(1)上面层应采用一台大功率进口摊铺机全幅摊铺。下面层、柔性基层采用两台摊铺机分幅摊铺时,两幅应重叠5~10cm,两台摊铺机前后间隔不应超过20m。

(2)摊铺机开工前应提前0.5~1h预热熨平板不低于100℃。铺筑过程中应选择熨平板的振捣或夯锤压实装置具有适宜的振动频率和振幅,以提高路面的初始压实度。熨平板加宽连接应仔细调节至摊铺的混合料没有明显的离析痕迹。

(3)摊铺机必须缓慢、均匀、连续不间断地摊铺,不得随意变换速度或中途停顿,以提高平整度,减少混合料的离析。摊铺速度宜控制在 2~6m/min 的范围内。对改性沥青混合料宜放慢至 1~3m/min。当发现混合料出现明显的离析、波浪、裂缝、拖痕时,应分析原因,予以消除。

(4)摊铺机应采用自动找平方式,下面层或基层宜采用钢丝绳引导的高程控制方式,上面层宜采用平衡梁摊铺厚度控制方式,中面层根据情况选用找平方式。

2)注意事项

(1)运料车到达现场后,检查混合料温度,与混合料出厂温度相比,温度降低不得超过 10℃。

(2)待摊铺机充分预热熨平板后开始作业,应匀速行驶,并保证摊铺速度与供料速度平衡。当供料不足时,宜采用运料车集中等候、集中摊铺的方式,尽量减少摊铺机的停机次数。

(3)沥青混合料的松铺系数应根据混合料类型由试铺试压确定。摊铺过程中应随时检查摊铺层厚度及路拱、横坡,并按《公路沥青路面施工技术规范》(JTG D50—2017)附录 G 的方法由使用的混合料总量与面积校验平均厚度。

(4)摊铺机螺旋输送器的转速要均匀稳定,使混合料料位恒定并高于螺旋输送器高度的2/3。

(5)摊铺前应清除下层表面尘土及杂物,应在摊铺前 1d 用水冲洗干净,洒布黏层沥青。

(6)遇雨时,应立即停止施工,已摊铺的沥青层因遇雨未压实的应予铲除。

(7)两侧人工摊铺部分应高出摊铺机摊铺面 1cm 以上,防止压实度不足导致渗水。

3.2.2.3 碾压

沥青混凝土压实层厚度不宜大于 100mm,沥青稳定碎石混合料不宜大于 120mm,但采用大功率压路机且经试验证明能达到压实度时允许增大到 150mm。

沥青路面施工应配备足够数量的压路机,选择合理的压路机组合方式及初压、复压、终压的碾压步骤,以达到最佳碾压效果,常用沥青混合料推荐碾压工艺参见表 3-1,具体碾压工艺应由试验路确定。高速公路铺筑双车道沥青路面的压路机数量不宜少于 5 台。施工气温低、风大、碾压层薄时,压路机数量应适当增加。

常用沥青混合料推荐碾压工艺 表 3-1

工序	密级配沥青混凝土(AC)、沥青碎石混合料(ATB)		改性沥青混合料
	组合一	组合二	
初压	25 t 以上轮胎压路机碾压 1~2 遍	双钢轮压路机静压 1 遍	双钢轮压路机静压 1 遍
复压	双钢轮压路机振动碾压 3~4 遍	25 t 以上轮胎压路机碾压 1 遍~2 遍,双钢轮压路机振动碾压 2~3 遍	双钢轮压路机振动碾压 3~4 遍
终压	双钢轮压路机静压 1 遍	双钢轮压路机静压 1 遍	双钢轮压路机静压 1 遍

压路机应以慢而均匀的速度碾压,压路机的碾压速度应符合表 3-2 的规定。压路机的碾压路线及碾压方向不应突然改变而导致混合料推移。碾压区的长度应大体稳定,两端的折返位置应随摊铺机前进而推进,横向不得在相同的断面上。

压路机的碾压温度应符合规范,并根据混合料种类、压路机、气温、层厚等情况经试压确定。在不产生严重推移和裂缝的前提下,初压、复压、终压都应在尽可能高的温度下进行。同时,不得在低温状况下作反复碾压,使石料棱角磨损、压碎、破坏集料嵌挤。

压路机碾压速度（单位：km/h） 表 3-2

压路机类型	初压		复压		终压	
	适宜	最大	适宜	最大	适宜	最大
轮胎压路机	2~3	4	3~5	6	4~6	8
振动压路机	2~3（静压或振动）	3（静压或振动）	3~4.5（振动）	5（振动）	3~6（静压）	6（静压）

1）初压

（1）初压在摊铺机进行摊铺后立即进行碾压，并保持较短的初压区长度，以尽快使表面压实，减少热量散失。

（2）通常宜采用钢轮压路机静压 1~2 遍。碾压时应将压路机的驱动轮面向摊铺机，从外侧向中心碾压，在超高路段则由低向高碾压，在坡道上应将驱动轮从低处向高处碾压。

（3）初压后应检查平整度、路拱，有严重缺陷时进行修整乃至返工。

2）复压

（1）复压应紧跟在初压后开始，且不得随意停顿。压路机碾压段的总长度应尽量缩短，通常不超过 50m。采用不同型号的压路机组合碾压时宜安排每一台压路机做全幅碾压，防止不同部位的压实度不均匀。

（2）密级配沥青混凝土的复压宜优先采用重型轮胎压路机进行搓揉碾压，以增加密水性，各个轮胎的气压应大体相同，相邻碾压带应重叠 1/3~1/2 的碾压轮宽度，碾压至要求的压实度为止。

（3）对以粗集料为主的较大粒径的混合料，尤其是大粒径沥青稳定碎石基层，宜优先采用振动压路机复压。振动压路机的振动频率宜为 35~50Hz，振幅宜为 0.3~0.8mm。层厚较大时选用高频率大振幅，以产生较大的激振力，厚度较薄时采用高频率低振幅，以防止集料破碎。相邻碾压带重叠宽度为 100~200mm。振动压路机折返时应先停止振动。

3）终压

终压紧接复压后进行，终压可选用双钢轮压路机碾压不宜少于 2 遍，至无明显轮迹为止。如图 3-7 和图 3-8 所示。

图 3-7 沥青混凝土路面摊铺

图 3-8 沥青混凝土路面碾压

3.2.2 关键质量通病与防治

3.2.2.1 路面面层压实度不合格

1)形成原因

(1)沥青混合料级配差。
(2)沥青混合料碾压温度不够。
(3)碾压不到位。
(4)取样不规范,标准密度存在偏差。

2)防治措施

(1)确保沥青混合料良好的级配。
(2)做好保温措施,确保沥青混合料碾压温度不低于规定要求。
(3)选用符合要求质量的压路机压实,压实遍数符合规定。
(4)严格规范取样并进行马歇尔试验,保证马歇尔标准密度的准确性。

3.2.2.2 平整度超标

1)形成原因

(1)摊铺机及找平装置未调整好,致使松铺面不平整。
(2)摊铺过程中停车待料。
(3)运料车倒退卸料撞击摊铺机。
(4)下承层平整度差。

2)防治措施

(1)仔细设置和调整,使摊铺机及找平装置处于良好的工作状态,并根据试铺效果进行随时调整。
(2)施工过程中摊铺机前方应有运料车在等候卸料,确保摊铺连续、均匀地进行,不得中途停顿,不得时快时慢,做到每天摊铺仅在收工时才停工。
(3)路面各个结构层施工,均应严格控制好各层的平整度。

3.2.2.3 路面面层离析

某一区域内沥青混合料相关技术指标不均匀,包括沥青含量、级配组成、添加剂含量以及路面的空隙率等,从而加速了沥青路面的损害。

1)形成原因

(1)混合料集料公称最大粒径与铺面厚度之间比例不匹配。
(2)沥青混合料级配不佳。
(3)混合料拌和不均匀,运输中发生离析。

(4)摊铺机工作状况不佳。

2)防治措施

(1)适当选择小一级集料公称最大粒径的沥青混合料,以与铺面厚度相适应。

(2)适当调整生产配合比矿料级配,使稍粗集料接近级配范围上限,较细集料接近级配范围下限。

(3)运料装料时应采用品字形装料,避免形成一个锥体使粗集料滚落底部。

(4)摊铺机调整到最佳状态,熨平板前料门开度应与集料最大粒径相适应,螺旋布料器上混合料的高度应基本一致,料面应高出螺旋布料器 2/3 以上。

3.2.2.4　横向裂缝

横向裂缝与路中心线基本垂直,缝宽不一,缝长可贯穿整个路幅,也有部分路幅。

1)形成原因

(1)施工缝未处理好,接缝不紧密,结合不良。

(2)半刚性基层收缩裂缝的反射缝。

(3)桥涵结构物两侧的填土产生地基沉降。

2)防治措施

(1)合理组织施工,使摊铺作业连续,减少冷接缝。如已经出现冷接缝,先将已摊铺压实的摊铺带边缘切割整齐、清除碎料,对接缝壁涂刷 $0.3 \sim 0.6 \text{kg/m}^2$ 的黏层沥青,再铺筑新混合料。

(2)充分压实横向接缝。碾压时,压路机在已压实的横幅上,钢轮伸入新铺层 15cm,每压一遍向新铺层移动 15~20cm,直到压路机全部在新铺层为止,再改为纵向碾压。

(3)桥涵两侧回填充分压实或进行加固处理。

3.2.2.5　纵向裂缝

纵向裂缝走向基本与行车方向平行,裂缝长度和宽度不一。

1)形成原因

(1)前后摊铺幅相接处的冷接缝未按有关规范要求认真处理,结合不紧密。

(2)填挖交界处沉降不一。

2)防治措施

(1)采用全路幅一次摊铺,如分幅摊铺时,前后幅应紧跟,确保沥青混凝土热接缝。

(2)如无条件全路幅摊铺时,上、下层的施工纵缝应错开 15cm 以上。相邻两幅路面为冷接缝时,应先将已施工压实完的边缘切除整齐,清除碎料后,对接缝壁涂刷 $0.3 \sim 0.6 \text{kg/m}^2$ 的黏层沥青,再摊铺相邻路幅。

(3)摊铺时控制好松铺系数,使压实后的接缝结合紧密、平整。

3.2.2.6 路面泛油

路面泛油是指沥青混合料在拌制时沥青用量过大,矿料不足或矿料过细,路面形成局部油斑。

1)形成原因

(1)混合料组成设计不当。混合料中沥青用量过多或空隙率过小。在车辆荷载反复作用下,多余沥青由下部泛到路表形成泛油。
(2)混合料拌和控制不严,细集料含量过少,混合料比表面积较小。
(3)黏层油用量不当。黏层油喷洒过多或洒布不均匀。
(4)施工质量差。摊铺时混合料产生离析,局部细集料过分集中也易泛油。

2)防治措施

(1)要严格控制混合料配合比,油石比及矿料级配,提高路面粗糙度。
(2)黏层油喷洒要确保材料技术指标满足设计要求,严格按照试验段确定的参数进行洒布。
(3)严格控制施工过程,对摊铺过程中发生的离析部分进行人工处理。

3.3 水泥稳定碎石基层

3.3.1 施工工序

水泥稳定碎石基层施工工序如图 3-9 所示。

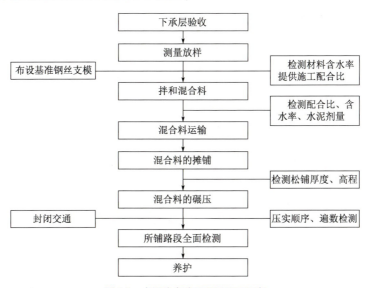

图 3-9 水泥稳定碎石基层施工工序

3.3.2 施工质量要点

3.3.2.1 路基做全面检查

1) 路基外形检查

路基外形检查的内容有路基高程、中线偏位、宽度、横坡度、平整度及压实度。

2) 路基强度检查

碾压检查:用钢轮压路机以低挡速度沿路基表面做全面检查(碾压 3~4 遍),不得有松散和弹簧现象。

弯沉检查应按要求对路基表面回弹弯沉进行检测。

3) 路基沉降观测

路基完成后,宜对高填方及关键部位进行沉降检查,在经检查合格的路基上才能进行底基层的施工。

高填方及关键部位填筑时的沉降观测由土建单位实施,在路基交验时将沉降观测资料和沉降观测点一并移交路面单位继续观测。

3.3.2.2 测量放样

摊铺施工前先进行测量放样,放出 10m 中桩及对应边桩,在平曲线上为 5m。架设支撑杆,在水泥稳定碎石底基层铺筑边线外侧 50cm 处打设钢钎,间距 10m 且与中桩相对应。在支撑杆上敷设基准钢丝,钢丝应用专用工具紧线钳进行张紧,拉力应不小于 800N,以使钢丝不产生挠度为准;然后将钢丝固定,设专人检查调整钢丝高度,并在施工基层时,支撑杆应与底基层施工时设置的支撑杆错位布置,进一步降低钢丝产生挠度对结构层平整度的影响。

3.3.2.3 支模

采用定型钢模板(钢模板规格:[30a 槽钢,长度 3m,高度 20cm),模板边部外侧采用等边角钢进行支撑(支撑规格:等边角钢 63mm×63mm×6mm),并用钢筋固定,每块模板按 4 根支撑均匀布置,并且相邻模板链接处采用插销式固定(图 3-10),将所摊铺段落模板连接在一起,形成整体,避免了个别模板出现跑模的现象。

图 3-10 定型钢模板实物图

为保证施工的压实效果和施工横坡满足要求,设置纵向模板,模板采用钢模。在立模之前测定摊铺混合料中线和边线高程及位置。中线和边线所立钢模的高度应与混合料压实厚度相同。立模时要保证中线和边线所立钢模平、直、顺。

3.3.2.4 拌和

(1)按照《公路路面基层施工技术细则》(JTG/T F20—2015)要求的设备、工艺生产水泥稳定碎石混合料。

(2)拌和前检测砂石料和水泥的储存量,确保储存量满足3~5d摊铺量及连续施工需要。

(3)采用800型二次拌和设备(具有自动电子计量系统)进行集中拌和,拌和时间不少于15s。

(4)每天开始搅拌前,应检查场内各处集料的含水率,计算当天的施工配合比,外加水与天然含水率的总和要比最佳含水率略高。同时,在充分估计施工富余强度时要从缩小施工偏差入手,不得以提高水泥用量的方式提高路面基层强度。

(5)每天开始搅拌之后,安排专人随时检查混合料的质量,其中每隔2h检查一次含水率,每隔4h检测一次混合料级配、水泥计量。随时在线检查配比、含水率是否变化,若差异较大,及时进行调整。为了确保水泥稳定碎石能在接近最佳含水率下碾压,应根据天气情况、运距、原材料天然含水率、现场碾压情况等因素调整拌和含水率。一般情况下,混合料的含水率宜提高0.5%~1%;在气温高时、天气干燥的情况下,宜提高1%~2%。

(6)气温高于30℃时,水泥进入搅拌缸温度不宜高于50℃;高于50℃时应采取降温措施。气温低于15℃时,水泥进入搅拌缸温度应不低于10℃。

(7)拌和用水的计量应采用流量计的方式,水的流量数值应在中央控制室的控制面板上显示。

(8)拌和过程中应安装拌和站预警系统,实时监测各个料斗的计量情况,每10min应打印各档集料使用量,当实际掺加量与设计要求值相差超过10%时,应立即停机查明原因,正常后方可继续生产。

(9)配备足够数量的装载机连续上料,确保拌和机各仓集料充足,同时采取有效措施避免窜料。

(10)拌和机出料不允许采取自由跌落式的落地成堆、装载机装料运输的办法。一定要配备带活门漏斗的料仓,成品混合料先装入料仓内,由漏斗出料装车运输,装车时车辆应前后移动,分"前、后、中"三次装料,避免混合料离析。

3.3.2.5 运输

(1)混合料的运输采用载重25t以上的双桥自卸车运输,车厢两侧标明"所属标段 + 车号 + 水稳运输车"字样,车辆在每天开工前,要检验其完好情况,装料前应将车厢清洗干净。车辆数量应能满足连续施工要求。

(2)装车时各车的数量应做到大致相等,均衡装车。

(3)混合料运输过程中全部运输车辆采取自动篷布(所有运输车统一同个规格型号和颜色的篷布)遮盖措施,以减少水分的蒸发和防止雨淋及污染环境,直到摊铺机前准备卸料时方可打开。如运输车辆中途出现故障,必须立即以最短时间排除;当车内混合料不能在容许延迟时间内运到工地摊铺并完成终压时,必须予以废弃。

(4)专人指挥运输车卸料并检查出料时间,时间宜不超过 1h,超过 2h 应作为废料处理。

3.3.2.6　混合料的摊铺

(1)底基层摊铺前将路基适当洒水湿润并碾压,基层摊铺前应在层间洒布水泥净浆。

(2)模板安装必须稳固牢靠,不得出现模板松动、滑移现象,应利用斜撑支撑模板,曲线段增加控制点。宜在安装模板前撒好灰线,模板按灰线进行安装,保证模板线性的平顺。摊铺过程中,应在模板边部洒入水泥净浆,保证边部强度。

(3)摊铺机就位后,按试验路段拟定的松铺系数调整松铺厚度,并调整好摊铺机的高程传感器,摊铺机的螺旋布料器应保证有 2/3 埋入混合料中,并在螺旋布料器前挡板下安装橡胶挡板,防止摊铺时造成的离析。

(4)保证供料运输能力与摊铺速度相匹配,保持有 3 台以上运料车在等待卸料。如拌和机生产能力较小,应采用最低速度摊铺,禁止摊铺机停机待料。摊铺机的摊铺速度一般宜在 1.0~1.5m/min 之间。

(5)自卸车在摊铺机前方 20~30cm 停车,防止碰撞摊铺机,由摊铺机迎上去推动卸料车,边前进边卸料,卸料速度应与摊铺机筑速度协调。

(6)摊铺机应保持连续、均匀、不间断地摊铺,对道路加宽、路线交叉口等摊铺机不能摊铺的地方,应采用两台摊铺机进行阶段式摊铺,同时相应增加碾压设备。

(7)摊铺机变速器、悬挂臂下方须安装反向叶片;在摊铺机后面应设专人消除粗细集料离析现象,及时铲除局部粗集料堆积或离析部位,并用新拌混合料填补。

(8)运输车存在少量货仓余料,不得倾倒在摊铺机前,必须运至主线外指定的弃料场。

3.3.2.7　碾压

试验段施工拟采用两种碾压方式进行碾压。碾压方向与路中心平行,依次连续均匀碾压,后轮必须超过两端的接缝。碾压程序、碾压速度、碾压遍数执行下列规定:

(1)碾压应遵循程序和工艺为:先轻后重,先静后振,由低向高,由边向中。注意稳压要充分、振压不起浪、不推移,碾压至无轮迹为止,碾压完成后检测压实度。

(2)碾压段长度控制在 40~50m,本段碾压结束后进行下一段碾压,两台压路机组合时相距 3m,压路机碾压时的行驶速度,第 1~2 遍为 1.5~1.7km/h,以后各遍应为 1.8~2.2km/h。碾压段折回处均形成锯齿状(最小错 0.5m),做到慢起步缓制动,由低处向高处重叠 1/3~1/2 轮宽,不得在未压实的路面转向,严禁压路机在已完成的或正在碾压的路段上掉头和紧急制动。

(3)压路机倒车换挡要轻且平顺,不要拉动底基层,在第一遍初步稳压时,倒车后尽量原路返回,换挡位置应在已压好的段落上,在未碾压的一头换挡倒车位置错开,要成齿状,出现个别拥包时,应专配工人进行铲平处理。

(4)在碾压过程中,严格控制混合料的含水率,在混合料的含水率接近最佳含水率时方进行碾压,并使混合料的表面始终保持潮湿,如表面水蒸发较快,应及时补洒少量水,以保证混合料在最佳含水率时碾压;补洒水应由轮胎式压路机提供,洒水车不能直接洒水。

(5)碾压过程中,如有"弹簧"、松散、起皮等现象,应及时处理。

(6)在碾压过程中进行高程、平整度的及时跟踪检测。

(7)施工中,从加水拌和到碾压终了的时间应控制在混合料初凝之前完成。严格控制压实遍数。由于两台同组压路机速度接近,需记录好每一台压路机压实遍数进行压实度控制(设专人负责)。

(8)每台摊铺机后面,应紧跟双钢轮压路机、重型压路机和轮胎压路机进行碾压,一次碾压长度一般为40~60m。碾压段落必须层次分明,设置明显的分界标志。为了有效控制平整度,碾压作业采用梯形碾压,即每一碾压带退回点时应超出前一个碾压带30~100cm,摊铺全断面碾压结束后,再沿所有碾压带前端斜向碾压一遍(图3-11)。

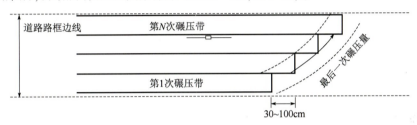

图3-11 压路机碾压带示意图

(9)碾压完成一段落后,一般控制在50~80m进行一次松铺系数核实调整,直至松铺系数符合现场实际情况。

3.3.2.8 接缝处理

(1)水泥稳定碎石底基层混合料摊铺时,应连续作业,如因故中断时间超过2h,则应设横缝;每天收工之后,第二天开工的接头断面也要设置横缝。

(2)横向接缝是由于停机待料时间超过水泥的初凝时间、施工不连续或者路基交验不完整而造成的工作缝,其处理过程分两步:

①第一步是收头(也叫收尾、丢头),上一段落(或者前一天)施工结束后,移开摊铺机,人工铲除摊铺夯实不完整的部分混合料,按要求碾压路面直至密实后,用6m直尺检测平整度。

②第二步是接头,下一段落(或者第二天)施工前,先清扫工作面,横向接头处应洒布水泥浆,移动摊铺机就位,按照测定的松铺系数和松铺厚度支垫熨平板,打开传感器和摊铺机的自动控制系统开始摊铺。

③单钢轮压路机按照与接缝成45°角交叉斜向碾压一遍,然后再按正常的碾压程序碾压,再次用6m直尺检测平整度。

3.3.2.9 养护与交通管制

(1)水泥稳定碎石基层每一段碾压完成并经压实度检查合格后,应立即进行保湿养护(图3-12),水车应在另外一侧车道上行驶,工人手持水喷管,洒水喷管出水必须呈雾状,避免破坏成品表面,保证成品正常养护。养护期宜不短于7d。

图 3-12 水泥稳定碎石底基层保湿养护

（2）养护材料根据实际情况可采用土工布或节水保湿养护膜（图 3-13），养护期间封闭交通，任何车辆不得通行，需洒水车补水养护时，可从另幅由工人手持水管淋水进行养护。

图 3-13 覆盖养护

3.3.3 关键质量通病与防治

3.3.3.1 混合料离析

1）形成原因

（1）原材料变化大，尤其是粗集料明显变粗，导致混合料级配变化。
（2）原材料存放无序，不同规格集料发生混料。
（3）拌和站放料造成混合料离析。
（4）摊铺机摊铺造成结构层底部、顶部离析。

2）防治措施

（1）对原材料进行全过程控制，从固定的料场进料，料场定好筛子后不能随便更换，试验室加强原材料检测。
（2）原材料存放时要分仓存放、分层存放，每层高度不超过 3m。

(3)拌和站混合料放料时,按照前、后、中依次进行,防止产生混合料离析。
(4)在摊铺机底部安装橡胶挡板,减少底部离析。

3.3.3.2 平整度差

1)形成原因

(1)底基层平整度差,导致基层摊铺后平整度差。
(2)配合比变化大,导致混合料收缩不均匀,影响平整度。
(3)运输车倒车经常碰撞摊铺机,使摊铺机不能匀速、不间断地摊铺。
(4)摊铺机频繁收料斗造成粗集料离析,形成料窝,使混合料松铺系数变化大,导致碾压后平整度差。
(5)碾压过程中压路机制动导致摊铺的混合料严重变形,影响平整度。
(6)接缝处理差,使接缝处平整度超出《公路路面基层施工技术细则》(JTG/T F20—2015)规范要求。

2)防治措施

(1)严格检验程序,施工前同监理共同检测下承层的平整度等各项指标,不合格的点立即处理,使之达到《公路路面基层施工技术细则》(JTG/T F20—2015)规范要求。
(2)做好拌和站的标定工作,保证拌和站处于正常的生产状态,并对试验段取得的各项施工参数认真执行,严禁随意调整。
(3)现场应储备一定的运输车辆,确保现场连续施工,减少摊铺机收料次数。
(4)现场设专人指挥运输车、压路机等,确保运输车不撞击摊铺机,压路机不随意制动;对接缝处不合适处进行人工,确保平整度满足要求。

3.3.3.3 压实度不足

1)形成原因

(1)石料场分筛后的粒料规格不标准,料场不同规格的粒料堆放混乱。
(2)拌和站使用装载机装料时,不同粒径由于无隔墙等原因造成混掺,装料过剩,外溢及流淌。
(3)加水设备异常,造成混合料忽稀忽稠现象,混合料未达到最佳含水率。
(4)碾压机械设备组合不当,造成碾压不密实。

2)防治措施

(1)分筛后,各种规格的集料分开堆放,堆与堆之间设置隔墙,做好排水设施,细集料采用篷布覆盖,以防细集料流失。
(2)严格控制混合料的含水率,现场安排试验人员随时对原材料的含水率和成品混合料的含水率进行测试,以便随时调整用水量。
(3)采用重型压路机进行碾压,复压时应采用20~25t振动压路机。
(4)试验室派专人在现场对压实度跟踪检测,确保压实度达到规定标准值。

3.3.3.4 厚度变化大

1）形成原因

(1) 下承层平整度差。
(2) 摊铺过程中厚度检测不及时。
(3) 对摊铺基准线保护不当。

2）防治措施

(1) 严格检验程序,施工前同监理共同检测下承层的平整度等各项指标,不合格的点立即处理,使之达到《公路路面基层施工技术细则》(JTG/T F20—2015)规范要求。
(2) 施工过程中设专人进行厚度检测,发现问题及时处理。
(3) 在摊铺基准线上隔段挂红绳明示,防止外界因素破坏摊铺基准线,影响平整度。

3.3.3.5 表面强度不足

1）形成原因

(1) 混合料含水率变化大。含水率过大容易出现"弹簧"现象,不易压实;含水率过小,无法压实。这两种情况都会使混合料强度降低。
(2) 混合料离析严重,导致无法压实,造成表面松散。
(3) 压实遍数不足,压路机碾压速度过快及存在"漏压"现象。
(4) 过早开放交通,对成品保护不利,养护不到位,洒水养护不及时。

2）防治措施

(1) 严格控制混合料的拌和质量,提前检测各种原材料的含水率,按照试验数据进行拌和,保证混合料拌和均匀,无含水率偏差大的情况出现。
(2) 施工中设专人对混合料摊铺后的离析进行处理,对离析处进行换料处理后方可进行碾压。
(3) 安排质检人员对碾压全过程进行控制,严格按照试验段确定的碾压遍数进行碾压,控制碾压速度,杜绝漏压现象;碾压结束后及时进行压实度检测,压实度不足处及时补压并分析原因。
(4) 加强交通管制及养护,在沥青混凝土路面施工清扫前,一直保证表面润湿,保证水稳碎石基层后期强度的有效增长。

3.4 层间结合

根据结合层在路面结构中的功能作用,将层间结合层分为透层、黏层、同步碎石封层。

3.4.1 透层

透层的作用在于改善提高黏结力的同时,可以提高无机结合料表面的抗渗能力,透入深度至少达到 5~10mm,从而改善无机结合料基层与沥青面层之间的黏结力。

3.4.1.1 施工工序

透层施工工序如图 3-14 所示。

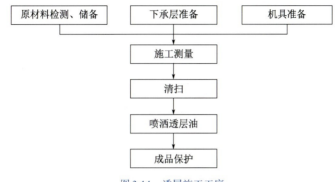

图 3-14 透层施工工序

3.4.1.2 施工质量要点

(1)在洒布透层油前,必须将基层表面松散、脱落的砂、石、尘土清扫干净,先采用清扫车全面清扫,人工用竹扫帚进行辅助,再用森林灭火鼓风机将浮灰吹净,局部污染严重的段落用水冲洗,使基层顶面集料颗粒能部分外露。

(2)基层表面清理干净后,用智能型沥青洒布车喷洒,喷洒数量应通过试验确定,一般为 0.6~1.0kg/m²,具体洒布量由基层表面纹理深度、渗透深度及洒布效果等综合确定。透层油喷洒后,基层表面不得有漏洒及浮油现象;透层油洒布后如有花白遗漏应人工补洒;喷洒过量的透层油应立即清除,可撒布干净的石屑、砂等吸除。

(3)观测透层油的渗透速度和最终渗透深度,要求渗透深度应大于5mm,并能与基层材料黏结成整体。

(4)洒布透层沥青后,及时封闭交通(包括行人和非机动车),不得有车辆通行等损害透层现象发生。水分蒸发后,尽早施工封层。

3.4.1.3 透层洒布注意事项

(1)喷洒必须使用智能型专用的沥青洒布车。
(2)施工前应检查基层表面,浮灰一定要清除干净,使基层顶面的集料颗粒表面部分外露。
(3)自动喷洒前,应手动大循环一次,以保证喷洒管路畅通。
(4)设定洒布宽度、洒布密度、沥青比重后,洒布车自动提示行驶速度,并根据实际车速自动控制喷洒过程和喷洒量,在施工下道工艺流程前一天进行洒布,确保透层沥青充分凝结。
(5)乳化沥青应做到喷洒均匀,数量符合规定。起步、终止应采取措施,避免喷量过多;纵向和横向搭接处做到乳化沥青既不喷量过多也不漏洒。对于局部喷量过多的乳化沥青应刮除,对于漏喷的地方应用手工补洒。
(6)喷洒透层油后严禁车辆、行人通行,避免与其他工艺流程交叉干扰,以杜绝施工和运输污染,从而影响与封层的黏结。如达到养护期后车辆通行出现局部花白的情况,在进行下道工艺流程施工前对花白的位置进行补洒。

3.4.2 黏层

黏层的作用在于使面层与面层完全黏结形成整体,减少面层之间的相对位移。

3.4.2.1 施工工序

黏层施工工序如图 3-15 所示。

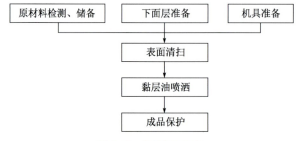

图 3-15　黏层施工工序

3.4.2.2 施工质量要点

(1)在洒布黏层油前,先采用清扫车全面清扫,人工用竹扫帚进行辅助,再用森林灭火鼓风机将浮灰吹净,局部污染严重的段落用水冲洗,并采取措施防止构造物受污染。

(2)面层表面清理干净后,用智能型沥青洒布车喷洒,喷洒数量应通过试验确定,一般为 $0.3 \sim 0.6 kg/m^2$,具体洒布量由下承层表面纹理深度及洒布效果等综合确定。黏层油喷洒后,不得有漏洒及浮油现象;黏层油洒布后如有遗漏应人工补洒;喷洒过量的黏层油应立即清除。

(3)黏层油施工后能与面层材料黏结成整体。

(4)洒布黏层沥青后,及时封闭交通,不得有车辆通行等损害黏层现象发生。

3.4.2.3 黏层洒布要求

(1)喷洒必须使用智能型专用的沥青洒布车。
(2)黏层施工时,下面层应保持干燥。
(3)黏层喷洒用量应根据设计或试洒确定。
(4)黏层油应洒布均匀,不得泛油。
(5)混凝土结构物与沥青混合料接触侧面,应涂刷黏层油。

3.4.3 同步碎石封层

沥青面层与半刚性基层在组成材料及施工工艺上存在明显的差异,面层与基层之间容易形成断层,而下封层能使面层与基层有效黏结,同时还能传递荷载、防水抗渗、提高路面整体强度,承担临时交通、保护基层及对基层有养护的作用。

3.4.3.1 施工工序

同步碎石封层的施工工序如图 3-16 所示。

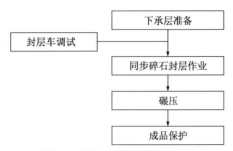

图 3-16 同步碎石封层的施工工序

3.4.3.2 施工质量要点

(1)下承层准备:碎石封层施工前,应将下承层表面清扫干净,再用 2~3 台森林灭火鼓风机将浮灰吹净,必要时用水冲洗,雨后或用水清洗过的表面,水分必须蒸发干净、晒干。

(2)横缝铺设玻纤格栅:碎石封层施工前对下承层横缝处采用玻纤格栅进行半幅全宽铺设。

(3)沥青及集料洒布:使用经过标定好的同步碎石封层车向基层表面均匀喷洒热沥青,喷洒时保持沥青在 155~165℃温度范围内,且喷嘴高度适宜。

施工时应严格控制沥青用量,通过试验检测每平方米沥青用量,应在 1.0~1.5kg/m² 之间,碎石规格应满足设计技术要求,且应采用经沥青拌和楼烘干、除尘等处理过的热碎石,碎石洒布量在 7~9kg/m² 之间,以满铺率 70%~80% 为宜。

(4)碾压:同步碎石封层机应以适宜的作业速度匀速行驶,在此条件下碎石和沥青的洒布量必须匹配。

若沥青类型采用热沥青或热改性沥青时,应用 20~26t 轮胎压路机紧跟碾压 2 遍,压路机不得洒水、随意制动或掉头。

对纵向接缝,应在先做封层上一侧暂留 10~15cm 宽度不撒布碎石,待另一侧做封层时沿预留沥青边缘进行同步碎石撒布。

对横向接缝,在接缝处放置与洒布宽度同宽的钢板,宽度为 50cm,待洒布车通过后,立即取走,并清洗干净。

(5)交通管制:碾压结束后应采取硬隔离封闭交通,确需车辆通行的,需要对通行车辆限速不得超过 40km/h,以防止快速行车造成碎石飞溅。严禁在封层上进行急制动或停车掉头。

3.4.4 关键质量通病与防治

3.4.4.1 透层油层间黏结性能不佳

1)形成原因

(1)透层油技术指标不满足规范要求。
(2)喷洒工艺控制不合理。

(3)层间污染严重,未进行清理。

2)防治措施

(1)严格控制透层油中蒸发残留物含量及常温储存稳定性指标。
(2)控制喷洒高度、重叠宽度及喷头的彻底清理。
(3)喷洒透层油前,对下承层进行彻底清扫,确保表面洁净。

3.4.4.2 同步碎石封层封水效果不佳

1)形成原因

(1)未根据气温因素对洒布量进行调整。
(2)同步洒布车相关参数设置发生变动,洒布量发生变化。

2)防治措施

(1)下封层夏季高温施工,容易黏轮,冬季低温施工,碎石容易脱落,因此,气候变化时,应重新通过试验段确定洒布量。
(2)严格控制碎石洒布量,洒布太少易产生黏轮和泛油,局部情况应进行人工补洒;洒布太多易造成碎石重叠,形成松散层,应采用专用设备将多余碎石回收。

3.5 特殊工艺及新技术运用

3.5.1 胶粉复合改性沥青混合料技术

胶粉复合改性沥青混合料技术是指将橡胶胶粒及改性剂加入沥青混合料集料中,拌制成胶粉复合改性沥青混合料。在沥青混合料中掺入胶粒可以有效降低游离沥青含量,提高混合料的弹性,提供混合料的高温稳定性和低温抗裂性。高掺量橡胶粉改性沥青混合料的高低温性能最好。但由于高掺量橡胶粉改性沥青混合料和易性差,压实后孔隙率大,易降低其水稳定性。在高掺量橡胶粉改性沥青混合料的推广应用中,应辅以沥青降黏剂和特殊摊铺压实技术,确保高路用性能。

胶粉复合改性沥青的生产工艺具体为:首先对选用的基质沥青提前进行预热处理,在加热过程中需严格控制加热温度,不得出现沥青老化现象,以免影响沥青的高温稳定性。待基质沥青达到一定流动状态和温度时,即可掺加橡胶粉颗粒及改性剂,应分批加入,以免发生着火燃烧。橡胶粉颗粒在倾倒的过程中不得撒落至外,以免造成材料浪费。橡胶粉颗粒在高温条件下不断溶胀反应,与基质沥青逐渐相熔合,橡胶粉倾倒过程中需边加热边搅拌,确保橡胶粉能溶胀充分。

3.5.1.1 复合改性沥青加工工艺

改性沥青加工工艺如图 3-17 所示。

图 3-17　改性沥青加工工艺

（1）将进场的 90 号基质沥青储存至 1000t 的低温罐中，储存温度为 120~130℃。

（2）开始生产时，将低温罐中储存的基质沥青经升温罐加热至 160℃进行预热，并经过快速升温装置将沥青温度提升至 190~200℃。

（3）采用上料器加入 2%SBS、23%橡胶粉（30~40 目），使改性剂与热沥青进入三联融合装置进行预混。

（4）将预混的沥青及改性剂经过胶体磨研磨高速剪切分散，然后打入成品沥青罐，加入糠醛油，在 180℃下搅拌发育。

（5）加入 0.3%抗剥落剂制得胶粉复合改性沥青，成品储存罐配有强力搅拌系统，防止离析及保证改性剂的分布均匀性。

3.5.1.2　复合改性沥青改性机理

胶粉和改性沥青防水卷衬（SBS）加入沥青后，同时发生溶胀作用和相溶作用，改性剂吸收沥青中的油分，体积膨胀，形成稳定的网络结构，增大了沥青的黏度，改善了其低温性能。不同目数胶粉颗粒如图 3-18 所示，胶粉成品堆放如图 3-19 所示，SBS 成品堆放如图 3-20 所示。

图 3-18　不同目数胶粉颗粒

图 3-19　胶粉成品堆放　　　　　　　图 3-20　SBS 成品堆放

SBS改性剂能够提高沥青高温低温性能，橡胶粉能够提高沥青黏度、低温性能、抗老化性能，减少交通噪声，增加路面弹性等，复合改性可同时发挥两种改性剂的优点。复合改性沥青的黏度适宜生产和拌和，可解决橡胶沥青难加工、易堵塞管道等缺点。

3.5.1.3 技术优势

（1）高温稳定性好：橡胶粉可明显增加沥青的黏度，提高沥青的软化点，从而提升沥青及混合料的高温稳定性。

（2）低温抗裂性好：废胎胶粉中橡胶具有较宽的弹性温度工作区间，混合料在低温状态下仍能保持弹性工作，延迟低温裂缝的出现。

（3）耐久性优：废胎胶粉中含有抗氧化剂、热稳定剂、炭黑等，可延缓沥青老化，提高混合料耐久性。

（4）舒适性好：弹性体路面，使路面更加平稳、舒适。炭黑能够使路面长期保持黑色，与交通标线对比度高，视觉诱导性好。

（5）社会效益好：胶粉掺量大，节约沥青，废旧资源循环利用率高，可降低工程造价，同时节能环保效果明显。

3.5.1.4 施工工艺

（1）复合改性沥青混合料拌和：待复合改性沥青制备完毕后，应及时进行复合改性沥青混合料制备。提前将各项施工原材料运至拌和现场，于指定区域进行存放，并做好必要的防尘防潮处理。将拌和设备中的各项拌和参数提前设定，按照设计的配合比进行混合料拌和施工，对拌和温度进行重点控制，出料后详细检测混合料质量，不得存在混合料白料及离析料。

（2）复合改性沥青混合料运输：复合改性沥青混合料拌和施工完毕后，用运输车进行运料处理。提前在运输车辆车壁均匀涂抹一层隔离油，避免混合料在运输过程中粘在车壁上。另外，在运输过程中采用厚实篷布进行全面覆盖，避免温度散失严重。运输车辆应按照事前指定的最佳路线进行运料，途中不得随意加速或减速。

（3）复合改性沥青混合料摊铺（图3-21）：待复合改性沥青混合料运输至施工现场后，应立即开展路面摊铺施工。提前将摊铺机的熨平板进行预热处理，运输车将混合料倾倒摊铺机螺旋布料器上即可开展路面摊铺施工。路面摊铺过程中现场施工技术人员应及时对摊铺温度进行检测，摊铺机应匀速行驶，均匀摊铺施工，以确保混合料路面整体平整度。

图3-21　复合改性沥青混合料摊铺

（4）复合改性沥青混合料碾压（图3-22）：压路机应紧随摊铺机后。复合改性沥青路面的碾压应分为初压、复压以及终压3个阶段展开。压路机应保持匀速碾压施工，施工技术人员需手执温度枪对碾压温度进行现场测定，针对碾压不足位置需进行补压。另外，隆起部位需进行人工铲平，以保证路面施工的平整度和压实度。

图3-22　复合改性沥青混合料碾压

复合改性沥青混合料碾压的施工要点如下：

①由于复合改性沥青混合料比传统的热拌混合料的黏度高，因此只能在最佳地表温度和气候条件下摊铺，一般地表温度应该高于13℃。即使地表温度达到要求，如果天气发生变化，也会对复合改性沥青混合料摊铺和压实产生负面影响，仍然需要中止工作。

②复合改性沥青混合料比传统沥青混合料的黏度高、硬度大，因此复合改性沥青混合料碾压应当遵从"紧随快压、高频低幅"的原则，在高温下展开压实。当温度过高时，应增大压路机与摊铺机之间的间距，否则过热碾压会导致混合料的推移。

③其余施工要点可参照常规沥青混合料施工工艺。

3.5.2　基层大宽度全幅摊铺技术

"基层大宽度、智能化摊铺技术"是指在路面铺筑中使用的一种结合了大宽度全幅施工和智能化的施工技术，可以提高建设效率和质量。

大宽度全幅摊铺是使用一台摊铺机进行连续摊铺，可以一次性完成整个路面的铺装，避免接缝，提高施工效率和铺装质量。大宽度全幅摊铺使用特殊的全幅摊铺装置，可以实现在一个操作下进行全幅连续摊铺，同时也可以配备自动平整装置和智能控制装置，实现自动化和数字化控制。此外，全幅摊铺的沥青混合料要求更高，需要具备良好的连续性和均匀性，以保证整个路面的质量和均匀度。

3.5.2.1　施工工序

基层大宽度全幅摊铺施工工序如图3-23所示。

下承层的检查与验收：基层施工前清理下承层上的浮土、浮石、杂物、积水及被污染处，使其保持表面洁净，并将作业面表面洒水湿润。底基层表面洒水湿润如图3-24所示。

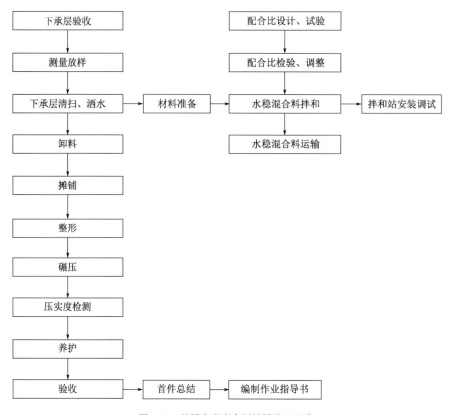

图 3-23　基层大宽度全幅摊铺施工工序

图 3-24　底基层表面洒水湿润

3.5.2.2 边部模板支撑

边部模板为 20cm 高的钢模板。模板边部外侧采用专用撑杆进行支撑，并用钢桩固定，每块模板使用 5 根（上 2 下 3）撑杆支撑，相邻模板链接处采用插销式固定，使之连接形成整体，避免出现跑模的现象，如图 3-25 所示。

图 3-25　边部模板支撑

3.5.2.3　拌和

(1) 采用具有二次拌和功能的 WCB800 型水稳基层拌和机对混合料进行二次拌和。WCB800 型水稳基层拌和机的最大产能 640t/h，实际生产按 500t/h 设定，可减少离析提高混合料均匀性；开始搅拌之后，安排专人随时检查混合料的质量，其中每隔 2h 检查一次含水率，每隔 4h 检测一次混合料级配、水泥剂量。WCB800 型水稳基层拌和机如图 3-26 所示。

图 3-26　WCB800 型水稳基层拌和机

(2) 混合料出料口防离析：较传统成品仓送料，水稳拌和机防离析挡板能有效降低离析现象，如图 3-27 所示。

图 3-27　水稳拌和机防离析挡板

3.5.2.4 混合料装车

(1)混合料装车时采取了"前、后、中"三次装料,避免了装料离析,如图 3-28 所示。

图 3-28　分"前、后、中"依次装料

(2)料车篷布覆盖:运输车装载混合料时,使用自动篷布全面覆盖,以保证混合料含水率、温度的控制,并减少扬尘。料车篷布覆盖如图 3-29 所示。

图 3-29　料车篷布覆盖

3.5.2.5 摊铺

(1)根据拌和站产量调整摊铺机有关参数,保持供料和摊铺速度均匀,摊铺机前至少有三辆车待卸料,自卸车后退往摊铺机内卸料时,距摊铺机 10~30cm 的距离停止挂空,由摊铺机推着自卸车前进并卸料,避免运料卡车碰撞摊铺机造成不平顺。

(2)熨平板的宽度组装完成后,根据路面设计的挠度进行拱度调整,调整时需注意熨平板两端的挠度及变形,每天摊铺前都要测量熨平板两端的挠度及变形。调整熨平板的长度时,应左右对称,否则会造成摊铺机走偏,并因混合料的惯性作用使熨平板前混合料的压力不一致,造成在横断面上摊铺厚度的差异。熨平板底面磨损或严重变形时,要经维修达到标准后再使用,确保摊铺质量。

(3)不要频繁调整厚度控制杆,厚度确定后,要准确记录当天完工时的仰角标尺位置,以便次日按同样的位置工作,保证均匀一致的摊铺厚度。

(4)混合料卸车不及时,使摊铺机内产生局部大碎石集中,摊铺机受料斗两翼板积料多,翻动过速,易造成混合料离析,送料刮料板外露现象。为防止混合料在摊铺机内产生局部大碎石集中现象,前面车应尽早卸完料开走,后面车尽快往摊铺机里喂料,使新料与受料斗中余料混合,减少摊铺机收斗次数。摊铺现场如图3-30所示。

图3-30 摊铺现场

3.5.2.6 碾压

(1)碾压分初压(图3-31)、复压、终压,其中压路机类型分别为:双钢轮压路机、振动压路机、轮胎压路机,碾压过程紧跟摊铺机阶梯行驶。

图3-31 初压

(2)压路机碾压时错轮应重叠1/3~1/2,复压和终压段落不宜大于50m,具体长度通过试铺确定。

(3)碾压应遵循生产试验路段确定的程序与工艺。碾压应掌握先轻后重、先边后中,弯道超高段由低向高处碾压的原则。注意稳压要充分,振压不起浪、不推移。

(4)碾压完成后及时检测压实度,不满足要求时应在水泥终凝时间内及时补压。

(5)初压后禁止薄层找补,严重不平整时,应刨松5~10cm后,用新混合料找补。

碾压接头处理:碾压过程安排专人对碾压接头进行补铲,尽量减小碾压高度差对平整度影响;现场施工制定专用表格,采用6m直尺对碾压接头桩号、平整度进行第一时间记录。接头碾压及其效果如图3-32、图3-33所示。

图 3-32　接头碾压

图 3-33　接头碾压效果

3.5.2.7　养护及交通管制

碾压完成后,及时进行养护处理,需洒水车补水养护时,可从另一幅路面由工人手持水管淋水进行养护。养护期间封闭交通,任何车辆不得通行,养护期宜不少于7d。洒水车补水养护、土工布养护以及交通管制分别如图3-34～图3-36所示。

图 3-34　洒水车补水养护　　　　　　　　图 3-35　土工布养护

图 3-36 交通管制

3.5.3 面层全幅智能化摊铺技术

3.5.3.1 技术简介

智能化摊铺技术是一种基于先进的传感器和控制技术,对路面铺设机械设备的自动控制和监测的技术。通过使用这种技术,可以实现铺设过程的自动化和数字化,提高施工效率和质量,同时减少人工错误和浪费。现行智能化摊铺技术主要包括3D智能摊铺技术以及自动驾驶摊铺技术等。

1) 3D 智能摊铺技术

3D智能摊铺技术是一种通过激光扫描和数字化建模,实现路面设计和施工过程的精确匹配的技术。它可以将路面设计图纸、地形地貌数据等信息进行数字化处理,生成三维数字模型,以此为基础实现智能化的路面摊铺。3D智能摊铺技术设备组成如图3-37所示。

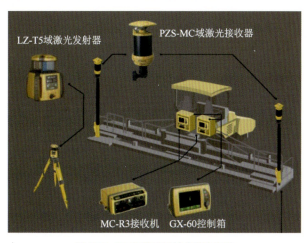

图 3-37 3D 智能摊铺技术设备组成

3D智能摊铺技术主要包括以下几个环节:

(1)激光扫描:利用激光扫描仪对现场进行扫描,获取地形地貌数据和路面设计图纸等信息,以此为基础生成数字化的路面三维模型。

(2)模型匹配:通过数字化建模技术,将扫描获得的三维数字模型与设计图纸进行匹配,确保路面摊铺符合设计要求。

(3)自动控制:利用数字化控制系统,对摊铺机进行自动控制,实现路面摊铺的自动化和智能化。

(4)数据记录:对摊铺过程中的数据进行记录和分析,以便对路面铺装质量和均匀度进行评估和优化。

3D智能摊铺技术的优势在于:能够实现路面设计和施工的数字化,提高路面铺装的质量和均匀度;能够实现路面施工的自动化和智能化,提高施工效率和减少劳动力成本;能够实现数据记录和分析,实现数字化施工管理。

2)自动驾驶摊铺技术

自动驾驶摊铺技术是指利用自主导航、图像识别、机器学习等技术实现道路材料摊铺过程的自动化和智能化,如图3-38所示。具体实现方式可能包括以下几个方面:

(1)自主导航和路径规划:通过激光雷达、全球定位系统(GPS)等技术实现对施工车辆的自主导航和路径规划。

(2)机器视觉和图像识别:通过摄像头、图像处理等技术实现对施工场地和材料状态的实时监测和识别。

(3)精度控制:通过控制系统和传感器等技术实现对摊铺厚度、坡度和平整度等要素的实时控制和调整。

(4)数据分析和机器学习:通过对施工数据的分析和机器学习技术的应用,优化施工方案和提高施工效率。

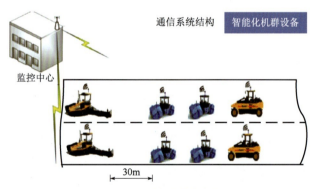

图3-38 自动驾驶摊铺技术

相较于传统的道路材料摊铺技术,自动驾驶摊铺技术具有以下优势:提高施工效率:可以实现对施工过程的全自动控制,提高了施工的效率和准确性,避免了人为因素的干扰;提高施工质量:通过机器视觉和精度控制系统等技术,可以实现对施工过程的实时监控和调整,提高了施工精度;降低施工成本:不需要人工操作,可以减少人工成本和施工周期,提高了施工的经济性和效益。

3.5.3.2 自动驾驶摊铺技术碾压工艺

(1)一台摊铺机作为摊铺梯队走在最前面进行踩点引导,其摊铺速度保持在2~4m/min

之间。摊铺机的驾驶室顶上的 GPS 定位传感器用来测定路面宽度中心位置点,为后面确定和划分碾压区域宽度提供中心点参考。同时摊铺机后面预留 5m 的安全距离防止追尾。

(2)紧接着进行初压。根据中心参考点和预设的摊铺距离,以中线为界划分为左右两个碾压区域。当区域点数达到 26 个(即区域长度达到 26m 左右),由两台双钢轮压路机组成的第一碾压梯队开始对刚摊铺过的沥青路面进行从左往右(或者从右往左)碾压。第一遍碾压时,两台双钢轮前进会顶到摊铺机后面 5m 处,后退时回到区域的起始线上。从第二遍开始,两台双钢轮每次碾压都会顶到摊铺机后 5m 处,后退 26m 截止(即每条轨迹长度约为 26m),形成阶梯式碾压。

(3)当第一碾压梯队的两台双钢轮压路机在各自的区域来回碾压三遍,被碾压过三遍的区域长度达到 31m,初压梯队进入第二区域。第一区域由两台胶轮压路机组成的第二碾压梯队开始从第一碾压梯队的初始位置进行碾压(前后碾压区域之间有 5m 的安全距离),碾压方法与第一梯队一样。

(4)最后由一台双钢轮压路机组成的第三碾压梯队进行最终压实。当复压梯队碾压完两个区域,进入第四区域时,终压开始启动。

自动驾驶摊铺技术碾压工艺示意图如图 3-39 所示。

图 3-39　自动驾驶摊铺技术碾压工艺示意图

3.5.3.3　工艺对比

将 3D 智能摊铺技术、自动驾驶智能摊铺技术与传统摊铺技术进行对比分析,见表 3-3。

工艺对比　　　　　　　　　　　　　　　　表 3-3

技术类别	质量控制	基准设置	坡度控制	压实度检测	灵活性
传统施工方法	事中及事后控制,返工浪费资源	事先测量放样、人为挂线放样等工作存在误差	无法实时进行坡度控制,弯道作业误差较大	无法显示和记录当前的高程信息,压实度以灌砂法人工检测,人为影响因素较大	—
3D 智能摊铺技术	实时过程检测,确保施工精度	省去放样挂线等工作,节省时间,提高控制精度和效率	精确控制高程和坡度,实时显示摊铺坡度和设计面差值	全程无间断测量,实时采集数据,根据标准段标定数据,计算压实度	可接入国产、进口摊铺设备中
自动驾驶智能摊铺技术	实时过程检测,确保施工精度	省去放样挂线等工作,节省时间,提高控制精度和效率	实现摊铺碾压一体化自动驾驶智能施工,精确控制高程和坡度	压实值在线连续检测,通过相关性试验,根据标准段标定数据,实现施工结果自动检测	固定设备使用,目前以三一重工股份有限公司、徐州工程机械集团有限公司生产的设备为主

3.5.4 压实度实时监测技术

在基础建设施工管控过程中,碾压施工质量尤为重要,如何避免破坏性取样检测,实现施工过程中实时监测压实度,是工程施工质量管理的一个难点。压路机压实度实时监测系统在碾压过程中,根据填筑物料与振动压路机相互作用力原理,高速采集压路机振动信号,通过大数据运算分析,建立检测评定与反馈控制体系,实现压实度的实时动态监测与控制。此系统可为施工管理者提供信息化管理手段,提高管理效率,如图3-40所示。

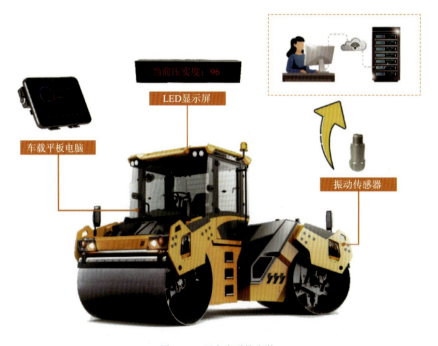

图3-40 压实度系统安装

3.5.4.1 系统功能

(1)压实度实时监测设备安装在作业压路机上,车顶发光二极管(LED)屏幕实时反馈压实度数据。

(2)通过车载平板指引操作员施工,对压实度、振动频率、压路机运行速度及压路区域作出准确测定,指引施工。

(3)压路机压实度监测系统有效避免施工中的过压、欠结合路面摊铺碾压监测系统,将压实数据传输至云平台,提高施工质量,降低车辆油耗,实现远程监控、质量回溯。

(4)施工过程中实时输出碾压薄弱区数据,可通过软件平台快速定位,为质量检测单位提供参考数据,为管理单位提供有效管理手段。压实度监测传输原理如图3-41所示。

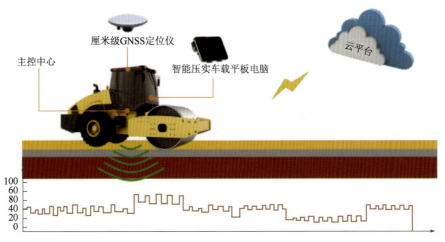

图 3-41　压实度监测传输原理

3.5.4.2　系统优点

(1)实现了过程无损伤检测,能更快速地反映问题,大大提高了施工进程和效率,避免了结果检测带来的人力物力的损失。

(2)连续、实时、准确地反映了路基断面压实真实质量,避免了以点带面的检测误差。

(3)智能压实车载平板电脑的储存传输功能为施工进程提供了连续准确的检测数据,为路基压实质量提供了强有力的保障。

(4)以多彩平面图形式动态展示压实度数据,数据实时、直观、高效,操纵简单,利用压实过程中的实时地基反力系数,压路机操作人员可进行路基压实的过程控制,加强了路基压实质量控制的针对性,如图 3-42 所示。

图 3-42　智能管控系统

3.5.5　节水保湿养护膜技术

水稳层养护采用节水保湿养护膜,它是以新型可控高分子材料为核心,以塑料薄膜为载体,黏附可吸收自身重量 200 倍的水分的高分子。该养护膜具有以下 7 大优点:

(1)高倍节水:与土工布、麻袋、草帘等养护材料相比,节水保湿养护膜用水量是土工布、麻袋、草帘等养护材料的 1/30～1/100。

（2）高效保湿：节水保湿养护膜具有较好吸附性，在充分吸水后能紧紧吸附于水稳表面，因此膜内水分能直接作用水稳表面之上，从而达到高效保湿的作用。

（3）良好保温：在同一外界环境中，水能量节水保湿养护膜膜内温度要高出环境温度3~15℃，且温度变化均匀，能有效平缓昼夜温差，其保温性能明显优于土工布、麻袋等养护材料。

（4）有效促进早强节水保湿养护膜的保湿保温并重，给水稳创造了一个高湿保温的养护环境，能有效促进混凝土早强。

（5）抑制微裂缝：节水保湿养护膜具有高效保湿、良好保温的双重优越性能，能有效抑制微裂缝的产生。

（6）绿色环保：核心材料——高分子吸收材料对人、牲畜、环境无毒无害，可自然降解，绿色环保。

（7）节工省能：节水保湿养护膜只需在铺设时浇一次水便可以在一个养护期内高效保湿，甚至在没有水源的条件下，保湿养护膜吸收水泥在水化热过程中挥发出的水蒸气也可以高效保湿，因此节工省能，降低养护成本。

山西地区风大，针对项目所在地现状，对单一铺节水养护膜加压袋养护模式进行了改良（图3-43），养护膜铺完后加铺一层土工格栅，再用压袋压实，这样就解决了覆盖后风大吹开的问题，土工格栅可以循环利用，同时也节约了成本。

图3-43 节水保湿养护膜

4

桥梁工程

4.1 桩基

4.1.1 施工工序

4.1.1.1 桩基钢筋笼制作和安装工序

桩基钢筋笼制作和安装工序包括原材料进场检验、下料、制作、对接下放、固定等。如图4-1所示。

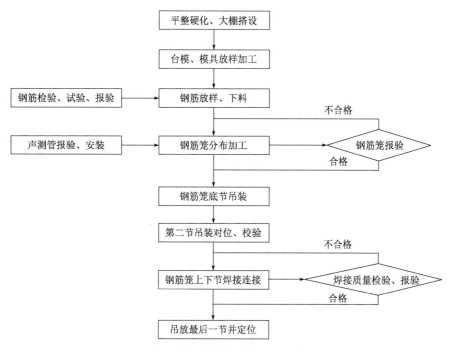

图 4-1 桩基钢筋笼制作和安装工序

4.1.1.2 桩基施工

桩基施工工序如图4-2、图4-3所示。

4.1.2 施工质量要点

4.1.2.1 钢筋下料

（1）钢筋下料前，计算出各种不同直径的钢筋最优的下料长度，下料过程中要考虑钢筋接头位置错开，以及墩身钢筋的预埋长度，并要求在保证满足规范要求的基础上，做到充分利用原材料，降低损耗。

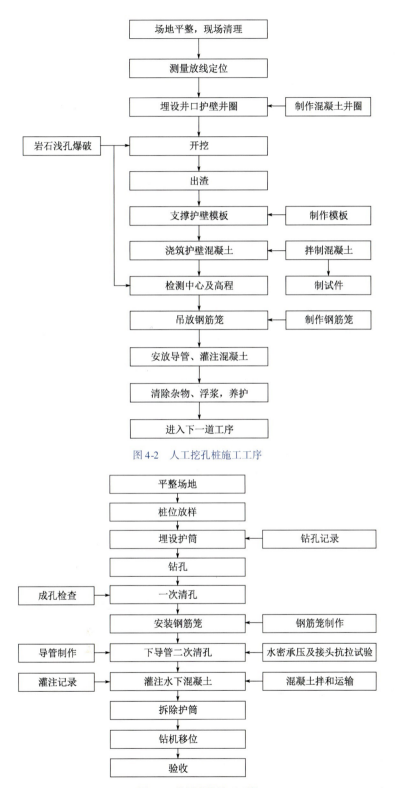

图 4-2 人工挖孔桩施工工序

图 4-3 机械成孔施工工序

（2）为保证钢筋丝头加工的要求，钢筋下料应采用砂轮切割机切割，不应用普通切筋机或电弧切断。钢筋端头宜平整并与钢筋轴线垂直，不得有马蹄形或扭曲。

（3）对墩粗直螺纹连接接头，套筒每端不宜有一扣以上的完整螺纹外露，加长丝头型扩口型及加锁母型接头的外露螺纹不受此限制，但应有明显标记。

（4）对滚轧直螺纹连接接头，标准型接头连接套筒外应有有效螺纹外露，正反丝扣型接头套筒单边外露有效螺纹不得超过 2 倍螺距。

（5）对套筒挤压接头，挤压后套筒长度应为原套筒长度的 1.10~1.15 倍，压痕道数应符合型式检验确定的道数。

（6）钢筋机械连接件的最小混凝土保护层厚度，应符合设计受力主筋混凝土保护层厚度的规定，且不得小于 20mm；连接件之间或连接件与钢筋之间的横向净距不宜小于 25mm。

（7）用热轧圆盘条制成的箍筋，制作前用调直机进行调直。

4.1.2.2 钢筋笼加工

（1）先安放定位模具上的主筋，确保接头处不得有空隙。

（2）在已经安放好的主筋上按设计尺寸画好位置，安放加强筋，保证加强筋与主筋垂直。主筋与加强筋逐点进行点焊以固定位置。

（3）安放其余主筋时，先在加强筋上标好位置，再逐根安装，保证主筋位置准确与顺直。

（4）每节钢筋笼主筋全部安装完毕后，对主筋与加强筋进行焊接。

（5）按设计图纸复核箍筋位置，箍筋与主筋之间采用点焊，确保焊点既牢固又不烧伤主筋。

（6）钢筋接头位置应错开，保证同一断面内的接头数量不大于 50%；同一根钢筋上尽量少设接头。

（7）为保证钢筋笼加工精度和提高工作效率，采用数控钢筋笼滚焊机进行加工，如图 4-4 所示。

图 4-4　钢筋加工厂及钢筋笼智能加工设备

（8）声测管的安装。

①在每节钢筋笼制作完成后，按设计图纸安装声测管；钢筋笼连接时声测管采用接头连

接,要求固定牢靠、位置准确、间距均匀,保证成桩后的声测管平行。

②为防止灌注水下混凝土时水泥浆进入声测管,影响检测探头的下放,声测管底部需密封处理,顶部临时封闭。

4.1.2.3 桩基施工

桩基开挖方法主要包含人工挖孔、冲击钻成孔、旋挖钻开挖等。

人工挖孔:在无地下水或有少量地下水,较密实的土层或风化岩层中,且无法采用机械成孔或机械成孔非常困难的情况下采用。人工挖孔作业时,应始终保持孔内空气质量符合相关要求;孔深大于10m时或空气质量不符合要求时,孔内作业必须采取机械强制通风措施;孔深超过15m的桩孔内应配备有效的通信器材,作业人员在孔内连续作业不得超过2h;桩周支护应采用钢筋混凝土护壁,护壁上的爬梯应每间隔8m设一处休息平台。孔深超过30m的应配备作业人员升降设备。

冲击钻成孔:适用于填土层、黏土层、粉土层、淤泥层和碎石土层,也适用于卵石层、岩溶发育岩层和裂隙发育的岩层施工。在复杂的场地条件下(如地下漂石、建筑垃圾含筋量高的钢筋混凝土垃圾等场地内)一般无须采取其他处理手段可直接进行桩基施工,其适用性高,善于"啃硬骨头"。冲击成孔的关键参数包括冲击能、冲击频率和回转速度,建议根据不同的岩石类型、孔径需求及设备能力进行优化,并通过试钻找到最佳参数组合。施工时应选择合适的钻头类型,并定期检查钻头的磨损和紧固情况,同时保持钻头的冷却和润滑状态。

本章节主要介绍旋挖钻成孔,要点如下:

(1)护筒埋设前放出桩位中心位置,要求护筒埋设竖向垂直、顶面水平,护筒应高出地面30cm。为防止施工中护筒发生偏位和孔口坍塌,护筒四周用黏土夯填密实。在钻孔过程中,及时检测和校正钻机位置,防止桩位中心偏移。

(2)泥浆采用膨胀土、火碱和纤维混合而成或购买成品,清孔后的泥浆比重控制在1.03~1.1之间,黏度控制在17~20Pa·s,砂率控制在2%以内;要求泥浆液面高于护筒底面,以防塌孔。

(3)钻机就位前,检查桩基平面位置、顶面高程等;开钻时应慢速钻进,待导向部位或钻头全部进入地层后,方可正常钻进。钻机在钻进施工时不应产生位移或沉陷,否则应及时处理。分级扩孔钻进施工时应保持桩轴线一致。

(4)钢筋笼下放应轻放、慢放,严禁高起猛落,强行下放,以防碰撞而引起塌孔,下放过程中,要注意观察孔内水位情况,如发现异常现象马上停放,查明原因,进行处理。

(5)钢筋笼安装时,所有声测管内应注满清水,抵消管外泥浆或混凝土对管壁的压力,防止声测管变形。

(6)钢筋笼下放至设计高程后,应放出设计桩中心位置十字线(可利用护桩拉线),使钢筋笼中心对准十字线中心。定位要准确,固定要牢靠,其中钢筋笼中心平面位置偏差不大于50mm,顶端高程偏差控制在±50mm内。

(7)钢筋笼安装就位后,立即将钢筋笼吊筋与分配梁、分配梁与钢护筒焊接固定,防止混凝土浇筑过程中钢筋笼上浮。钢筋笼吊装如图4-5所示。

(8)在灌注过程中,应保持孔内的水头高度。导管的埋置深度宜控制在2~6m,并应随时检测桩孔内混凝土高度,及时调整导管埋深。

图 4-5 钢筋笼吊装

(9)混凝土灌注至桩顶部位时,应采取措施保持导管内的混凝土压力,避免桩顶泥浆密度过大造成桩顶混凝土不密实、松散等现象。

4.1.3 关键质量通病与防治

4.1.3.1 钢筋笼安装不规范

1)形成原因

(1)钢筋笼碰塌桩孔:孔壁倾斜、缩孔,吊放钢筋笼不仔细,导致孔壁坍塌,无法正常施工。

(2)钢筋笼放置与设计不符:钢筋笼吊运过程发生变形,导致保护层不足,笼底高程不符,影响桩基抗弯、抗剪等。

(3)钢筋笼节段连接不规范:焊接连接时焊接水平差;直螺纹套筒连接时丝头加工不规范,有效丝扣长度不足。

2)防治措施

(1)严格控制孔径、垂直度,尽量使孔壁规则;出现缩孔需及时处理;吊放钢筋笼时应对准孔中心并竖直慢放。

(2)钢筋笼加工时除加强箍筋外,应按规范设置临时加强架;堆放、运输应规范,避免变形。吊装时应绑设足够垫块,并确保笼底钢筋高程无误。

(3)提高工人焊接水平;检查钢筋加工机械是否满足精度和技术要求,螺纹必须与连接套的牙形、螺距一致,并保证丝头打磨平整。

(4)为降低钢筋连接难度,提高施工质量,建议使用挤压套筒进行连接。

4.1.3.2 塌孔

1)形成原因

(1)泥浆比重不够或性能指标不符合要求,孔壁未形成坚实泥皮。

(2)护筒埋置太浅,护筒底漏水导致孔口附近地面被水浸泡。
(3)孔内水头高度不够,静水压力远远低于土压力。
(4)清孔时间过久或清孔后停顿时间过长。
(5)钢筋笼插入过程中有倾斜,碰撞孔壁造成塌孔。

2)防治措施

(1)选用经试验确定的高性能泥浆,其性能指标应与钻孔方法、土层情况相适应。
(2)护筒埋置深度根据土层,适当加大深度,埋置护筒时周围用黏土填实。
(3)确保钻孔内的水头高度,及时补充泥浆。
(4)待灌时间一般不应大于3h,并控制混凝土的灌注时间,在保证施工质量的情况下,尽量缩短灌注时间。
(5)钢筋笼吊放时,对准孔位、吊直扶稳、缓缓下沉,避免碰撞孔壁。

4.1.3.3 斜孔

1)形成原因

(1)钻架不稳,钻杆导架不垂直,钻机部件松动。
(2)地层地质不均匀,孔内横向地层软硬不均。
(3)钻进中遇到有大的坚硬孤石或者其他硬物。

2)防治措施

(1)钻机就位时必须保持平稳,不发生倾斜和移动;钻机的转盘和底座应水平;钻杆、卡孔和护筒中心三者应在同一铅垂线上,保证垂直度;在钻进过程中,使用双腰带钻头,腰带之间的间距不少于1.5m,增加钻头的导向性。
(2)用混凝土填充软弱部位,硬化后使其能均匀下钻。
(3)增加钻头重量,使用负压钻进,钻具在重力作用下保持垂直,可以确保钻孔的垂直度。在钻进一定深度后,将桩架重新安装牢固,并对导架进行水平和垂直校正,检修钻孔设备。

4.1.3.4 缩颈

1)形成原因

(1)土层中的膨胀土遇水后膨胀导致钻孔缩径。
(2)钻头焊补不及时,越钻越小,致使下部缩径。
(3)混凝土拌合物质量不符合要求,致使混凝土拌合物的流动性差、坍落度小、集料离析严重等,从而使下落浇混凝土不能充分地置换出桩孔中的护壁泥浆,或是在集料离析处被护壁泥浆充填了本应由水泥砂浆充填的空间或者中空根本得不到充填,于是形成部分长度缩径。
(4)冲孔灌注桩混凝土灌注施工到了桩身上部,混凝土自重力降低,自重密实困难,易形成缩颈。

2)防治措施

(1)采用优质泥浆,降低失水量。成孔时,加大泵量,加快成孔速度,在成孔一段时间内,孔壁形成泥皮,避免孔壁渗水引起膨胀;在导正器外侧焊接一定数量的合金刀片,在钻进或起钻时起到扫孔作用。如出现缩径,采用上下反复扫孔的办法,以扩大孔径。成孔后及时浇筑混凝土,以防停放时间过长而缩径。

(2)经常检查钻头尺寸,发现磨损及时焊补。

(3)严格控制混凝土配合比,准确称量材料,保证混凝土拌合物质量。

(4)灌注混凝土时,保证导管埋入混凝土中的长度不小于1m;混凝土供应及时,确保混凝土的连续灌注;在孔口斜台处,按规定检测混凝土的坍落度,发现异常立即查明原因并进行调整;当混凝土灌注到桩身上部(离孔口5m左右)时,采用降低孔内浆面,减小管外压力,提高管内混凝土下落冲力利于混凝土的自重密实,可以在管内混凝土无法下落时,拔出导管,掏尽孔内剩余泥浆,凿毛、冲洗已浇混凝土面,再用人工振捣浇筑混凝土,确保混凝土浇筑质量,避免产生缩颈。

4.1.3.5 断桩

1) 形成原因

(1)混凝土供应不足,孔内混凝土已达到初凝,导致后续混凝土无法连续浇筑,从而形成断桩。

(2)较大的杂物混入混凝土中或有部分粗集料粒径过大,导致堵管,灌注中断。

(3)混凝土质量不符合要求。当混凝土发生离析或者坍落度太小时,其流动性较差,在灌注混凝土过程中,发生卡料现象。

(4)在混凝土浇筑过程中,导管不小心拔出混凝土面或者导管发生漏水,混凝土中混入泥浆,形成断桩。

(5)孔壁坍塌或泥浆稠度过大,混凝土上返困难,造成灌注中断,形成断桩。

2) 防治措施

(1)按照施工组织,配备足够的运输车辆,确保混凝土浇筑的连续性。

(2)严格控制原材料质量、施工配合比,运输至现场的混凝土浇筑前应检测坍落度、和易性等指标,防止堵塞导管。

(3)导管节段连接后需进行水密承压及接头抗拉试验,混凝土浇筑过程中随时探测孔内混凝土面位置,及时调整导管埋深,导管埋深应控制在2~6m之间。

(4)通过试验确定泥浆配合比及配制方法,其性能应与钻孔方法、土层情况相适应;钻孔过程中随时对孔内泥浆的性能进行检测,不符合要求时及时调整。

4.1.3.6 孔底虚渣过厚

1) 形成原因

(1)对地质情况缺乏了解,松散性质的砂卵石层形成虚渣,易于坍塌。

(2)钻机运转时不规则抖动或钻杆不直,钻杆叶片与孔壁不均匀摩擦,壁土回落,造成孔底虚渣。

(3)成孔后没有及时盖好孔口板,护筒高度不足,施工机械在孔口附近行走等,造成地面及孔壁震动,致使虚土掉落;安放钢筋笼时与孔壁发生碰撞,孔壁土掉落。

2)防治措施

(1)根据地质勘测资料及试钻情况,选定钻头形式及施工工艺。
(2)开钻前平整场地,保证钻机平稳运转。
(3)成孔后立即对孔口进行保护,安放钢筋笼时,注意垂直慢放钢筋笼,加强钢筋笼自身的架立强度,防止起吊时变形碰壁,同时加强必要的二次清孔。

4.1.3.7　混凝土浇筑时钢筋笼上浮

1)形成原因

(1)混凝土在进入钢筋笼底部时浇筑速度过快。
(2)钢筋笼未采取固定措施或措施不当。

2)防治措施

(1)当混凝土上升到接近钢筋笼下端时,应放慢浇筑速度。
(2)灌注混凝土前,将钢筋笼吊筋与分配梁、分配梁与钢护筒焊接固定。

4.1.3.8　桩头浇筑高度短缺

1)形成原因

(1)混凝土灌注后期,由于探测时仪器不精确,将过稠的浆渣、坍落土层误判为混凝土表面。
(2)测锤及吊索不标准,手感不明显,未沉至混凝土表面,误判已到要求高程,造成过早拔出导管,终止灌注。
(3)灌注混凝土过程中,上部混凝土与水或泥浆接触,泥浆、钻渣等杂物混入,质量较差,凿除桩头后有效桩长不足。

2)防治措施

(1)尽量采用准确的水下混凝土表面测探仪,提高判断的精确度。当使用标准的测探锤检测时,可在灌注接近结束时,用取样盒等容器直接取样,鉴定良好混凝土面的位置。
(2)为防止剔桩头造成桩头短浇现象,须在设计桩顶高程之上至少增50cm。

4.2　承台、系梁

4.2.1　施工工序

承台(系梁)施工工序如图4-6所示。

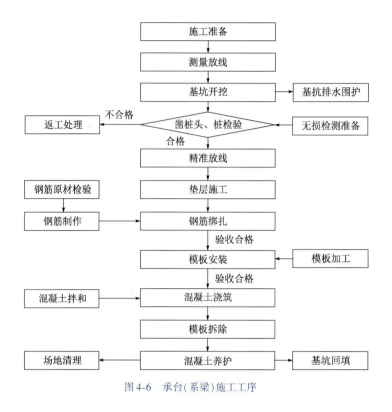

图 4-6 承台(系梁)施工工序

4.2.2 施工质量要点

1) 基坑开挖

(1)桩身混凝土达到一定的强度后进行基坑开挖。开挖采用人工配合挖掘机进行,并随时对基坑平面尺寸和高程进行控制。

(2)在基坑开挖过程中若发现有渗水现象,应在基坑四周适当位置设置排水沟和截水沟,防止地面水对基坑造成浸泡。为防止基坑渗水,在基坑基础范围内做人工盲沟形成排水网,并做集水井,以便基底渗水全部排出,同时应及时报检,避免长时间裸露和浸泡。

2) 凿除桩头

(1)破除桩头采用环切法配合人工凿除。在桩体侧面用红油漆标注高程线,防止桩头被多凿造成伸入承台内高度不够。

(2)凿除过程中保证不扰动设计桩顶以下的桩身。严禁用挖掘机或铲车将头强行拉断,以免破坏主筋。

(3)保证桩顶的混凝土面凿毛、无松散碎渣,清洗干净后方可绑扎承台(系梁)钢筋;保证桩顶高程和桩钢筋伸入承台(系梁)长度符合规范及设计要求。

3) 钢筋加工及绑扎

(1)钢筋在下料时,钢筋工应严格按照设计图纸要求下料,钢筋搭接长度应符合规范要求。成品堆放应标明所用部位、长度、规格。

(2) 在垫层面上标注钢筋的外围轮廓线,并用油漆标出每根钢筋的平面位置。底层钢筋垫块采用同等级砂浆垫块,梅花形布置。

(3) 钢筋骨架绑扎注意绑扎方法,宜采用十字扣绑扎法,不得采用顺扣,防止钢筋变形。钢筋绑扣无漏绑、松绑,垫层面清洗干净。重点保证墩柱预留钢筋间距、数量和保护层厚度。基础钢筋骨架施工如图4-7所示。

图4-7 基础钢筋骨架施工

4) 浇筑

(1) 混凝土施工采用溜槽入模,无法搭设溜槽的承台采用泵送混凝土入模,浇筑混凝土从承台两侧顺长边的一端向另一端分层浇筑,分层厚度满足施工规范要求,在下层混凝土初凝前完成上层浇筑。

(2) 混凝土采用插入式振捣器振捣时严禁碰撞钢筋和模板。振捣棒要快插慢拔,不得欠捣和漏捣,对每一个振动部位,振动到该部位混凝土密实为止。

(3) 当混凝浇筑接近承台顶面高程时必须挂线找平,严格控制混凝土顶面高程,清除掉振捣产生的浮浆,使承台顶面粗细集料均匀为止,顶面的混凝土必须抹面、压光。

4.2.3 关键质量通病与防治

4.2.3.1 基坑排水不畅、边坡失稳

1) 形成原因

(1) 基坑未按规定放坡或者临时支护措施缺失或不当。

(2) 在基坑开挖时未对周围地表水采取措施进行截水,开挖后未设置排水沟、集水井等措施,导致基坑被水浸泡。

2)防治措施

(1)根据土的分类、力学性质确定边坡坡度;根据地形、地质情况设置木桩或钢管桩等临时支护措施,防止边坡失稳坍塌。

(2)为防止地表水浸泡基坑,避免基坑边坡失稳,在基坑开挖线以外10m处设置截水沟,以排除地表水;有水基坑采取在基坑四周设排水沟及集水井,配置抽水设备进行抽排。

4.2.3.2 模板安装不规范

1)形成原因

(1)未采取有效措施固定模板或固定模板的材料强度及措施不符合要求,导致跑模、胀模,造成承台(系梁)错台或几何尺寸有误差。

(2)模板使用前未打磨或周转次数过多出现变形、脱模剂选择不正确。

(3)模板拼缝处未做好封缝处理。

2)防治措施

(1)模板采用大型组合钢模,采用钢管作为模板的横、竖加劲肋。模板内侧用预制的同强度等级砂浆垫块垫于承台钢筋与模板间,以保证保护层厚度;外侧用型钢或方木与基坑壁撑紧,保证位置准确。在承台四周搭设施工平台,避免施工对模板扰动;严格控制浇筑速度并安排模板工对模板进行现场加固,防止跑模变形。

(2)模板使用前进行打磨,选用合适的脱模剂,使用过程中应加强维修与保养,吊运、安装、拆除、存放时应防止变形与受损,拆模后应指派专人及时除污、防锈。

(3)模板接缝处应采用双面粘贴等有效堵浆措施,确保模板不漏浆,严禁使用沙石、砂浆或木条等。

4.2.3.3 桩头过短

1)形成原因

(1)灌注桩基时超灌混凝土不足,虚桩长度不够,桩头有夹泥、夹砂及强度不足等问题,破除桩头后导致桩长不足。

(2)桩头伸入承台10cm部分破坏严重,锚入承台钢筋在破桩头时受损变形。

2)防治措施

(1)根据实际桩深和实际量测的扩孔情况计算混凝土用量(包含虚桩混凝土用量),在混凝土灌注过程中时刻测量混凝土面高度,尤其是在接近桩顶3m时,采取有效措施确定混凝土面。

(2)灌注混凝土前,设计桩顶高程以上部分钢筋用PVC套管保护,破除时采用上下两道"环切法"施工,第一道线为设计桩顶高程线,第二道为抬高10cm环切线。在第二道线以上剥离虚桩中钢筋,剥离过程中沿钢筋两侧剥离,不得伤害主筋。待钢筋全部剥离后,在第二道线上分三个方向打入楔子,楔子把虚桩和实体桩开裂分离后,吊出虚桩头。然后按要求修整实体桩头,恢复桩头钢筋。

4.3 桥墩、桥台

4.3.1 施工工序

桥墩、桥台施工工序如图4-8所示。

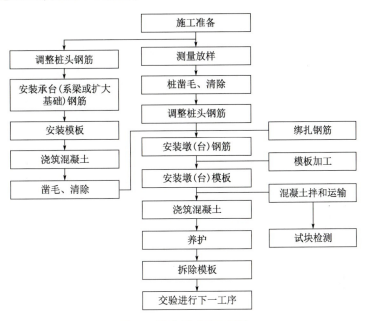

图4-8 桥墩、桥台施工工序

4.3.2 施工质量要点

(1)系梁、承台或桩基施工完毕后,及时对其顶面凿毛处理,清除松散混凝土,利于墩台身混凝土的连接。

(2)钢筋安装:利用吊装设备将桥墩台钢筋骨架与承台、系梁或桩顶预埋钢筋进行连接。钢筋骨架外侧安装混凝土垫块(采用同强度等级细石混凝土垫块,每平方米数量不小于4个),以保证墩台钢筋保护层厚度。

(3)模板安装:墩台采用整体式大型组合钢模板。模板外侧整体用横向及纵向槽钢支撑固定,确保模板有足够的刚度和稳定性;模板安装前进行打磨,涂刷脱模剂,安装后,对垂直度、高度、保护层厚度等进行检查,检查合格后,方可浇筑混凝土。

(4)浇筑混凝土及养护:混凝土浇筑时视高度采用串筒,降低混凝土下落自由高度,以免产生离析现象。混凝土振捣采用插入式振捣棒,水平分层振捣密实,每层浇筑厚度控制在30cm左右。浇筑上层时插入式振捣棒应伸入到下层5~10cm左右,振捣时间不宜过长,以混凝土停止下沉、不再明显冒泡、表面平坦、边角密实平整、呈现薄层水泥浆为止。插入式振捣棒振捣时与模板保持 5~10cm 的距离，振捣棒应避免碰撞钢筋、模板，更不得放在钢筋上。要求快插慢拔，逐层振捣，不得漏振，以免产生蜂窝、麻面和气泡。混凝土达到一定强度后拆模，采用一布一膜工艺养护，墩台顶设置可滴灌的水桶进行滴漏养护或自动喷淋养护。墩柱养护如图 4-9 所示。

图 4-9　墩柱养护

4.3.3　关键质量通病与防治

4.3.3.1　保护层不合格

1）形成原因

（1）承台、系梁施工时墩身预埋钢筋定位不准确；预埋钢筋加固不牢，浇筑混凝土时位置偏位。

（2）钢筋骨架制作不规范，钢筋绑扎时松动，保护层垫块设置不合理、设置数量过少或混凝土浇筑过程中脱落。

（3）模板定位不准确，浇筑过程发生变形。

2）防治措施

（1）预埋钢筋放样准确，根据图纸要求保护层厚度精准预埋墩身钢筋，加固措施到位，确保混凝土浇筑时预埋钢筋不发生偏位。

（2）认真按照图纸要求进行骨架尺寸的控制，钢筋交叉点要求绑扎牢固，必要时采用点焊焊牢固，保护层垫块强度和数量需符合要求。

（3）测量放样准确，确保模板位置尺寸的精确度。加固牢固，避免浇筑时发生变形。

4.3.3.2 错台

<u>1)形成原因</u>

(1)模板拼缝经反复拆装变形严重或支模时模板垂直度控制不好,相邻两块模板本身错位。

(2)相邻两块模板对拉螺杆松紧程度不一,模板受力后胀开程度不一。

(3)混凝土侧压力比较大,拉杆滑丝、螺母丝扣有损伤,振捣过程中出现螺母脱丝。墩柱混凝土错台如图4-10所示。

图4-10　墩柱混凝土错台

<u>2)防治措施</u>

(1)定期修整模板,确保模板底边和拼缝处平整度满足规范要求。

(2)安装模板时要求操作工人检查拉杆的工作情况,确保拉杆松紧度一致。

(3)混凝土侧压力较大时,拉杆上双螺母。振捣强烈时螺母底下加减震弹簧垫片,防止拉杆崩丝,出现跑模。

4.3.3.3 其他混凝土质量通病

其他质量通病与防治参见4.5.3.2。

4.4 盖梁

4.4.1 施工工序

盖梁施工工序如图4-11所示。

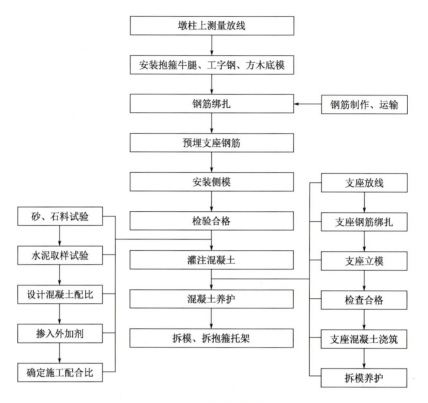

图 4-11 盖梁施工工序

4.4.2 施工质量要点

(1)安装抱箍：利用已施工完毕的墩身，将按设计尺寸加工好的钢抱箍环墩身固定。

(2)立模：在安装牢固的钢抱箍上铺设 40B 工字钢横梁，按尺寸支立底模板并固定。

(3)绑扎钢筋：盖梁钢筋使用胎架整体绑扎，采用搭接焊，当盖梁底模铺设完毕后，用吊车将盖梁钢筋整体吊装就位。钢筋笼外侧四周绑定保护层垫块（垫块采用同强度等级的细石混凝土垫块，每平方米四周应不少于 4 个，重要部位宜适当加密），以保证钢筋保护层厚度。

(4)支立侧模：侧模采用大块组合钢模板，严格控制模板的加工和拼装精度。在盖梁截面内不设拉杆，侧面压力由设在底模板以下、盖梁顶面以上的水平拉杆承受。

(5)浇筑混凝土：采用泵车直接浇筑，浇筑时视高度采用串筒，以降低混凝土下落自由高度，以免产生离析现象。混凝土振捣采用插入式振动器，水平分层振捣密实。混凝土浇筑完毕及时洒水养护，混凝土达到一定强度后拆模，采用一布一膜工艺，每墩柱顶设置可滴灌的水桶进行滴漏养护，养护时间不得少于 7d。

4.4.3 关键质量通病与防治

常见质量通病与防治参见 4.5.3.2。

4.5 梁板预制及安装

4.5.1 施工工序

4.5.1.1 梁板预制

预应力混凝土T梁、箱梁预制施工工序如图4-12所示。

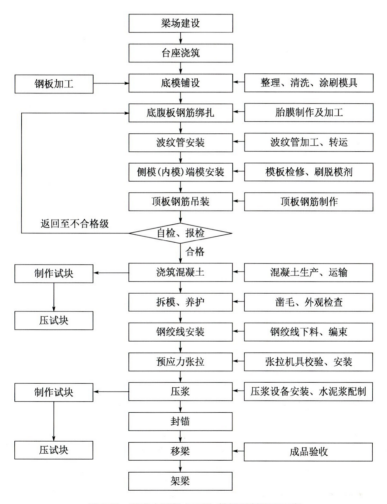

图4-12 预应力混凝土T梁、箱梁预制施工工序

4.5.1.2 梁板安装

预应力混凝土T梁、箱梁安装工序如图4-13所示。

— 111 —

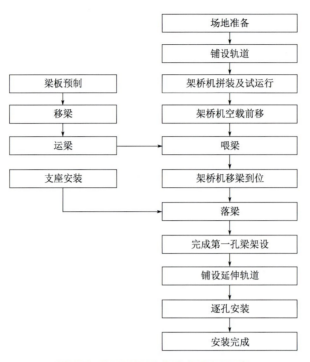

图 4-13 预应力混凝土 T 梁、箱梁安装工序

4.5.2 施工质量要点

4.5.2.1 预制梁钢筋、波纹管制作与安装

1) 预制梁钢筋加工及安装

钢筋统一集中加工,所有半成品钢筋按设计图纸进行加工,保证几何尺寸准确,图 4-14 所示。检验完毕后,再运到梁场底模附近,采用胎架(图 4-15)进行绑扎,钢筋绑扎时分两次进行,首先绑扎底板、腹板、横隔板钢筋及进行波纹管的安装。钢筋骨架绑扎完毕,经检查合格后,整体吊装至台座上,立好侧(内)模,再绑扎顶板、翼板钢筋。

图 4-14 标准化钢筋加工场

图 4-15　钢筋胎模及卡具

胎架由槽钢焊接而成,对应主筋、箍筋位置在槽钢上切槽,以确保钢筋骨架绑扎位置准确。为保证梁板保护层厚度,在梁体钢筋上设置梅花状布置特制砂浆垫块,每平方米不少于 4 个;钢筋骨架往台座上吊装时,主筋下设置同等强度等级的砂浆垫块。

2) 波纹管安装

钢筋绑扎完成后进行预应力波纹管绑扎,采用塑料波纹管时,对接接头采用直径大一级的波纹管(图 4-16),长度不小于 20cm,两端插入距离相等,对接后要用胶带缠绕密封。根据设计图纸中的预应力波纹管孔道的曲线要素,确保定位钢筋的坐标位置准确,间距按直线段不大于 100cm,曲线段不大于 50cm 设置,采用井字架形式焊接固定在骨架上,控制孔道位置偏差在允许范围内。为防止浇筑混凝土时孔道堵塞和变形,需在波纹管内安装内衬芯管,孔道与锚垫板喇叭口的连接接头也需紧密对接且密封良好,防止水泥浆渗入。

图 4-16　波纹管连接及安装

3) 交叉点安装

当钢筋与管道发生相碰时,适当移动钢筋位置或调整钢筋线形(钢筋加工过桥),让出管道通路,如图 4-17 所示。

图 4-17　波纹管安装钢筋加工过桥

4.5.2.2　梁板预制

1) 推行"双件制"认证

为加强梁板预制质量管理,考核和验证重要工艺施工是否满足施工图设计、技术规范、验评标准及质量目标的要求,保证工程建设的质量达到优良标准,预制梁采用"试件+首件"双件工程认证制度,对双件产品施工过程中的每一个环节,从施工工艺、施工管理、质量控制等方面严格要求,进一步明确双件认证的组织形式、流程,充分发挥双件工程示范效应,规范施工工艺,统一操作流程,将双件标准引领转化成为持续的标准习惯,确保每片梁板质量合格。如图4-18所示。

a) 试件　　　　　　　　　　b) 首件

图 4-18　梁板"试件+首件"

2) 推广自行式液压整体模板工艺

梁板预制使用自行式液压整体模板,如图4-19所示。采用液压可移动式整体模板,拼装、调整方便快捷、就位准确、接缝密贴。不仅提高了模板安装效率,而且降低了工人劳动作业强度和吊装操作风险。与传统吊装式侧模相比,仅需一次安装,在整个体系安装、调试完成后进入施工状态,整个体系模板的横梁向安装、拆卸,纵梁向移动都借助侧模系统下的自行式液压小车系统来完成,整个施工过程的模板体系不需要再借助吊装设备,大大降低安全风险。模板进场后,对其进行修整、打磨、抛光并涂刷脱模剂,可有效解决混凝土黏模现象,使预制梁板的外观质量得到大幅度提升,如图 4-20 所示。

图 4-19　自行式 T 梁液压整体模板

图 4-20　预制 T 梁外观质量

3)梳形板内侧使用止浆带(图 4-21)

因翼缘板处模板是梳型板,在混凝土浇筑过程中,水泥浆会沿着梳型板空隙流出,造成翼缘板出现蜂窝、孔洞现象,影响混凝土质量。在梳形板内侧使用止浆带,可以有效减少水泥浆的流失,确保翼缘板混凝土密实。

图 4-21　梳形板内侧使用止浆带

4)采用负弯矩齿板圆弧倒角工艺

为确保负弯矩张拉齿板在拆模时不受损坏,在加工模板时将直棱角改为倒角弧形状,倒角形式易于模板拆除,避免拆模时啃边、掉角,可进一步提高梁板的外观质量,如图4-22所示。

图 4-22 负弯矩齿板圆弧倒角

5)加强振捣工艺优化提升

混凝土的浇筑应采用纵向分段、水平分层的方法连续施工。混凝土浇筑方向是从梁的一端循序渐进至另一端,在将近另一端4~5m时,改从另一端向相反方向投料施工直至合龙,振捣采用附着式振捣器加振捣棒。

采用五层布料工艺可有效消除马蹄、腹板部位的气泡。第一层布料至马蹄斜面下口部位,第二层布料至马蹄上口斜面的10~20cm,第三层布料至腹板的1/2处,第四层布料至腹板顶面以下10cm左右,最后进行顶板的布料,马蹄部位及腹板1/2处采用高频振捣器振捣。针对马蹄上口斜面气泡不易消除,应将高频振动时间控制在18~20s为宜;对于没有波纹管的腹板部位,应遵循快插慢拔的原则,振动棒插入到拔出时间控制在20s,插入下层5~10cm,振捣至不冒气泡、不显著下沉、表面呈现浮浆为止。改进工艺效果如图4-23所示。

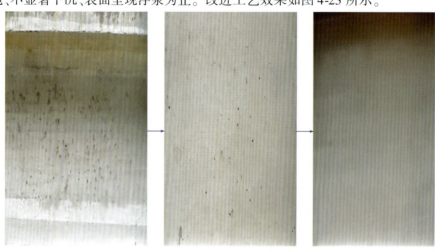

图 4-23 改进工艺效果

4.5.2.3 梁板运输及安装

1)架桥机安装

(1)架桥机就位后必须保持中支腿、后支腿水平,主梁水平,禁止主梁下坡。

(2)合理选择主梁长度,保证后支腿的位置必须位于已安装孔位的梁端,禁止后支腿支于 1/4 或 1/2 跨径位置。

(3)喂梁过程中,保证前台车与运梁车同步,禁止台车拉梁或运梁车推梁。

(4)已安装孔必须进行梁间临时连接,轨道下必须设置枕木,调整两轨道水平。

(5)充分考虑外边梁的安装工艺和安装安全。

2)梁板运输

(1)使用梁板专用运输设备,使用前必须严格进行检查。

(2)梁板吊装至运输车上后,必须使用导链与运输车连接,并采取防倾覆及梁体翼板和梁底边角的保护措施,如图 4-24 所示。

图 4-24 梁板运输

(3)运输前必须对施工便道进行全面检查和必要的处理,必要时采用与梁板等长的构件替代试运输,特别是弯道处、上下坡地段。

(4)运输过程中,要设专人在前后使用对讲机联络,保持匀速前行。人员不得跟随在梁板两侧。当天安装停止后,梁板不得提前装车过夜。

3)支座安装

(1)支座安装前,由测量人员测出支座中心位置,分别在支座及垫石上划出纵横轴线,在墩台上放出支座控制高程。若垫石高程不满足要求,则采用人工用铁錾对垫石顶面进行凿毛,清理干净后用干硬性水泥砂浆将支承面缺陷修补找平,并使其顶面高程符合设计要求。

(2)环氧砂浆的配制严格按配合比进行,强度不低于 40MPa。

(3)支座安装在找平层砂浆硬化后进行;黏结时,宜先黏结桥台和墩柱盖梁两端的支座,经复核平整度和高程无误后,挂基准小线进行其他支座的安装。严格控制支座平整度,每块支座都必须用水平尺测其对角线,误差超标应及时予以调整。

(4)支座与支承面接触应不空鼓。

(5)滑板式支座的不锈钢板表面不得有损伤、拉毛等缺陷,不锈钢板与上垫板采用榫槽结合时,上垫板开槽方向应与滑动方向垂直。

(6)滑板式支座安装时,支座与不锈钢板安装位置应视气温而定,不锈钢板滑板应留有足够的长度,防止伸缩时支座滑出滑道。

4)梁板安装

(1)梁板安装前,必须进行梁板安装放线、清除盖梁顶面杂物、安装支座、完成梁板凿毛及板体清理工作。

(2)专人指挥梁板同向移动靠近安装位置,两端同时下降到距离盖梁50cm左右高度,两端分别调整至安装线后,控制两端高差,保证两端同时就位。

(3)在梁体上标明支座中心线,在梁端弹出垂线。

(4)每次安梁前必须全面检查吊装、运输设备的安全性。

(5)吊装钢丝绳与梁板边角接触位置要用角钢保护,钢丝绳要使用吊环扣接或防脱钩销接,不得直接栓接。

(6)临时支座采用钢砂筒,禁止使用砌砖、方木等作为临时支座。临时支座应满足同时拆除的需要。

(7)梁板安装时,墩、台、盖梁、垫石的强度应符合设计要求。支撑结构和预埋件(包括预留锚栓孔、锚栓、支座钢板等)的尺寸、高程及平面位置符合设计要求。混凝土和压浆强度不得低于设计所要求的吊装强度。

(8)安装时,控制好梁板间距,保证梁边与防震挡块的有效距离,防震挡块内侧要用2cm厚的橡胶板粘贴;控制好梁板底面、顶面保持水平状态,防止梁板倾斜;控制好梁端之间湿接头的距离及预留伸缩缝宽度;保证梁板纵、横向线形顺畅,无错台。

(9)边跨孔的安装应控制伸缩缝间距,按要求调整预留伸缩缝缝隙宽度。严禁伸缩缝预留宽度过小和过大。梁板板端和台背背墙间不得夹有混凝土块、石块、木头等杂物,影响自由伸缩。

(10)梁板安装就位完毕并经过检查校正符合要求,及时横向焊接以固定构件,否则,必须做好临时支撑,防止梁体倾覆。在未进行横向连接的梁体上运梁,必须对梁体进行荷载验算,保证运梁过程中不损坏梁体。

(11)梁板预制或安装后,在预定期限内不能完成体系转换,必须采用堆载预压方式进行预压。

(12)不得随意挠动护栏、伸缩缝等预埋钢筋。

(13)安装完成一孔后,检查桥面宽度、中线偏位、顶面高程是否满足要求,不满足应及时调整。

4.5.2.4 湿接缝、湿接头

(1)选择合理的凿毛工具对预制T梁翼缘板端及梁端范围应凿毛,必须全部露石,保证新

老混凝土面有效结合。

（2）钢筋焊接过程中如发现错位或长度不足等情况，应采取有效措施进行调整，严禁随意将钢筋切除或过分弯曲。

（3）对破损或长度不足的波纹管应提前采取措施进行加固及保护，确保波纹管的密封性，避免浆液渗漏。

（4）对用于浇筑湿接缝及湿接头的模板应进行多次验收，对于存在长度不足、表面存在明显缺陷或漏浆的情况，应及时进行处理及更换。

（5）湿接头浇筑混凝土时应分层浇筑并振捣到位；湿接缝浇筑混凝土杜绝长距离整体浇筑后再进行振捣。

4.5.3 关键质量通病与防治

4.5.3.1 预制梁钢筋、波纹管制作与安装

1）原材料、半成品的锈蚀（图4-25）

（1）形成原因：

①管理不善，不重视材料保管及存放，钢筋及加工场面积不足、场地未硬化，排水设施不完善，材料存储未进行上盖下垫。

②钢筋骨架绑扎完成后和钢绞线安装后未及时进行混凝土浇筑或张拉、压浆，且未进行合理覆盖保护，导致间隔时间过长，造成锈蚀。

图4-25 钢筋、钢绞线原材锈蚀

（2）防治措施：

①项目应加强管理，重视材料保管及存放，合理布置钢筋加工场地，存放宜进行覆盖保护，并做好架空堆放，做好防锈、防腐及排水工作；钢筋应集中加工；钢筋存放区、加工区、成品区应相互分开，并设置明显标识。

②优化施工组织设计，缩短钢筋骨架制作与混凝土浇筑的间隔时间，缩短钢绞线穿束张拉、压浆时间。

2)钢筋焊接、搭接、绑扎、机械连接不规范

钢筋焊接、绑扎搭接长度不足,钢筋对焊不饱满,气孔较多,焊渣未清除,焊接后两端钢筋不在同一轴线;机械接头丝头加工不规范,过长或过短,不平整,导致连接不到位或露丝超标,如图4-26所示。

图4-26 钢筋焊接不饱满,烧伤主筋,机械连接不规范

(1)形成原因:

①电焊工无证上岗,且未对工人进行培训、考核和技术交底,工人对焊接及机械连接工艺不熟练。

②不熟悉图纸,造成钢筋下料时未充分考虑到搭接长度。

③钢筋焊接时对焊接点弯曲角度不够,工地现场焊接时电流控制不稳定,造成焊接不牢固或者烧伤主筋。

④钢筋机械连接对螺纹加工的要求不熟悉,对螺纹部分的保护不当。

(2)防治措施:

①加强对电焊工的培训、考核及技术交底工作,电焊工应持证上岗。

②钢筋工应按照图纸施工,并充分考虑接头位置及搭接长度。

③钢筋应在焊接前弯曲并调整中心线至同一轴线上,对焊过程中应确保钢筋对齐,焊接时电流稳定。

④机械连接钢筋丝头有效螺纹中径、牙型角、螺纹长度必须保证与连接套筒相匹配,严控连接扭力及有效螺纹外漏丝数(最多不超2丝)等。

3)波纹管安装不规范

管道坐标不符合图纸设计要求,出现严重变形及开裂,造成浆液进入并堵塞管道,如图4-27所示。

(1)形成原因:

①管道坐标与设计不符,影响张拉应力的分布,易导致构件产生裂缝。

②塑料波纹管开裂,造成水泥浆渗漏产生管道堵塞。

③管道接头处连接不规范,未使用大一级直径的同类波纹管连接,且连接时两端长度不等。

图 4-27　波纹管管道线性不顺

（2）防治措施：

①根据设计图纸中的预应力波纹管孔道的曲线要素，管道定位筋要仔细复核，间距按直线段不大于 100cm，曲线段不大于 50cm 设置，且确保焊接牢固。焊接时不得损伤波纹管。安装应平顺，端部中心线与锚垫板垂直。

②为防止波纹管在浇筑过程中损坏漏浆而导致管道堵塞，混凝土浇筑前应在波纹管内穿内衬管。内衬管可采用 PE 管或橡胶棒等，内衬管直径宜小于管道直径 1cm，混凝土浇筑过程中和初凝前，安排工人不定时抽动内衬管，防止漏浆堵塞波纹管，待混凝土初凝后拔出内衬管。

③管道接头处的连接管应采用大一级直径的同类管道，接头两端的插入长度应相等。连接时不应使接头处产生角度变化及在混凝土浇筑期间发生管道的转动或移位，并应缠裹紧密，防止水泥浆的渗入。

4.5.3.2　梁板预制

混凝土工程施工过程中，易发生质量通病，影响结构的安全和外观质量，如何最大限度地消除质量通病，保证工程结构安全，是亟需解决的问题。混凝土质量通病主要有露筋、麻面、蜂窝、孔洞、气泡、缺棱掉角、层印、错台、切角、尺寸偏差、裂缝等问题。

1）露筋

主要是指钢筋保护层过薄露筋，混凝土拌合物质量差产生的空洞露筋，拆模磕碰产生的掉块露筋等，如图 4-28 所示。

图 4-28　掉块露筋

(1)形成原因：

①混凝土振捣时，振捣棒撞击钢筋，使钢筋移位；钢筋绑扎不规范，垫块数量太少甚至漏放，钢筋紧贴模板。

②因施工配合比控制不当造成的混凝土离析、钢筋密集区浇筑不到位等，造成集料堆积，局部缺浆，形成空洞。

③模板严重漏浆、拆模时混凝土缺棱掉角造成露筋。

(2)防治措施：

①混凝土振捣时不得触碰钢筋，钢筋保护层垫块按规定要求设置。

②混凝土拌和时加强施工配合比控制，确保混凝土和易性满足要求；钢筋密集区采用合理的下料、振捣工艺。

③加强模板拼装验收程序，严格控制拆模时间，避免缺棱掉角。

2)蜂窝、麻面、孔洞

蜂窝是混凝土表面无水泥砂浆，局部酥松，砂浆少，石子多，石子之间出现空隙，露出石子的深度大于5mm，但小于保护层厚度的蜂窝状缺陷。它主要是由于混凝土配合比不准确(浆少石多)，或搅拌不匀、浇筑方法不当、振捣不合理，造成砂浆与石子分离及模板严重漏浆等原因而产生。如图4-29 a)所示。

麻面是结构构件表面呈现的小凹点，而尚无钢筋暴露的现象。它是由于模板内表面粗糙、未清理干净、润湿不足；模板拼缝不严密而漏浆；混凝土振捣不密实，气泡未排出所致。如图4-29 b)所示。

孔洞是指混凝土结构存在着较大的孔隙，局部混凝土缺失。如图4-29 c)所示。

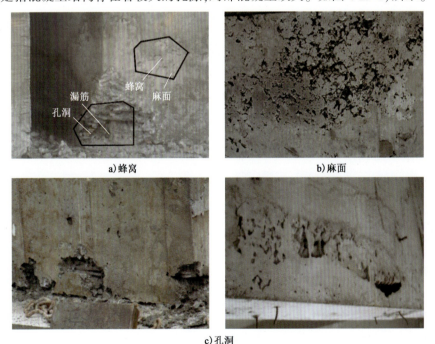

图4-29 蜂窝、麻面、孔洞示意

(1)形成原因:

①混凝土粗集料粒径过大,钢筋密集,容易形成蜂窝空洞。

②由于混凝土和易性和浇筑振捣等导致离析,使粗集料集中部位易出现蜂窝,或粗集料堆积在波纹管顶部等位置,在底部容易形成空洞。

③混凝土流动性差,中横梁、波纹管、锚下等部位难以振捣或局部漏振,易形成蜂窝、孔洞。

④出现严重漏浆形成蜂窝、孔洞。

⑤模板隔离剂涂刷不匀,或局部漏刷或失效,混凝土表面与模板黏结造成麻面。

(2)防治措施:

①选用级配合理的集料。

②严格控制混凝土施工配合比,确保混凝土和易性满足现场施工要求。特殊部位应采取合理的振捣工艺,确保混凝土振捣密实。

③模板缝应堵塞严密,浇筑中应随时检查模板加固情况,防止模板变形产生漏浆。

④模板表面清理干净,不得粘有干硬水泥等杂物;浇灌混凝土前,模板应浇水充分湿润;模板缝隙应用油毡纸、泥子等堵严;模板隔离剂应选用长效的,涂刷均匀,不得漏刷。

3)气泡、水泡

(1)形成原因:

①振捣不均匀或振捣时间不足,混凝土拌合物中的气泡不能溢出。

②混凝土级配不合理,其中粗集料多、细集料少、砂率小,导致细集料不能将粗集料孔隙填满,形成气泡。

③外加剂不合格,混凝土和易性降低。

④脱模剂使用不合理、胶凝材料过多造成混凝土黏度大,气泡不易排出。

(2)防治措施:

①选择适宜的振捣设备,并确定合适的振捣时间、振捣半径和频率,确保混凝土中气泡充分排出。

②选择合理的级配范围,使粗集料细集料比率适宜,严格控制施工配合比。

③选择适配性强的外加剂,确保混凝土和易性满足施工要求。

④选择合理的脱模剂,进一步优化混凝土施工配合比设计。

4)缺棱掉角

(1)形成原因:

①模板未充分浇水湿润或湿润不够,混凝土浇筑后养护不好,造成脱水,强度低,模板吸水膨胀将边角拉裂,拆模时,棱角被粘掉。

②低温施工过早拆除侧面非承重模板。

③拆模时,边角受外力或重物撞击,或保护不好,棱角被碰掉。

④模板未涂刷隔离剂,或涂刷不均。

(2)防治措施:

①木模板在浇筑混凝土前应充分湿润,混凝土浇筑后应认真浇水养护。

②拆除侧面非承重模板时,拆模时注意保护棱角,避免用力过猛过急;吊运模板,防止撞击

棱角，运输时，将成品阳角用草袋等保护好，以免碰损。

③出现缺棱掉角，可将该处松散颗粒凿除，冲洗充分湿润后，视破损程度用1:2或1:2.5水泥砂浆抹补齐整，或支模用比原来高一级混凝土捣实补好，认真养护。

5) 层印

（1）形成原因：

①混凝土浇筑顺序控制得不好，浇筑下层混凝土时，上层混凝土等待时间过长，混凝土出现明显的接茬痕迹。

②在混凝土拌制、运输、浇筑三个环节中机械故障，停歇后继续浇筑，而未按照施工缝的要求进行检查处理。

③分层浇筑时混凝土振捣过度，造成石子下沉，水泥砂浆上浮，浆多的地方颜色发青，石子多的地方颜色发白，形成对比。

④模板上脱模剂涂刷过多往下流，拆模后在构件表面呈现若断若续的假"分层"。

（2）防治措施：

①预制梁浇筑顺序一般从模板一端开始水平分层浇筑，当梁较高超过2.5m时，采用马蹄、腹板、翼板同时浇筑。从模板一头开始，先浇筑一段马蹄，返回再浇筑腹板段、翼板，再向前浇马蹄，再回头浇筑腹板、翼板，如此反复保持浇筑斜面不断推进。

②混凝土停歇后继续浇筑，虽未超出施工缝停歇时间，亦应参照施工缝的要求进行检查，情况严重时严格按照施工规范的规定处理好施工缝。

③精心组织振捣，注意混凝土振实的5点表现，振捣棒插入下层混凝土5~10cm，避免混凝土发生离析。

④涂脱模剂时以模板现油光为准，采用质量品质较好的机油涂刷均匀。

6) 错台、跑模

（1）形成原因：

①模板拼缝经反复拆装企口变形严重或支模时模板垂直度控制不好，相邻两块模板本身嵌缝。

②相邻两块模板对拉螺杆松紧程度不一，模板受振后胀开程度不一。

③混凝土侧压力比较大，拉杆滑丝、螺母丝扣有损伤，振捣过程中出现螺母脱丝。

（2）防治措施：

①定期修整模板，确保模板底边和拼缝处平整度满足规范要求，可每预制50片T梁即检修加强模板一次。

②设专人紧固模板，手劲一致保持对拉螺杆松紧一致。

③装模时叮嘱操作工人检查拉杆的工作情况，杜绝使用坏丝的拉杆螺母和已变形拉杆。混凝土侧压力比较大时，拉杆上双螺母。振捣强烈时螺母底下加垫减振弹簧垫片，防止拉杆崩丝，出现跑模。亦可用精轧螺纹钢当对拉杆使用。

7) 切角

切角是指梁板张拉起拱后，梁端头底部混凝土发生斜截面破坏后掉角。

(1)形成原因：

梁板张拉起拱后,支撑方式发生变化,由张拉前的面支撑改为线支撑,易发生斜截面剪切破坏。

(2)防治措施：

支梁板侧模板时,提前在梁头钢筋笼底下垫一块10cm宽、1cm厚的薄木板,将梁板支撑线前移10cm。

8)外形尺寸偏差

(1)形成原因：

①模板自身变形,拼装不平整。

②模板体系的刚度、强度及稳定性不足,造成模板整体变形和位移。

③混凝土下料方式不当,冲击力过大,造成跑模或模板变形。

④振捣时振捣棒接触模板过度振捣。

⑤拼模完后因检查核对不细致造成的外形尺寸误差。

(2)防治措施：

①模板使用前要检查并修整,拼装严密平整。

②模板加固体系要经计算,保证刚度和强度；支撑体系也应经过计算设置,保证足够的整体稳定性。

③下料高度不大于2m。随时观察模板情况,发现变形和位移要停止下料进行修整加固。

④振捣时振捣棒避免接触模板。

⑤浇筑混凝土前,对模板几何尺寸进行反复认真的检查核对。

⑥每套模板使用50次即进行板面矫正与背肋骨架等加固。

9)裂缝

(1)受力裂缝。

一般出现在承受荷载作用下或梁体终张拉后,部分梁场由于存梁台座承载力设计达不到存梁要求,梁体受自重影响造成不均匀沉降而产生裂缝亦为受力裂缝,受力裂缝在混凝土徐变及承受荷载作用下会不断扩展,其危害性比较强。

①竖向裂缝。

下翼缘与梁底交界处：由腹板中部延伸至下缘,在同一截面底板也常常伴随横向裂缝,如图4-30、图4-31所示。

a.形成原因：

(a)梁体在浇筑完成后,早期养护不及时,混凝土强度未到设计值进行初张或初张后混凝土强度上升慢,移出台座后受自身重力影响开裂。

(b)初张拉力达不到张拉控制应力,使梁体张拉力不足以抵消自重,导致腹板跨中附近产生竖向裂缝。

(c)梁体在温度未达到"2个15℃"前进行拆模。因底板端部较厚,混凝土凝结期间产生水化热,内部温度较高,下翼缘外侧、腹板跨中接触空气的部分偏低,从而产生温度裂缝,在腹板变截面处处理不当,进一步导致裂缝扩展。

图 4-30　主梁腹板跨中部位竖向裂缝　　　　图 4-31　主梁腹板变截面部位竖向裂缝

b. 防治措施：

（a）梁体浇筑完成后及时进行养护，确保早期强度上升，若梁场需加快制梁台座周转或遇冬季施工可考虑蒸汽养护，蒸汽养护需按相关规定执行。

（b）初张拉力可适当加大，建议控制在终张拉控制应力的15%，张拉持荷完成后，及时检查回油锚固力，确保回油锚固力至计算值（回油锚固力为该孔道最终张拉力值）。

（c）梁体拆模时确保环境与表层以及表层与芯部温差不超过15℃。

②梁端侧面竖向裂缝（支座板处）。

该种裂缝多出现于初张拉之后，支座板处梁体两侧沿梁底至梁面方向产生竖向裂缝。该种裂缝短期不会影响梁体质量，若长期不处理，会造成内部结构钢筋锈蚀、混凝土碳化、保护层剥落，严重影响梁体耐久性，如图4-32所示。

图 4-32　梁端混凝土开裂、崩边

a. 形成原因：

（a）初张拉时，梁体受力会产生压缩起拱变形，梁底回缩时，支座板与底模钢板、梁底混凝土与底模钢板间摩擦力不一致，从而造成支座板处沿梁底竖向开裂。

（b）初张拉后，梁体产生一定弹性上拱，而制梁台座呈二次抛物线布置，此时梁体受力处于梁端处，若不及时将梁体移出存放，梁端会由梁体自重而产生开裂。

b. 防治措施：

(a)制梁台座的梁端部位设计成可活动式台座，梁板张拉前将梁端活动台座拆除或降低高度，也可采用在梁端底模板位置垫泡沫板或竹胶板，使梁端可以自由相对位移，在张拉过程中缓解梁端集中受力，避免梁端底部局部应力过于集中。

(b)梁板张拉后应及时将梁体移出存放。

③沿预应力管道纵向裂缝。

该种裂缝多出现于梁端第一、二节间的下缘侧面及梁底，有些亦出现在腹板与下翼缘交界处，此种裂缝一般处于预应力管道部位，走向与预应力管道也一致，特别是梁底出现此种裂缝的长度及宽度会影响静载试验效果，如图4-33所示。

图4-33　纵向裂缝

a. 形成原因：

(a)梁体下翼缘较宽腹板较薄、钢筋布置很密，导致梁体下翼缘及梁底混凝土较难振捣密实，该种部位混凝土抗裂性能差。

(b)张拉力过大，梁体受高压在下翼缘或梁体混凝土较易产生纵向裂纹。

(c)钢筋保护层垫块布置偏少，梁体浇筑过程中，钢筋受混凝土横向挤压向外侧偏移导致保护层过薄，梁体张拉时受到过高的纵向压力而沿预应力管道或主筋方向产生裂缝。

(d)混凝土配合比中，过多的水泥用量导致梁体水化热较高，该种热量过多的囤积在预应力孔道内得不到释放，导致梁底或腹板与下翼缘交界处沿预应力孔道方向开裂。

(e)混凝土坍落度过大，离析，粗集料少，强度不高。

b. 防治措施：

(a)合理掌握混凝土浇筑工艺以及分配好附着式振动器部位及振动时间，保证梁体下翼缘及梁体梁端混凝土浇筑密实。

(b)控制住张拉前后的两个"三控"，精确控制张拉回油锚固力。

(c)定位网片位置固定牢固，尺寸控制精确，确保孔道不偏向于梁体两侧。钢筋保护层垫块需呈梅花状布置，且每平方米不得少于4个，若施工中发现个别部位保护层偏薄，可加设垫块。

(d)梁体浇筑采用合理的施工配合比，适当降低水灰比，浇筑完成后可适当提前拆除端模以帮助混凝土散热。

④下翼缘至腹板斜向裂缝。

该种裂缝多出现于距梁端 4~8m，自下翼缘开裂延伸至腹板，呈斜向布置，如图 4-34 所示。

图 4-34　剪切斜裂缝

a. 形成原因：

由于制梁、存梁台座地基处理不良，或台座强度及承载力不符合要求，存梁后出现不均匀沉降，使结构中产生附加应力，超出混凝土结构的抗拉能力，导致梁体出现不同程度的变形，导致梁体开裂，该种裂缝对梁体危害较大，严重的可能引起梁体断裂。

b. 防治措施：

梁体存放场地选用应避开膨胀性土区域，其地基承载力应通过检算并经测试合格后方可施工。梁体存放后，应坚持进行沉降观测，直至稳定后方可停止观测，若发现出现不均匀沉降现象，应针对沉降量于梁底加设垫块继续测量或对台座打斜桩进行加固处理等。

⑤梁端腹板变截面处纵向裂缝（图 4-35）。

图 4-35　梁端腹板变截面处纵向裂缝

该种裂缝在 T 梁中较为常见，多出现于终张拉之后，特别是曲线梁较为突出，随着时间推移，混凝土徐变及受张拉影响梁体回缩，该裂缝会出现扩展现象。

a. 形成原因：

（a）变截面处受端模影响，钢筋设计布置不当，造成此处浇筑成型后混凝土基本处于"无筋"状态,较易开裂。

(b)该部位上下截面受临近孔道(N2 及 N3)张拉影响,受力面积悬殊较大,造成混凝土回缩量不一致,从而产生裂缝。

b. 防治措施:

(a)准确控制张拉力。张拉时必须严格掌握操作规程,对张拉油泵、油压表、千斤顶及时检查标定,张拉过程中送油速度宜慢不宜快,单个孔道张拉完成后及时以伸长值作校核,保证持荷时间,确保回油锚固力与计算值相符。

(b)钢筋绑扎完成后,在变截面处加设一层钢筋网片并绑扎牢固,以增强该部位混凝土抗裂性。

(2)非受力裂缝。

在梁体中较为常见,其产生原因繁杂,一般由温差、混凝土收缩、钢筋锈蚀及冻胀等方面引起。

①顶板裂缝。

该种裂缝在顶板分布较广,多为表面裂缝,呈纵横交错,有些裂缝甚至贯穿整个顶板。

a. 形成原因:

(a)混凝土塑性收缩。混凝土浇筑后 4~5h 左右,此时水泥水化反应激烈,出现泌水以及水分急剧蒸发,混凝土失水收缩,同时集料因自重下沉,因此时混凝土尚未硬化,称为塑性收缩。在集料下沉过程中若受到钢筋阻挡,便形成沿钢筋方向的裂缝。

(b)混凝土干缩。混凝土结硬以后,随着表层水分逐步蒸发,湿度逐步降低,混凝土体积减小,称为干缩。因混凝土表层水分损失快,内部损失慢,因此产生表面收缩大、内部收缩小的不均匀收缩,便产生收缩裂缝。

(c)顶板二次收面不及时或收面时洒水。由于顶板外露面积大,混凝土塑性收缩比较大,而二次收面主要是起在混凝土初凝前提浆弥补表面缺陷以及早期裂缝填平等作用,故此道工艺流程显得尤为重要。因混凝土自身吸水已趋于饱和状态,若收面时人为洒水,致使多余的水呈游离状态,较易产生干缩裂缝。

b. 防治措施:

(a)为减小混凝土塑性收缩,施工时应控制水灰比,避免过长时间的搅拌,混凝土振捣要密实。

(b)梁体浇筑完成后应对桥面及时进行覆盖,防止表层水分过快损失,遇夏季施工时,覆盖后可进行洒水处理。

(c)混凝土初凝前对顶板及时进行二次收面。

②T 梁封端混凝土表面裂缝。

封端部位混凝土产生裂缝多为混凝土干缩裂缝,一般表现为表面龟裂。

a. 形成原因:

封端部位混凝土本身具备微膨胀性,亦可补偿混凝土收缩变形,但该部位混凝土用量少,较难振捣密实,完成后不易养护,且大面积于空中暴露,水分散失快,比较容易出现干缩裂缝。

b.防治措施：

封端混凝土用干硬性混凝土施工，坍落度控制在40mm左右，封端完毕后及时喷涂养护剂或采用塑料纸薄膜进行覆盖保湿。

③冻胀引起的裂缝。

冻胀引起的裂缝多出现于压浆冬季施工中，该裂缝多出现于腹板及下翼缘，走向与预应力管道一致。在箱梁中会出现内部水未及时排出，引起冬季冻胀开裂。如图4-36所示。

图4-36　冻胀裂缝

a.形成原因：

（a）场内预制桥梁中，混凝土冬季施工较为完善，但后期压浆工艺流程保温措施往往比较困难，在浆体初凝前，若浆体受冻，其体积会发生膨胀挤压管道，混凝土受到巨大压力而产生开裂。

（b）预应力波纹管压浆不饱满、不密实，管道内存在积水，造成冬季冻胀裂缝。

（c）箱梁内部养护用水及雨水渗入，箱梁通气孔堵塞，不能及时排出，导致箱梁冬季冻胀，引起开裂。

b.防治措施：

（a）冬季施工时尽量不安排压浆工艺流程，若必要时需采取篷布覆盖煤炉取暖或其他方式进行保温，确保在压浆后三天梁体温度不得低于5℃。

（b）重视波纹管压浆工艺的改进和控制，采用大循环压浆，压浆要求饱满、密实，无泌水和积水，必要时对注浆密实度进行检测，发现不密实及时补压。

（c）吊梁时要检查箱梁内部，排出养护水；负弯矩槽口必须封堵严密，防止雨水渗入箱体。

④表面龟裂。

表面龟裂是梁体常见且较难避免的一种裂缝，裂缝较细，无规律可循，分布于梁体各部位，多出现于顶面、梁端及修补后混凝土表面。

a.形成原因：

（a）混凝土早期养护不好，未及时覆盖，梁体外露面积较大部位受风吹日晒，混凝土干缩出现裂缝。

(b)混凝土中水灰比过大,则混凝土收缩性大。

(c)砂石料级配不好,空隙大,混凝土易收缩产生裂缝。

(d)混凝土表面受昼夜温差较大影响或混凝土养护水温与梁体表面温差较大产生温度裂缝。

b.防治措施:

(a)梁体混凝土浇筑完后,顶面要做好二次收面并及时进行覆盖,跟上养护。

(b)梁体浇筑采用合理施工配合比,适当降低水灰比。

(c)合理选用中粗砂及级配碎石,混凝土振捣务必保证其密实性,严禁为方便施工人员操作而降低混凝土质量。

(d)混凝土初凝期间加强表面覆盖,合理掌握好梁体养护时机。

4.5.3.3 梁板运输及安装

1)支承面平整度偏差过大

(1)原因分析:

①支承面模板变形。

②支承面混凝土表面没有抹平。

③支承面预埋铁件制作变形未予矫正。

④混凝土级配不当,产生过多的收缩。

(2)防治措施:

①加强模板的刚度,牢固地固定预埋件,减少模板与预埋铁件的变形。

②做好混凝土的抹面整平工作。

③加强预埋铁件入模前的平整度检查,防止预埋件安装过程变形。

④加强混凝土配合比的设计和优化。

2)高程偏差过大

(1)原因分析:

①预制梁尺寸有误。

②支承面高程有误。

③预制梁预拱度过大。

④预应力混凝土构件施加预应力后,由于混凝土的弹性模量过小,产生过多的上拱度。

(2)防治措施:

①加强模板尺寸的复核。

②健全测量复核制度,加强复核力度。

③合理设计模板支架,正确计算弹性与非弹性变形,从而确定预拱度。

④合理安排生产周期,注意早期强度与弹性模量的关系,适当利用龄期增长混凝土的强度,使之同时增加混凝土的弹性模量,减少梁的上拱。

⑤改善混凝土配比设计,适当减少砂率与水泥用量,从而减少混凝土的徐变。

3) 支承中心里程偏差过大

(1) 原因分析:
①桥梁跨径测量有误。
②预制梁长度有误。

(2) 防治措施:
①认真做好测量仪器的检定,消除仪器的自身误差。
②严格按照设计图纸交底,确保相关数据的准确。

4) 支座与支承面不密贴

(1) 原因分析:
①支承面铁件加工翘曲。
②支承面不平整。
③预埋铁件在浇筑混凝土时空气无法排除。

(2) 防治措施:
①改进预埋铁件的加工工艺,提高制作的精度。
②加强支承面混凝土的抹平工作。
③改善混凝土配比,减少收缩和泌水率。
④在较大面积铁件上,适当设置溢出孔。

5) 支座中线与主梁中线不重合

(1) 原因分析:
①中线测量有误。
②支座安装位置不正确。
③支座固定不当,尤其是板式支座,在构件安装时,受到移动产生偏位。

(2) 防治措施:
①加强测量复核工作。
②认真审图,明确支座各部件作用,正确安装。
③当发现支座位置不准确时,应将构件提起,重新安装。

6) 橡胶支座安装偏差

(1) 原因分析:
①制作误差,验收不认真。
②安装不规范。

(2) 防治措施:
①认真做好摩擦面的清洁工作,并按要求涂润滑油脂。
②固定螺栓露出长度按要求留存。
③按规定方位安装滑动导向装置。

7)T 梁发生侧倾

(1)原因分析：
①T 梁在安装就位后两侧支撑布置不对称或支撑不牢靠，特别是边梁外侧无端横隔梁更易侧倾。
②T 梁运输车辆的转向架转向失灵或转弯时过快。
③T 梁支座布置偏位太大，T 梁间没有连接，受外力作用易发生侧倾。
(2)防治措施：
①T 梁在安装就位后，必须立即设置支撑，先安好的 T 梁，采取临时或永久的措施与后安装的梁横向连接，待整孔 T 梁安装完毕后立即连成整体。
②T 梁在运输前应检查车辆的转向架，运输过程中速度不宜过快，转弯时放慢速度。
③支座安装位置准确，施工过程中注意避免对已安装到位的 T 梁施加水平力。

4.6 预应力张拉

4.6.1 施工工序

4.6.1.1 预应力筋加工及安装

预应力筋加工及安装施工工序如图 4-37 所示。

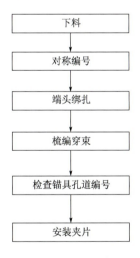

图 4-37 预应力筋加工及安装施工工序

4.6.1.2 预应力张拉

预应力张拉施工工序如图 4-38 所示。

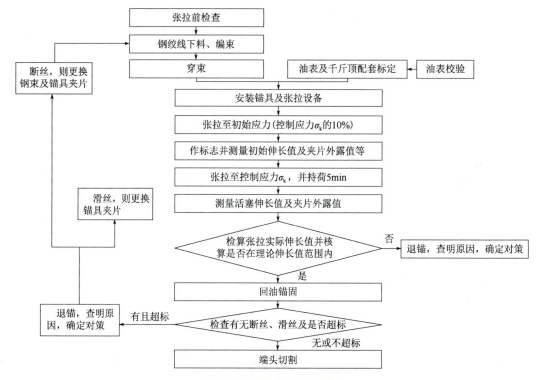

图 4-38 预应力张拉施工工序

注：预应力束长度在 30m 以下时，初应力宜取张拉控制应力的 10% ~ 15%；预应力束长度在 30 ~ 60m 时，初应力宜取张拉控制应力的 15% ~ 20%；

预应力束长度在 60 ~ 100m 时，初应力宜取张拉控制应力的 25%；

预应力束超过 100m 时，经过试验确定。

4.6.2 施工质量要点

4.6.2.1 预应力筋加工与安装

1) 下料（图 4-39）

（1）各类预应力筋应按施工需求随用随下料，不允许一次下料，避免被污染和锈蚀。下料长度应通过计算确定，计算时应考虑结构的孔道长度、锚夹具厚度、千斤顶工作长度、端头预留量和张拉工作长度等因素。预应力筋的下料，应采用切断机或砂轮锯切断，严禁采用电弧切割。

（2）预应力筋的制作应在专门的加工车间或工作台上进行，下料专用平台宜高于地面 20cm 以上，宽度不宜小于 80cm，表面应平整、光洁，避免刮伤和污染。预应力筋在室外下料时，不得直接置于地面。

（3）钢绞线放束时应在专用放盘架中进行，下料从内圈端头开始外拉，注意防止钢绞线头弹出伤人。

图 4-39　预应力筋下料

2）编号

每根钢绞线的两端应编上相同的号码,用透明胶带将号码纸在钢绞线的两端黏牢,钢绞线的编号在两端按从小到大呈锥形排列;两端的锚板锥孔应同时编号,一块锚板顺时针编号,另一块锚板逆时针编号。编号应写在锚板的外露面(上夹片的一面),如图 4-40 所示。

 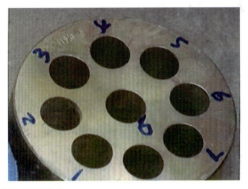

图 4-40　钢绞线及锚具编号

3）端头绑扎

对 n 束钢绞线进行绑扎或者使用牵引头固定好整束钢绞线,每隔 2.5m 用绑扎带进行绑扎,如图 4-41 所示。

图 4-41　钢绞线绑扎

4) 穿束

建议采用整束穿束台车（图4-42），两端锚具对应钢绞线编号一致，确保钢绞线不发生缠绕现象。

图4-42　钢绞线穿束台车

4.6.2.2　预应力张拉

（1）预应力筋宜整束张拉锚固，张拉前要检查锚垫板下有无不密实或空洞现象并应及时处理。对扁平管道中平行排放的预应力筋，在保证各钢绞线不会叠压时，可采用小型千斤顶逐根张拉。张拉时应考虑预应力损失对控制应力的影响，或进行二次张拉。

（2）预应力筋张拉端的设置应符合设计要求；当设计未要求时，应符合下列规定：

①对钢束长度小于20m的直线预应力筋可在一端张拉；对曲线预应力筋或钢束长度大于或等于20m的直线预应力筋，应采用两端张拉。

②当同一截面中有多束一端张拉的预应力筋时，张拉端宜分别交错设置在结构或构件的两端。

③预应力筋采用两端张拉时，宜两端同时张拉；或先在一端张拉锚固后，再在另一端补足预应力值进行锚固。

（3）锚具产品应配套使用，同一结构或构件中应采用同一生产厂的产品，工作锚不得作为工具锚使用。

（4）初始张拉前调整钢绞线束松紧度，调整张拉设备与孔道轴线一致，均匀受力。在夹片外的钢绞线上用油漆做记号，便于观察钢绞线是否滑丝。

（5）根据初始应力、倒顶次数合理确定分级加载的力值。每张拉一级，测量一次活塞伸出量。

（6）两端张拉时应做到基本同步，可通过分多级张拉的方式提高同步性。采用两台以上千斤顶实施两端及左右对称张拉时，各千斤顶之间同步张拉力的允许误差宜为±2%。

（7）当张拉千斤顶油缸活塞刚启动运行出现爬行（或突进）现象时，应分析形成原因并及时处理。若因油缸内有空气，可空载运行千斤顶多个来回进行排气处理。

(8) 为方便工具锚移出,千斤顶活塞可预先伸出 2~3cm。

(9) 回油退顶后,相继拆除工具锚、千斤顶、限位器,观察工作夹片与钢绞线的锚固情况,用游标卡尺量取工作锚夹片外露长度。

(10) 预应力筋的张拉顺序和张拉控制应力应符合设计规定。当施工中需要对预应力筋实施超张拉或计入锚圈口预应力损失时,可比设计规定提高5%,但在任何情况下不得超过设计规定的最大张拉控制应力。

(11) 预应力筋张拉控制应力的精度宜为±1.5%。

(12) 预应力张拉时混凝土的强度不低于设计值的85%,且弹性模量不低于混凝土28d弹性模量的85%(或龄期不小于7d)。张拉时应两端同时张拉,尽量采用整束张拉设备。张拉前,千斤顶、油泵均应标定合格。施加预应力应采用张拉力与伸长值双控,实测伸长值与理论伸长值的差值应控制在6%以内。

4.6.3 关键质量通病与防治

4.6.3.1 钢绞线伸长量偏差过大

1) 形成原因

(1) 钢绞线的实际弹性模量与计算用值相差较大。

(2) 孔道实际线形与设计线形相差较大,实际的预应力摩阻损失与设计计算值有较大差异。

(3) 初应力值不合适或超张拉过多。

(4) 张拉设备故障或油表读数离散性过大。位移传感器采集数据故障,位移数值不准确。

2) 防治措施

(1) 每批次钢绞线通过试验按实际弹性模量修正计算伸长值。

(2) 在施工过程中精准控制预应力孔道的线形。

(3) 按照钢绞线的长度确定合适的初应力,根据管道摩阻力确定张拉控制应力。

(4) 定期对张拉设备进行标定,加强期间核查。

4.6.3.2 钢绞线滑丝、断丝

1) 形成原因

(1) 钢绞线锈蚀严重、表面油污或受外力损伤。

(2) 预应力筋未进行梳编穿束致使受力不均,钢绞线之间相互纠缠而发生受力不均,导致单根钢绞线(钢丝)应力集中。

(3) 张拉力控制不准。

(4) 夹片、锚具的强度不足;锚具质量缺陷,锚具与夹片不配套,硬度不足或安装不正确。

(5) 千斤顶卸载过快。

(6) 限位器限位深度不合理。

(7)孔道、锚具、千斤顶不对中,或锚垫板管内有凸起,造成预应力筋过度弯折。

2)防治措施

(1)加强现场钢绞线的保护,防止其受到严重锈蚀、腐蚀,严禁钢绞线受到电焊伤、机械碾压和硬质物体划伤,安装过程中保持预应力器具的洁净,避免出现油污。

(2)钢绞线穿束时应采用整束穿入,并且钢绞线与锚具孔编号一一对应,确保钢绞线之间不产生缠绕。

(3)油表、千斤顶、测力传感器配套标定,且在有效期内,张拉时不得超过设计规定的最大张拉控制应力,防止超限发生断丝。

(4)采用合格的夹片和锚具,确保锚具、夹片的硬度合格。

(5)千斤顶给油回油不宜过快,要保持张拉油表读数均匀增减。

(6)限位板、锚具、夹片应相互配套,尽量采用同厂家提供的产品。

(7)锚垫板平面与孔道轴线垂直,张拉时千斤顶、锚具与孔道对中,清理锚垫板处异物。

4.6.3.3 锚垫板及锚下混凝土变形开裂

1)形成原因

(1)锚垫板位置布筋较密,混凝土振捣不密实,出现蜂窝、孔洞、疏松现象,混凝土强度不足,如图4-43所示。

图4-43 梁端、负弯矩锚垫板处混凝土松散

(2)锚垫板下的钢筋安装数量不足;锚板或锚垫板厚度和刚度不足,受力后变形过大。

(3)锚板没有嵌入锚垫板卡槽或槽口内杂物未清理干净,导致锚具偏心受力。

(4)张拉端锚口与钢绞线不垂直。

2)防治措施

(1)锚下配筋较密的部位宜采用30型振捣棒进行振捣,确保锚垫板处振捣密实。

(2)锚下混凝土钢筋应配足且分布均匀,锚板、锚垫板必须有足够的厚度以保证其刚度,使钢筋混凝土足以承受因张拉预应力束而产生的压应力和主拉应力。

(3)张拉前应详细检查锚具的安装位置和安装质量,且安装后不得有杂物。

(4)端头模板应严格按照设计文件制作,使用前仔细复核锚口位置及角度。

4.7 管道压浆

4.7.1 施工工序

管道压浆工序如图 4-44 所示。

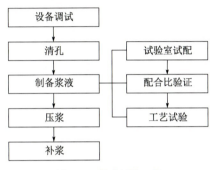

图 4-44 管道压浆工序

4.7.2 施工质量要点

4.7.2.1 压浆前准备工作

(1) 钢绞线切割后用水泥砂浆封锚,待砂浆达到一定强度方可压浆。
(2) 喇叭管压浆孔安装接口闸阀,以便压浆时控制浆液流动。
(3) 压浆前应全面检查预应力孔道、压浆孔、排气孔是否畅通,清除梁体孔道内杂物和积水。对孔道内可能发生的油污等,可采用对预应力筋和管道无腐蚀作用的中性洗涤剂或皂液,用水稀释后进行冲洗。冲洗后,应使用压缩空气将孔道内的所有积水排出。

4.7.2.2 浆液制备

(1) 材料的选用:压浆料选用专用压浆料。材料进场后须检验合格方可使用。
(2) 根据经过验证的配合比,先加水再将压浆料倒入搅拌机,搅拌 2 分钟,灰浆过筛存放在储浆桶内,此时桶内灰浆仍要低速搅拌,并经常保持足够的数量以保证每根孔道的压浆能一次连续完成。
(3) 必须严格控制用水量,否则多加的水会泌出,易造成管道顶端有空隙。
(4) 压浆作业时浆液自由泌水率为 0,压浆泌水率不大于 2.0%。

4.7.2.3 压浆

(1) 开启压浆泵,排出少量浆体,以清除压浆管路中空气、水和稀浆。当流出的浆液流动度和搅拌机中的流动度一致时,方可压入梁体孔道。

(2)同一孔道的压浆应连续进行,一次完成。压浆应缓慢、均匀地进行,不得中断,并应将所有最高点的排气孔依次打开和关闭,使孔道内排气通畅。

(3)压浆时,对曲线孔道和竖向孔道应从最低点的压浆孔压入;对水平直线孔道可从任意一端的压浆孔压入;对结构或构件中以上下分层设置的孔道,应按先下层后上层的顺序进行压浆。

(4)浆液自拌制完成至压入孔道的延续时间宜不超过40min,且在使用前和压注过程中应连续搅拌,对因延迟使用所致流动度降低的水泥浆,不得额外加水提高流动度。

(5)压浆过程应对压浆压力、稳压时间和水胶比进行监控。对水平或曲线孔道,压浆压力宜为0.5~0.7MPa;对超长孔道,最大压力不宜超过1.0MPa,稳压时间宜为3~5min。

(6)压浆施工可采用循环压浆工艺,循环压浆开始后,须排除前半部分不合格的浆液,然后按照从下到上的顺序,浆液从压浆泵的出浆口进到孔道里,从另一个孔道流回储存罐。回到储存罐的浆体流动度与规定的相同时,关闭阀门后稳压。

(7)当采用真空辅助压浆工艺,压浆前应对孔道抽真空,真空度宜稳定在-0.06~-0.1MPa之间,真空度稳定后,立即开启孔道压浆阀门,同时启动压浆泵进行压浆。

(8)压浆完成后,压浆阀及排气阀必须待浆体基本失去流动性后方可拆除,一般为压浆后45~60min。

(9)压浆过程中实时记录压入每个孔道的浆液总量和排出孔道的浆液总量,饱满度应达到100%。饱满度不符合要求时,应立即查明原因、改进工艺,并进行补浆处理。

(10)待浆液达到一定强度时,及时检测注浆密实度,对不密实处进行补压处理。

4.7.3 关键质量通病与防治

4.7.3.1 预应力孔道压浆不饱满或孔道不进浆

孔道压浆不密实造成波纹管有积水或钢绞线未被浆液包裹,有空洞,如图4-45所示。

 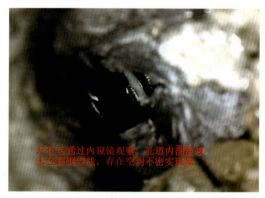

图4-45 波纹管内有积水、空洞

1)形成原因

(1)采用不合格的压浆料,导致浆液性能差。

(2)荷载持续加压时间不足。
(3)波纹管局部堵塞不通畅,浆液通过困难。
(4)压浆作业时,出浆口水泥浆浓度不满足规定稠度提前关闭阀门。

2)防治措施

(1)选用合格的压浆料,浆液应具有良好的流动度且不易离析,配合比应根据试验确定。
(2)压浆过程应确保压浆压力、稳压时间和水胶比满足规范要求。
(3)孔道在灌浆前应以高压水冲洗,除去杂物,疏通和湿润整个管道。
(4)压浆时应使孔道出浆口所出浆液饱满且与规定稠度相同且稳定时,方可关闭出浆口,并保持压力不小于0.5MPa,持压时间不小于3~5min。

4.7.3.2 波纹管漏浆堵孔

1)形成原因

(1)波纹管接头处贴合不紧或脱开漏浆,水泥浆流入孔道。
(2)波纹管在施工中被踩、挤、压瘪,或振动棒击打变形。
(3)波纹管破损有孔洞。

2)防治措施

(1)使用的波纹管必须具备足够的强度和刚度,波纹管连接应根据其管径,选用配套的波纹套管或管节接头,连接时两端波纹管必须紧贴并使用胶带缠绕密实。
(2)波纹管安装后,应插入内衬管,提高波纹管的刚度和顺直度,防止波纹管挤压变形,碰瘪、损坏。
(3)浇筑混凝土时应保护波纹管,不得碰伤、挤压、踩踏,发现破损应立即修补。

4.8 附属工程

4.8.1 施工质量要点

4.8.1.1 防撞护栏施工

(1)施工前对护栏预埋筋进行复检,对缺、漏、错的钢筋应采取整改措施。
(2)模板应进行试拼装,并按照试拼时的安装顺序进行编号,试拼模板不得有错台,变形的模板不得使用,确保模板缝隙密实,对接准确。为确保弧线段模板拼缝的严密性,应根据弧度的大小对标准节段的长度进行调整。
(3)采用混凝土现浇的方式两侧对称施工,沿顺桥向每间隔3m设置一道变形缝,缝宽3mm,深20mm。注意控制切缝时间和边角处弧度的处理。施工完成后的防撞护栏,其顶面高程和位置应准确,位于弯道上的护栏其线形应平顺。

4.8.1.2 桥面铺装

(1) 桥面铺装施工前对混凝土高低不平处,特别是高于梁顶面设计高程的部位,要进行局部凿除,以保证混凝土铺装层的有效厚度。

(2) 为保证梁板和桥面铺装之间的连接质量,桥面铺装施工前用专用凿毛设备先对梁板顶面进行全覆盖凿毛,用吹风机将桥梁表面的杂质清理后用水彻底将桥面杂物冲洗干净,以保证新老混凝土良好结合。

(3) 安装桥面钢筋网前,应将梁板顶面的预埋剪力筋复位。钢筋网搭接时,纵桥向钢筋在上,横桥向钢筋在下。顶板预埋锚固钢筋(剪力筋)需调整伸入钢筋网内,然后勾紧纵、横向钢筋,采用点焊固定连接,使桥面钢筋与梁板预埋筋形成整体。

(4) 每片焊接网纵向接头尽可能越少越好。焊接网的搭接宜采用平搭法。焊接网接头应设置于受力较小处,纵向接头通常设于四分之一跨处,横向接头通常设于顶板预制部分的横向中心线位置附近,在连续梁的墩顶受拉部位不应设置搭接接头。

(5) 钢筋焊网安装关键是确保混凝土保护层厚度,需铺设时设置足够密度的垫块,并设置定位钢筋,钢筋网铺设采用十字挂线,严格控制钢筋网顶面高度。施工过程中严禁机械设备碾压桥面钢筋焊网。

(6) 桥面混凝土采用C50混凝土掺入聚丙烯纤维(施工前必须在试验室进行试拌并观察混凝土工作性是否满足设计和施工要求),掺入量为 $1.0kg/m^3$,提高抗裂性能、纤维应保证计量准确并搅拌均匀。搅拌站到施工浇筑段运输时间不超过60min,严格控制运输过程中聚丙烯纤维混凝土的停放时间,停放时间不应超过1h。运输过程中严禁司机、施工人员随意加水以调节聚丙烯纤维混凝土的和易性,否则会严重影响混凝土质量。聚丙烯纤维混凝土到达施工现场后应按规定进行坍落度检测,检测合格后才可卸料浇筑,现场试验员同时进行混凝土试件的留置。混凝土浇筑时间应安排在温度较低的时段。

(7) 桥面混凝土采用泵车浇筑,采用可自动找平、自动控制高程的三维激光摊铺机摊铺,施工前应对超声波桁架摊铺机的轨道进行高程控制,浇筑过程中随时复核轨道高程,保证桥面高程满足设计及规范要求。在桥面混凝土浇筑完成后收浆时应采用清光机进行清光收平,边角部位采用人工多次收光抹平。强度达到要求后,采用铣刨、凿毛等机具清除浮浆。

(8) 混凝土抹平后进行拉毛,及时用土工布覆盖并洒水养护,根据天气情况决定洒水次数,并不少于5次/d,养护期内铺装层混凝土表面应始终保持湿润,防止混凝土出现裂纹,养护期不少于7d,夜间温度较低时要注意保温覆盖。

4.8.1.3 伸缩缝安装

1) 切槽

(1) 对沥青路面的施工采用"后切法"。按照伸缩缝设计图纸的要求进行准确放样并确定开槽宽度,根据构造缝中心标记,画出槽口边线,画线后用切割机切缝。注意切缝过程中缝的直线度,开槽宽度应宽窄一致、缝边顺直。

(2) 开槽后将槽内的沥青混凝土、松动的水泥混凝土凿除干净,凿毛至新鲜混凝土外露,并用吹风机或高压水枪清除浮尘和杂物。同时对背墙及梁端之间、桥台或盖梁的杂物进行清除、清理。

2) 钢筋的校正

检查预留槽几何尺寸及预埋筋的牢固性。如预留槽内预留钢筋缺失,制定有效措施,对预埋钢筋进行复位调整。对漏埋或折断的预埋钢筋进行修复,可采用植筋胶或环氧树脂进行钢筋补植,补植深度不小于 $10d$(d 为钢筋直径),确保横桥向钢筋间距与伸缩缝锚环相吻合。

3) 构件安装

(1) 伸缩装置安装时应避开最高温度时间进行,安装基准温度 20~25℃。根据当时气温确定缝隙大小,调整好安装间隙。

(2) 伸缩装置的高程控制与固定,使伸缩装置顶面比两侧沥青混凝土路面低 0~2mm,并使其纵坡、横坡与路面相符。当伸缩装置的高程与直顺度调整到符合设计要求后(平整度、直顺度小于 1mm),沿桥宽的一端向另一端每隔 3~4 个锚固筋两侧对称施焊进行临时固定。

(3) 调整完成后进行初步定位焊接,为避免热变形,按照先点焊再满焊的程序进行。在伸缩缝缝长方向应先焊接部分锚筋组,保证伸缩缝的安装位置与梁体不发生相对变化。焊接时应注意焊缝高度,采用二氧化碳保护焊接方法,保证所有焊缝质量标准。

(4) 在焊接其他锚筋时,应再检查一遍伸缩缝装置的高程、平整度(路面—伸缩缝—路面的平整度)/直顺度、中心线。

(5) 先将伸缩缝一侧焊牢,待满足安装温度时,及时施焊另一侧,焊接人员设备配置合理,尽量减少焊接时间。在焊接完成后,及时拆除伸缩缝构造的锁定板。

4) 锚固区混凝土浇筑

(1) 用适当厚度的泡沫板顶面切成 V 形槽塞入梁轨下间隙中,确保填塞密实不漏浆。

(2) 清除预留槽内的杂物,然后用空压机彻底清理干净,并在浇筑前冲洗预留槽。

(3) 当日立模施工验收后应及时进行混凝土浇筑。因特殊原因未及时浇筑时,浇筑前应复检立模牢固性,再次确保填塞密实不漏浆。

(4) 锚固区混凝土采用 C50 纤维微膨胀混凝土浇筑,浇筑前要检查混凝土的坍落度及和易性。浇筑前应在缝两侧铺上塑料布,保证混凝土不污染路面。

(5) 混凝土浇入预留槽内,浇筑时要防止砂浆挤入伸缩缝装置内部(尤其注意混凝土不要挤入型钢的型腔内),又要保证钢梁底部的混凝土振捣密实,须用插入式振捣棒振实后抹平、修光。混凝土终凝以后,用 3m 直尺测混凝土平整度,若不符合标准,用混凝土磨光机磨平。

(6) 混凝土浇筑后按照要求进行有效养护,为防止混凝土表面开裂,待混凝土初凝后用塑料薄膜覆盖,每天洒水养护不少于 3 次,养护期不少于 7d,养护期间应封闭交通。在混凝土的强度达到 80% 以前,不应有任何车辆通行,以防止伸缩装置松动和混凝土破坏。

5) 安装橡胶条

混凝土强度达到设计强度的 80% 以上时安装橡胶密封条,安装前必须把缝内杂物掏干净后,再嵌入橡胶条。

4.8.2 关键质量通病与防治

4.8.2.1 防撞护栏线形不顺直,顶面裂纹

1) 原因分析

(1) 模板表面不光洁,模板表面混凝土残渣未清除干净,使用时未涂脱模剂。模板支撑不牢。

(2) 未按基准线进行校正,预埋钢筋有偏差;护栏与栏杆模板未垫平,基底高程未校正。

(3) 顶面未进行收面,浮浆较厚,养护不到位。

2) 防治措施

(1) 防撞护栏及栏杆的模板宜采用光洁度和刚度较高的定型钢模板,模板在场内要进行试拼,并进行编号,以便于在施工时按编号进行拼制,支撑牢固。拆下来的防撞护栏及栏杆的模板,应进行养护和维修,确保使用时模板光洁完好。

(2) 防撞护栏及栏杆的位置应精确放样,预埋钢筋如有偏差,应按质量标准进行校正。在防撞护栏及栏杆施工前应对全桥的桥面高程进行统测,如发现有偏差,应做统一调整。模板安装时应按基准线和高程认真进行校正。保持线形顺直,顶面平顺,高程正确。

(3) 混凝土浇筑到顶面后,必须把多余砂浆清除,先大致收平,待混凝土初凝时进行压实、抹平、收光,同时要加强养护。特别是大风天气,要对顶面进行包裹晒水保湿。

4.8.2.2 桥面铺装钢筋保护层厚度控制不准确

1) 形成原因

(1) 梁板顶预埋的剪力筋未进行翘起,与钢筋网片焊接不牢固,或支撑点较少,如图 4-46 所示。

图 4-46 梁顶预埋的剪力筋未翘起

(2)钢筋网绑扎连接长度不足且不牢固或施工过程中遭到破坏,如图 4-47 所示。

 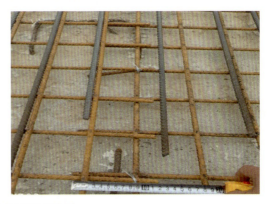

图 4-47　连接长度不足且不牢固

2)防治措施

(1)在钢筋网片绑扎前应先对梁板顶预埋的剪力筋进行检查调整,保证剪力筋竖直,缺失或损坏的应植筋补齐,然后勾紧纵、横向钢筋,采用点焊固定连接,使桥面钢筋与梁板预埋筋形成整体。在剪力筋间距较大的情况下适当补充钢筋头采用点焊的方式进行支撑网片,每平方米按 4 个支撑点布置,确保整个钢筋网片保护层厚度及网片架立刚度符合设计及规范要求。

(2)桥面钢筋网搭接长度不得小于 20cm,并绑扎须牢固不变形,桥面混凝土的浇筑采用混凝土输送泵或采用吊车配吊斗方法,避免对网片的破坏。

4.8.2.3　桥面铺装层厚度不足

1)形成原因

(1)在梁板施工过程中,施工单位管理不善及各施工环节把关不严,造成梁板尺寸过高,湿接缝浇筑过高,梁板张拉预拱度偏大等。

(2)桥面混凝土浇筑前清理不彻底,存在松散混凝土、浮浆及杂物,造成局部铺装层厚度不足。

2)防治措施

(1)桥面铺装层施工前,应认真检查梁板顶面的高程,特别应注意负弯矩齿槽混凝土的高度,不能影响钢筋的正确位置。梁板顶面的高程必须满足桥面铺装层的厚度要求,应满足设计、规范要求,对超高的部分、负弯矩张拉齿槽处多余的混凝土、不密实的混凝土必须提前进行凿除处理。

(2)认真做好桥面清理工作,把梁板顶面的松散混凝土、油污、张拉槽内的杂物浮浆等进行清理,清理干净后用高压水枪冲洗。

4.8.2.4　桥面铺装层裂缝

1)形成原因

(1)铺装厚度不足或不均匀,导致应力集中,进而引起桥面铺装层产生裂缝。

(2)桥面铺装层钢筋网保护垫块密度不足,钢筋网定位不准确;浇筑混凝土过程中,由于不能经受施工人员人为踩踏、运输机具碾踏等因素的影响,导致钢筋网严重变形,严重削弱了钢筋网承受荷载的能力,出现桥面裂缝现象。

(3)养护不及时,尤其在高温、大风天气施工,不及时进行覆盖、全湿润养护,或刚施工完成后,都易出现早期干缩裂缝。

(4)混凝土配合比不合适,掺入不合格的纤维材料或掺配比例忽大忽小,导致混凝土抗弯拉强度不足,引起裂缝。桥面铺筑裂缝如图4-48所示。

图4-48 桥面铺筑裂缝

2)防治措施

(1)严格控制桥面铺筑厚度。

(2)焊接钢筋网片应严格按照图纸要求进行绑扎,绑扎要牢固,钢筋网的整体尺寸及网眼的尺寸、对角线长度均应符合图纸要求,并做好钝角处加强钢筋的绑扎工作。严禁运输车辆在已铺设的钢筋网上行驶。

(3)加强覆盖养护,防止顶面水分散失快,造成收缩开裂。

(4)严格进行目标配合比设计和施工配合比的控制,使用质量合格的聚丙烯纤维或玄武岩纤维材料,提高混凝土抗折疲劳性能。

4.8.2.5 伸缩缝混凝土开裂、破损

1)形成原因

(1)混凝土配合比不当、振捣不密实、浇筑后养护不到位。

(2)开放交通过早,各种荷载影响。

2)防治措施

(1)沥青混凝土应切边整齐,凿毛梁体混凝土,加强伸缩缝的锚固,使伸缩缝锚固件与梁体连成整体;优化混凝土配合比设计,尽量采用纤维混凝土,适当掺加微膨胀剂,减少收缩。

(2)加强早期养护措施,强度达到规范要求时方可开放交通。

4.8.2.6 伸缩缝平整度差

1) 形成原因

(1) 室外温差大,未考虑温度不均匀分布对施工的影响。
(2) 伸缩缝在运输存放过程中发生变形,焊接水平和精细控制不严。

2) 防治措施

(1) 在安装伸缩缝之前,做好对温度的控制,一般情况下,两端伸缩装置的宽度在误差范围内,且误差符号必须保证相同。
(2) 异型钢材在运输和存放过程中,不能造成损坏或变形,经送检合格后方能使用。伸缩缝的焊接固定后应对伸缩缝的高程进行复测一遍,确认在临时固定过程中未出现任何变形、偏差后,把异型钢梁上的锚固钢筋与预埋钢筋在两侧同时焊牢后对伸缩缝装置进行解锁,再次用3m直尺对平整度进行检查,合格后方可浇筑混凝土。

4.9 特殊工艺及新技术应用

4.9.1 桩底岩溶探测技术应用

根据《岩土工程勘察规范》(GB 50021—2001),当在施工勘察阶段采用大直径嵌岩桩时,应对桩位进行专门的桩基勘察,勘察点应按照一桩一孔或一桩多孔钻探方式进行桩位勘察,并且要求勘探的深度应不小于桩底以下桩径的3倍并不小于5m。一桩一孔的钻探往往会遗漏孔旁的岩溶,一桩多孔钻探勘察成本高、工期长。为此,声呐探测法具有明显的技术和经济优势,它具有易解释、精度高、异常明显、分辨能力强、工期短、探测费用低等优点。

弹性波(声呐)反射探测法是在桩底泥浆中利用弹性波(声呐)探测设备发射弹性波,当声呐遇到桩基底部一定范围内的溶洞、溶蚀裂隙、软弱夹层等不良地质体时,会产生反射回波,探测设备接收反射回波并根据回波特性可以分析桩底的不良地质体的情况,是一种成熟的水下物探方法。

声呐探测仪是一种探测不良地质体的水中物探方法,常用于深海水下测量(包括深海寻找飞机黑匣子),近年来在建筑工程中也常用于桩底溶洞(溶隙)、软弱夹层、节理裂隙带的探测,是解决基桩桩底岩溶探测难,探测费用高两大难题的有效途径之一。

离隧高速公路施工图地质勘察阶段发现了中风化灰岩区存在溶隙发育现象,设计单位要求对该项目位于灰岩区的端承桩施工时进行桩底岩溶探测工作,主要查明基桩桩底6m范围内的岩溶发育情况。现场推广应用情况介绍如下:包括设备配置、材料需求、操作流程及要点、施工参数及控制指标。

4.9.1.1 设备配置

本工程使用的桩底溶洞检测仪器为武汉长盛工程技术检测技术开发有限公司研制的

JL—SONAR(A)桩底溶洞声呐探测仪(图4-49),具体参数如下:大功率高频水下超磁同步震源;高精度 A/D 数据采集;四通道同步采集;四个水声高频与震源匹配的检波器;探测深度:0~10m;探测精度:≥55cm;军工级元器件,8G 固态电子盘存储器;彩屏显示 10 寸 800×600 液晶屏、触摸屏控制;直流 12V 电池供电;主机体积:400mm×330mm×180mm;重量:7.0kg。

图4-49　JL—SONAR(A)桩底溶洞声呐探测仪

4.9.1.2　桩底溶洞声呐探测流程

步骤1:通过电缆利用孔口支架将声呐探测探头放置于桩底,将电缆与现场主机连接;桩孔孔底的沉渣一般要清理越干净越好,当遇到人工挖孔桩桩底没有泥浆液或水时(需灌入10~20cm 的水,以便保证声呐探测探头的声呐发射器和声呐传感器能与水接触)。(可更换干孔专用探头)

步骤2:现场主机通过电缆读取桩底的声呐探测探头的姿态和每一个声呐接收传感器的方位,确保声呐发射器能几乎垂直桩底底面。

步骤3:当声呐探测探头放置好后,现场主机通过电缆控制声呐探测探头发射声呐应力波,同时接收声呐信号分析处理。

步骤4:探测好当次的探测数据后,可以将声呐发射探头旋转一定的方向,再重复步骤2、3重新进行探测。

步骤5:将所有探测的声呐接收信号按声呐接收传感器的方位顺序排列生成探测声呐应力波剖面图并进行综合处理分析,确定桩底下面3倍桩径不小于5m 的范围内是否存在溶洞或软弱岩体,以便确定桩底是否需要进行桩底地基处理。

4.9.1.3　数据处理

桩底溶洞声呐探测法采集数据以脉冲反射波的波形形式记录。资料整理包括两部分内容:一为数据处理,二为图像解释。由于地下介质相当于一个复杂的滤波器,介质对波的不同程度的吸收以及介质的不均匀性质,使得脉冲到达检波器时,波幅减小,波形变得与原始发射波形有较大的差异。因此,必须对接收信号实施适当的处理,以改善资料的信噪比,为进一步解释提供清晰可辨的图像,识别现场探测中遇到的有限目标体引起的异常现象,为各类图像进行解释提供依据。数据处理主要包括编辑及格式转换、记录连续、抽道集、一维带通滤波、增益、显示;其中一维带通滤波尤为重要,进行一维带通滤波处理除去高频,突出目标体,降低背景噪声和余振影响。地震成像技术(超声波反射)数据处理一般流程如图4-50所示。

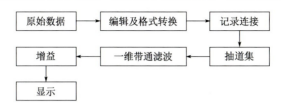

图4-50 地震成像技术(超声波反射)数据处理一般流程

4.9.1.4 应用成效

经过桩基溶洞探测,桥梁稳定性得到了保障,避免了桩底岩溶对桩基造成的影响,降低了劳动强度,促进了节能环保,创造了良好的经济和社会效益。

4.9.2 混凝土密实性无损检测技术应用

4.9.2.1 检测目的

离隰高速公路采用先进混凝土多通道混凝土质量扫描仪对LJ3标宋家沟大桥右幅5号墩3号块顶面、右幅5号墩3号块腹板;LJ4标段南川河特大桥10号墩右幅4号块顶面、10号墩右幅5号块顶面、9号墩左幅2号块右侧腹板、9号墩左幅3号块右侧腹板;LJ7标段大南沟大桥左幅2号墩1号块顶面、左幅2号墩3号块腹板共8个测区进行结构混凝土密实质量检测。

4.9.2.2 检测及评定依据

检测依据:《水利水电工程物探规程》(SL 326—2005)。
评定依据:《基于声波层析成像的桥梁混凝土质量检测技术规程》(DB21/T 3179—2019)。

4.9.2.3 检测对象

离隰高速公路梁板CT检测清单见表4-1。

离隰高速公路梁板CT检测清单 表4-1

测区序号	检测位置		测区竖向检测长度(m)	测区横向检测长度(m)	检测面积(m²)
1测区	宋家沟大桥	5号墩右幅3号块顶面	2.0	5.0	10.0
2测区		5号墩右幅5号块腹板	2.5	2.5	6.25
3测区	南川河大桥	10号墩右幅4号块顶面	2.0	2.6	5.2
4测区		10号墩右幅5号块顶面	2.0	2.8	5.6
5测区		9号墩左幅2号块右侧腹板	1.5	1.5	2.25
6测区		9号墩左幅3号块右侧腹板	2.5	2.5	6.25
7测区	大南沟大桥	2号墩左幅小里程1号块顶面	1.6	3.4	5.44
8测区		2号墩左幅大里程3号块左侧腹板	1.0	1.5	1.5

4.9.2.4 检测设备

检测设备采用桥梁 CT 检测系统(JG051)。桥梁 CT 检测系统包括声波 CT 主机与检波器子系统(图 4-51)。采样频率最大 1MHz,24 位 A/D;检波器有两种,独立检波器(插拔夹式)和快速检波器串式。

图 4-51 桥梁 CT 检测系统主机、独立检波器

三维成像无损混凝土密实性分析软件,具有观测系统设计、射线密度评价、正交性评价、走时读取、延时校正、射线追踪、速度计算等模块。

4.9.2.5 检测原理

声波 CT 是利用声波穿透工程介质,通过声波走时和能量衰减的观测对工程结构成像。声波在穿透工程介质时,其速度快慢与介质的弹性模量、剪切模量、密度有关。介质密度大、强度高的其模量大,波速高、衰减小;破碎疏松介质的波速低、衰减大;波速可作为混凝土强度和缺陷评价的定量指标。

根据弹性理论,弹性模量 E 与纵波速度 V_p 的平方成正比,如式(4-1)所示;剪切模量 μ 与横波速度 V_s 的平方成正比,如式(4-2)所示。

$$E = \rho V_p^2 \tag{4-1}$$

$$\mu = \rho V_s^2 \tag{4-2}$$

式中:ρ——介质密度。

国内外对纵、横波速与混凝土抗压强度之间的相关关系有很多专门的研究和系统的试验。根据大量的试验数据回归,抗压强度与波速呈幂指数关系(图 4-52)。不同地区由于使用集料与砂的差异,幂指数中待定常数的数值会略有差异,但差异不大。

混凝土抗压强度 R_b 与纵波速度 V_p 的回归关系为,如式(4-3)所示:

$$R_b = 0.344 V_p^{3.146} \tag{4-3}$$

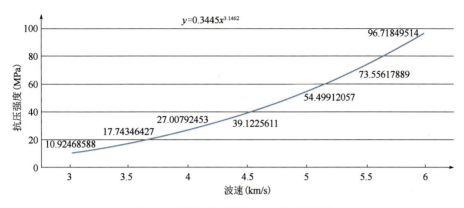

图 4-52　混凝土抗压强度与波速的试验关系

据此,波速可以作为混凝土抗压强度和缺陷评价的定量指标,用于混凝土浇筑质量的评价。

4.9.2.6　测线布置

本次 CT 检测采用 L 形布置观测排列,现场检测布置示意图如图 4-53 所示,现场检测实景如图 4-54 所示。

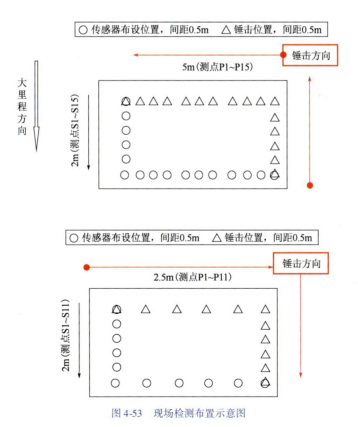

图 4-53　现场检测布置示意图

- 151 -

图 4-54　现场检测实景

4.9.2.7　检测结果

根据评价标准,对于每个 CT 剖面的检测结果,分别得出平均波速、离散度、合格面积比率及最大缺陷尺度。

平均波速:平均波速高表示混凝土弹性模量高,抗压强度大。根据 DB 21/T 3179—2019 附录 E(表 4-2),C55 混凝土测区平均纵波波速大于 4400m/s。

混凝土波速与强度等级的实验结果对照表　　　　　　　　　　　　　　　　表 4-2

混凝土 强度等级	轴心抗压强度 标准值(MPa)	轴心抗压强度 设计值(MPa)	弹性模量 (GPa)	纵波速度 (km/s)
C35	23.40	16.10	31.50	3.90
C40	26.80	18.40	32.50	4.05
C45	29.60	20.50	33.50	4.20
C50	32.40	22.40	34.50	4.30
C55	35.50	25.30	35.50	4.40
C60	38.50	26.50	36.00	4.50

离散度:离散度用于表示混凝土的均匀性,离散度小表示混凝土浇筑质量均匀,其值宜小于 10%。

合格面积比率:波速在标准值以上的区域为合格区,不到标准值 80% 的区域为低速异常区。合格面积比率达到或者超过 80% 时,可判断混凝土强度达到标准值。

最大缺陷尺度:最大缺陷尺度是混凝土质量评价的参数之一。最大缺陷尺寸应不宜超过检测面积的 5%。

使用上述 4 种参考定量指标对混凝土质量进行评价,如果 4 项参考定量指标均满足要求,可判定混凝土质量达到标准值要求,否则对不满足区域数据作为参考。

采用桥梁 CT 方法对离隰高速公路 LJ3 标宋家沟大桥右幅 5 号墩 3 号块顶面、右幅 5 号墩 3 号块腹板;LJ4 标段南川河特大桥 10 号墩右幅 4 号块顶面、10 号墩右幅 5 号块顶面、9 号墩左幅 2 号块右侧腹板、9 号墩左幅 3 号块右侧腹板;LJ7 标段大南沟大桥左幅 2 号墩 1 号块顶面、左幅 2 号墩 3 号块腹板共 8 个测区进行结构混凝土密实质量检测，未发现明显低速异常区。具体检测结果见表 4-3。

离隰高速公路梁板 CT（混凝土密实质量）检测结果汇总　　　　表 4-3

桥名	测区编号	检测部位	竖向检测长度（m）	横向检测长度（m）	检测面积（m²）	平均波速（m/s）	离散度（%）	合格区面积比（%）
LJ3 标段宋家沟大桥	1 号测区	5 号墩右幅 3 号块顶面	2.0	5.0	10.00	4395.09	2.88	100
	2 号测区	5 号墩右幅 5 号块腹板	2.5	2.5	6.25	4380.72	2.74	100
LJ4 标段南川河大桥	3 号测区	10 号墩右幅 4 号块顶面	2.0	2.6	5.20	4399.63	1.21	100
	4 号测区	10 号墩右幅 5 号块顶面	2.0	2.8	5.60	4399.68	0.1	100
	5 号测区	9 号墩左幅 2 号块右侧腹板	1.5	1.5	2.25	4370.66	3.63	100
	6 号测区	9 号墩左幅 3 号块右侧腹板	2.5	2.5	6.25	4355.66	4.28	100
LJ7 标段大南沟大桥	7 号测区	2 号墩左幅小里程 1 号块顶面	1.6	3.2	5.12	4407.54	3.08	100
	8 号测区	2 号墩左幅大里程 3 号块左侧腹板	1.0	1.5	1.50	4388.98	1.49	100

检测结果典型图示如图 4-55~图 4-62 所示。

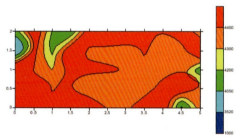

图 4-55　1 号测区 5 号墩右幅 3 号块顶面声波 CT 检测速度分布云图及综合评价图

注：图中横坐标为顶板沿桥横向方向布置 0~5m 测区，纵坐标为纵向方向布置 0~2m 测区，10m² 范围混凝土平均波数为 4395.09m/s，达到 4400m/s 的 80% 以上，不存在低速异常区，合格区面积为 100%。

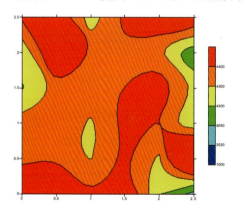

图 4-56　2 号测区 5 号墩右幅 5 号块腹板声波 CT 检测速度分布云图及综合评价图

注：图中横坐标为腹板沿桥纵向方向布置 0~2.5m 测区，纵坐标为竖向方向布置 0~2.5m 测区，6.25m² 范围混凝土平均波数为 4380.72m/s，达到 4400m/s 的 80% 以上，不存在低速异常区，合格区面积为 100%。

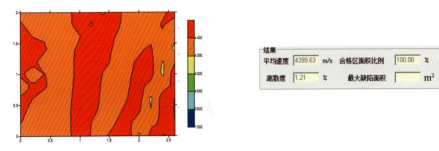

图 4-57　3 号测区 10 号墩右幅 4 号块顶面声波 CT 检测速度分布云图及综合评价图

注：图中横坐标为顶板沿桥横向方向布置 0～2.6m 测区，纵坐标为纵向方向布置 0～2m 测区，5.2m² 范围混凝土平均波数为 4399.63m/s，达到 4400m/s 的 80% 以上，不存在低速异常区，合格区面积为 100%。

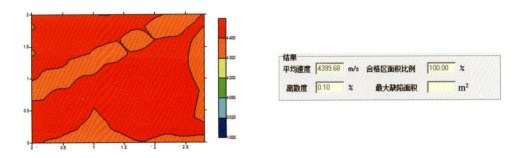

图 4-58　4 号测区 10 号墩右幅 5 号块顶面声波 CT 检测速度分布云图及综合评价图

注：图中横坐标为顶板沿桥横向方向布置 0～2.8m 测区，纵坐标为纵向方向布置 0～2m 测区，5.6m² 范围混凝土平均波数为 4399.68m/s，达到 4400m/s 的 80% 以上，不存在低速异常区，合格区面积为 100%。

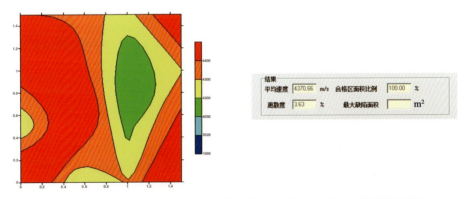

图 4-59　5 号测区 9 号墩左幅 2 号块右侧腹板声波 CT 检测速度分布云图及综合评价图

注：图中横坐标为腹板沿桥纵向方向布置 0～1.5m 测区，纵坐标为竖向方向布置 0～1.5m 测区，2.25m² 范围混凝土平均波数为 4370.66m/s，达到 4400m/s 的 80% 以上，不存在低速异常区，合格区面积为 100%。

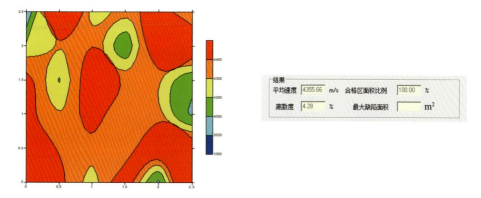

图 4-60　6 号测区 9 号墩左幅 3 号块右侧腹板声波 CT 检测速度分布云图及综合评价图

注：图中横坐标为腹板沿桥纵向方向布置 0～2.5m 测区，纵坐标为竖向方向布置 0～2.5m 测区，2.25m² 范围混凝土平均波数为 4370.66m/s，达到 4400m/s 的 80% 以上，不存在低速异常区，合格区面积为 100%。

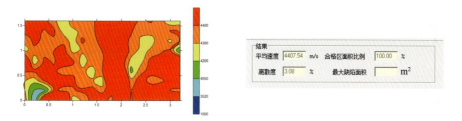

图 4-61　7 号测区 2 号墩左幅小里程 1 号块顶面声波 CT 检测速度分布云图及综合评价图

注：图中横坐标为顶板沿桥横向方向布置 0～3.2m 测区，纵坐标为纵向方向布置 0～1.6m 测区，5.12m² 范围混凝土平均波数为 4407.54m/s，达到 4400m/s 的 80% 以上，不存在低速异常区，合格区面积为 100%。

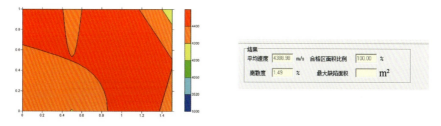

图 4-62　8 号测区 2 号墩左幅大里程 3 号块左侧腹板声波 CT 检测速度分布云图及综合评价图

注：图中横坐标为腹板沿桥纵向方向布置 0～1.5m 测区，纵坐标为竖向方向布置 0～1m 测区，1.5m² 范围混凝土平均波数为 4388.98m/s，达到 4400m/s 的 80% 以上，不存在低速异常区，合格区面积为 100%。

4.9.3　智能喷淋养护技术应用

4.9.3.1　施工工艺简介

智能喷淋系统是通过可编程逻辑控制器（PLC）控制柜系统的液晶显示器（LCD）触摸屏的

键盘设置工作状态,并按照预置的工作时间控制着机器人喷淋执行系统的工作,同时将预置执行的信息通过通用无线分组服务(GPRS)模块上传,机器人喷淋执行系统,通过 PLC 控制柜系统控制供电,并借助自身的主控制模块,控制机器来回往复,执行喷淋养护。

4.9.3.2 技术特点

(1)可行性强,养护效果好。自动喷淋养护系统采用射程 5m 的伸缩式喷头,喷嘴在水流冲击下 180°不间断旋转,将养护水喷到待养护梁体的每个角落。可以达到全天候、全湿润、无遗漏养护标准,养护效果极为显著。采用全自动无塔供水器随时调整喷淋用水水压,以适应不同数量预制梁养护需要。喷淋系统从供水到工作完毕,基本实现了养护过程全自动控制,养护效果极佳。

(2)劳动强度大大降低。同等数量的预制梁,根据梁长通常需配备 4～6 人,而采用无塔供水自动喷淋养护系统仅需要 2 人控制和观察即可。

(3)劳动生产率得到很大提高。梁体外使用自动喷淋养护系统,梁体内采用可移动喷淋头定时喷淋,喷淋一片梁板达到全湿润、全方位的养护质量标准按气温情况、风力情况及养护阶段仅需 20～40s。

(4)成本低廉。与传统人工洒水养护相比,自动喷淋养护成本低廉、工人劳动强度低,适宜工厂化预制梁厂使用。

(5)节约用水。喷淋系统中从供水、用水、回收等流程均体现绿色环保理念,雨水、养护用水通过梁厂内的排水沟排至沉淀池进行沉淀,经沉淀合格后重新用作养护用水,因蝶形喷头出水口较粗对沉淀水要求较低,节省了沉淀时间,减少了水分蒸发,节约了施工用水,达到保护施工环境的目的。

4.9.3.3 工艺原理

预制梁自动喷淋养护系统由供水系统、台座喷淋系统、智能控制系统和水循环系统组成。预制梁场平面图如图 4-63 所示。

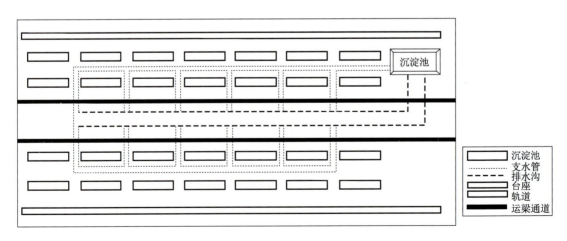

图 4-63 预制梁场平面图

1)供水系统

供水系统由 WP~20 全自动无塔供水器、水井及沉淀净化池组成。

无塔供水器可以根据在控制器内设定好的水压力提供养护用水至台座喷淋系统,预制梁养护片数增加或减少时无塔供水器会自动调整水压至设定水压,当智能控制系统停止养护时,无塔供水器会自动停止工作;

当智能控制系统开启时,无塔供水器同样会自动开始工作。此型号无塔供水器水容量为 2t,当水位下降至规定位置时,水井内的潜水泵自动开始工作,向无塔供水器内加水,当水位上升至规定位置时水泵停止加水。

当水井内水位低至规定时开启沉淀净化池内的水泵开始向井内加水,井内水位升至规定水位时水泵自动停止。

2)台座喷淋系统

台座喷淋系统采用伸缩式喷头进行喷水,喷嘴在水流冲击下 180°不间断旋转,将养护水喷到待养护梁体的每个角落,使梁体混凝土全部处于湿润状态。

3)智能控制系统

智能控制系统采用 ZNP~A24 型夏季智能喷淋系统。本系统主要有自动喷淋系统专用控制器,系统可记录每个工位的喷水时间和时间间隔。打开自动控制系统电源开关,定好控制系统喷淋循环的总持续时间和等待时间,无塔供水器开始工作。

4)水循环系统

每个台座下预制有排水沟,喷淋养护过程中水由台座下排水沟再次流入沉淀池,沉淀净化后,进入无塔供水器。

4.9.3.4 效益分析

1)经济效益

采用智能喷淋系统,每天可节约人工 2 人,每个人工按每日 250 元计算,320 片 T 梁共计施工 150d,则经济效益 = 2×250×150 = 7.5 万,节约水车 1 台,费用 = 1.5×5 = 7.5 万,合计节约 16 万,喷淋养护系统共设置 3 套,每套 4.5 万元,共计 13.5 万元,综合经济效益:16 − 13.5 = 2.5 万元。

2)施工效益

采用智能喷淋系统,可保证预制 T 梁浇筑完成后的混凝土养护情况,做到混凝土养护"全自动、无人值守、无死角"的预制 T 梁养护,即使混凝土表面保持充分湿润,提高了预制 T 梁的梁体强度,而且养护时也做到了省时省力。

3)社会效益

采用智能喷淋系统降低了场站内扬尘情况,并且减少了水资源的浪费(图 4-64),符合离隰绿色高速的理念。

图 4-64　现场实施效果

4.9.3.5　效果评价

通过对预制梁板采用养护系统强度变化的对比,采用智能系统养护,强度增长效果明显,梁体腹板表面平整,无裂纹。采用常规人工洒水养护,强度标准差大,强度增长迟缓。养护强度得不到保证,且表面有轻微干缩裂纹。因此,引入智能养护设备不仅节省人工,而且养护能使水化热反应充分,节省工期,效果明显。梁板养护效果对比具体情况见表 4-4。

梁板养护效果对比表　　　　　　　　　　　　　表 4-4

梁板编号	养护方式	3d 龄期强度	7d 龄期强度	14d 龄期强度	28d 龄期强度	混凝土外观
A4 号匝道桥 1-9T 梁	智能系统	35.2	48.5	54.5	59.5	表面平整,无裂纹
A4 号匝道桥 3-4T 梁		38.2	49.5	55.2	>60	表面平整,无裂纹
三岔沟大桥左 13-1T 梁	常规养护	30.2	42.2	46.8	53.5	表面平整,无裂纹
三岔沟大桥左 13-2T 梁		31.2	41.5	45.5	50.5	表面平整,无裂纹

4.9.4　小半径高墩柱现浇梁组合支架施工技术应用

4.9.4.1　工程简介

中阳互通 A 匝道 4 号大桥桥梁起点桩 AK1+062.5,终点桩号 AK1+418.5,桥梁中心桩号 AK1+241,全长 356m,跨径组合为(3×40+3×40+6×18)m;桥梁与路线前进方向右偏角为 90°。上部结构:第一联采用装配式预应力混凝土简支 T 梁;第二联采用装配式预应力混凝土连续 T 梁,第三联采用现浇混凝土连续箱梁。第三联跨径为 6m×18m,最高墩柱 52m。箱梁横断面为单箱三室截面,全宽 12.5~15.2m,梁高 1.4m,翼缘板宽 2m,顶板厚 0.25m,底板厚 0.22m,腹板厚 0.45m。箱梁采用盘扣支架+钢管和牛腿贝雷梁支架进行现浇施工。

4.9.4.2　施工特点

1)场地受限程度小

本施工作业不受场地影响,支架体系为牛腿托架支撑,为便于作业,仅对施工范围内的使用场地做简单硬化即可完成支架搭设工作,相对于传统的满堂架或门式支架,组合式支架施工占用场地小,更易达到现场文明施工要求。

2) 施工进度快

本工法采用牛腿托架+钢管柱作为支架下部工程,墩身预埋托架预埋盒、系梁预埋钢管柱支撑钢板,下部工程搭设支架时仅需安装托架及钢管柱即可,本阶段安装时间仅需10~12d即可,大大加快了支架安装时间。

3) 施工风险低

由于离隰高速公路位于吕梁山区,多为基岩冲沟,沟谷两侧为基岩、黄土梁峁,地势起伏较大;本施工作业最高墩达52m,传统满堂架高宽比大,易失稳,施工风险高;本工法采用托架及钢管柱施工工艺,消除了传统工艺占地面积大且易失稳的风险,安全系数高、社会影响小;另外本工法缩短了支架拆除时带来的风险,从而降低了施工危险。

4) 显著的经济效益

工法减少了用地范围,节约了征地费用;实现了安全环保,支架安装更快捷、方便,且占用人力少,减少了劳务费,若能多次使用此工法,可极大降低人员设备资金投入,提高资金利用效率。

4.9.4.3 关键技术难度

1) 施工准备

进行方案论证评审,部分场地平整硬化。场地平整包括支架等材料运输便道及临时储存场地。场地平整区域范围即为后续的硬化区域,其区域确定原则为:确保后续的场地硬化区域满足施工要求。场地布置如图4-65。

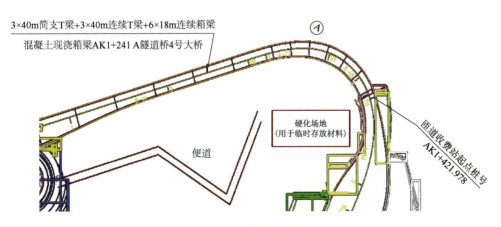

图 4-65 场地布置图

2) 支架结构形式

结构形式分两项;6~9号墩牛腿贝雷梁支架;10~11号墩牛腿+钢管柱贝雷梁支架。

(1)6~9号墩牛腿贝雷梁支架。

6~9号托架加贝雷梁布置方式自上而下为:15mm竹胶板底模→10cm×10cm纵向方木→I10工字钢横梁→盘扣架→I14工字钢横梁→贝雷梁→三拼I63a工字钢横梁→二拼I63a工字钢纵梁→纵向牛腿、横向牛腿。

横梁采用I14,主纵梁采用321型单层贝雷梁,横向分配梁采用3I63a,纵向分配梁采用2I63a。纵向牛腿横梁采用2[40a型钢,斜撑采用2[40a型钢,牛腿处预埋 φ32 精轧螺纹钢拉杆。横向牛腿横梁采用2I28a型钢,斜撑采用2[25a型钢,牛腿处采用预埋件。6~9号墩支架横断面图如图4-66所示。

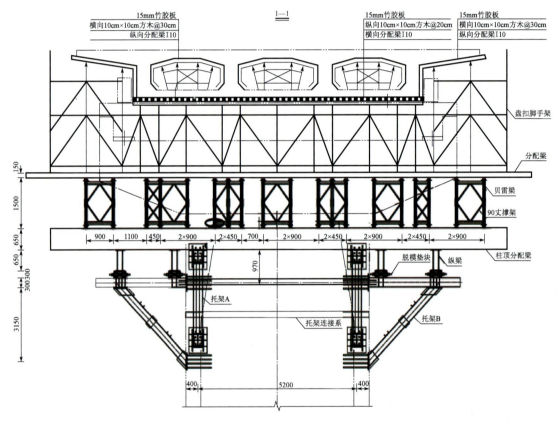

图4-66 6~9号墩支架横断面图(尺寸单位:mm)

(2)10~11号墩牛腿+钢管柱贝雷梁支架。

10~11号梁柱式支架布置方式自上而下为:15mm竹胶板底模→10cm×10cm纵向方木→I10工字钢横梁→盘扣架→I14工字钢横梁→贝雷梁→三拼I63a工字钢横梁→φ630mm×10mm钢管立柱。

钢管柱底部设置横向垫梁4I63a工字钢,垫梁下部采用型钢牛腿,横杆采用3I63a工字钢并搁置在系梁上,斜撑采用3I63a工字钢,端部预埋钢板。钢管柱纵向、横向均为16号槽钢作为剪刀撑。10~11号墩支架横断面图如图4-67所示。

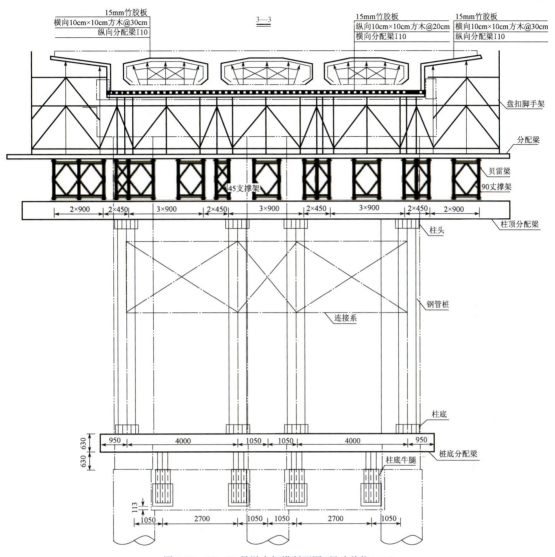

图 4-67　10~11 号墩支架横断面图(尺寸单位:mm)

6~12 号施工支架整体布置图如图 4-68 所示。

（3）支架搭设。

测量放线:根据方案和平面布置图,采用测量仪器放出钢立柱位置。

钢立柱施工:立柱采用 $\phi630mm \times 10mm$ 钢管立柱,钢柱底与横梁焊接成整体,钢立柱纵横向连接材料剪刀撑采用 16 号槽钢。

牛腿安装:牛腿预埋件在墩柱施工过程中准确预埋,安装托架前对预埋件结构尺寸、位置、数量进行验收,无误后方可安装托架。安装过程中严格检查托架、托架顶面高程是否符合设计高程,与预埋件联结是否牢固,焊缝长度、厚度是否足够,不符合要求的要及时改正。

横梁施工:托架和钢立柱上设置主梁,结构形式为三拼 63a 组合工字钢,工字钢安装时必须保证中心与钢立柱中心对齐,且与其各接触点不悬空,受力均匀。

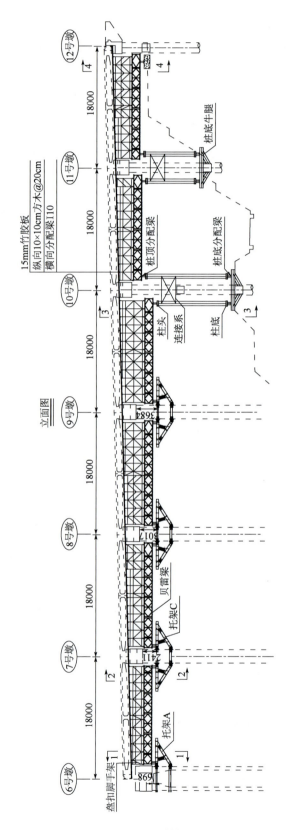

图4-68　6~12号施工支架整体布置图(尺寸单位:mm)

贝雷梁安装：贝雷梁横向间距90cm，在梁腹板下间距加密为45cm，贝雷梁与钢管立柱支撑处位置，采用双拼10号槽钢对竖杆加强。施工时先将贝雷梁在地面上拼装分组连接好，在主梁上使用红油漆每90cm标记出贝雷梁位置。用汽车吊将已连接好的贝雷架按照先中间后两边的顺序吊装就位。单组贝雷架吊装时必须设置两个起吊点，并且等距离分布，保持吊装过程中贝雷梁平衡，以避免吊装过程中产生扭曲应力。

盘扣架施工：立杆直径为$\phi60mm$，壁厚为3.2mm、材质为Q345；横杆材质为Q235，管径为$\phi48.3mm$，管壁厚为2.5mm；斜杆材质为Q235，管径为$\phi42.2mm$，管壁厚为2.5mm，且全部经过热镀锌处理。脚手架由立杆、横杆和斜拉杆组成的支撑体系，架体连接形式均采用圆盘形扣盘与卡钳型楔销锁紧固定。盘扣支架底模采用15mm竹胶板，下设纵向方木100mm×100mm，间距为200mm，方木下采用横向分配梁I10工字钢，下方为盘扣脚手架，盘扣纵向间距为1200mm，墩顶附近加密为600mm；横向一般间距为1200mm，腹板下为600mm，翼缘下为900mm，步距为1.5m。

分配梁及方木施工：贝雷架全部架设完毕后铺设I10工字钢分配梁，分配梁上设置纵向100mm×100mm方木，腹板下侧满铺，其他部位间距20cm。现浇梁底板范围内设置15mm厚覆面竹胶底模。

支架布置图如图4-69所示，支架布置现场图如图4-70所示。

（4）支架预压。

预压采用在零弯矩点附近预压：即预压第三联第一跨整跨以及第二跨1/4。预压只考虑第一次浇筑到腹板顶混凝土方量，混凝土最大体积总方量120m³，混凝土重量为312t，施工机具及人员荷载按照2.5kN/m²，桥面宽度按12.5m，长度18m考虑，总计56.25t，单跨合计重量368.25t，考虑安全系数取1.1，预压总重为405t，本次预压5/4跨，总重量506t。预压采用沙袋，单个重量1.5t，总计需要沙袋338个，现场准备沙袋400个。预压布置立面图如图4-71所示。

加载顺序为：两侧腹板对称加载，第一次加载60%（303.6t/202个沙袋），第二次加载80%（404.7t/270个沙袋），第三次加载至110%（506t/338个沙袋）。

卸荷载时要分层、对称进行，防止偏载，造成失稳破坏。在支架上浇筑箱梁混凝土施工过程中和支架落架后，箱梁将产生一定的挠度，为使箱梁在落架后能获得设计的线型，需在施工阶段设置一定数值的预拱度。在支架经整架验收合格后进行支架预压，预压采用与全部结构施工荷载1.1倍重的预压块进行。各级加载完成后静停1h观测竖向及横向变形值，第三级加载后静停24h每隔1h测量观察一次，确保最后两次观测数据之差小于2mm，取值L_2，分级卸载逐级观测弹性变形值，卸载完成后测得L_3。满足下列要求之一可一次性卸载：各测点沉降量平均值小于1mm；连续三次各测点沉降量平均值累计小于5mm。根据加载前和卸载后的高程计算支架的变形量（包括地基的弹性变形），并以此设置预拱度。

监测：监测断面设置在预压区域的墩身和纵梁跨中位置，每个断面设5个观测点（分别为翼板的左右，底板的左中右）。加载前在横梁顶面，贝雷梁跨中梁底设置观测点。具体设置：测量点用油漆做好标记，预压之前测量模板顶面高程，然后在此位置安设1.5m高的聚氯乙烯（PVC）管，以便观测每次加载后的高程变化值。每次预压完6h后进行观测，荷载加载完成后，每天进行沉降观测，测出每天沉降量，当不再继续沉降后，卸荷，最后卸载完后再观测，算出弹性变形及非弹性变形。

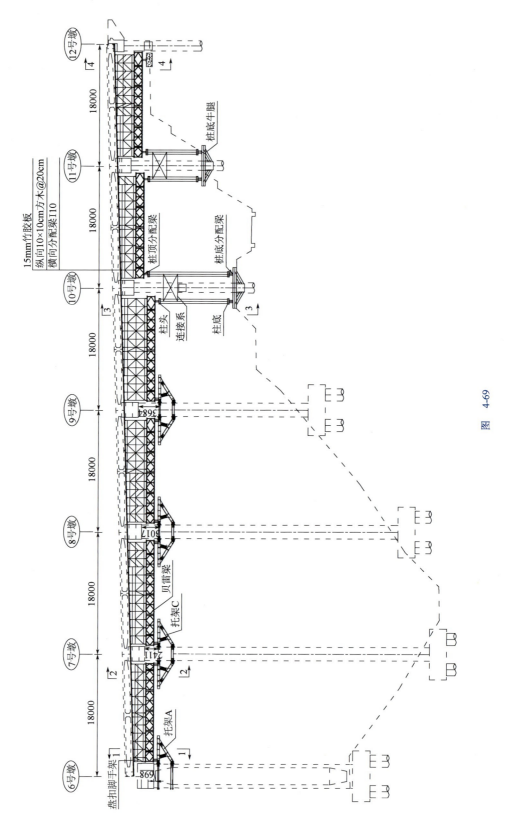

图 4-69

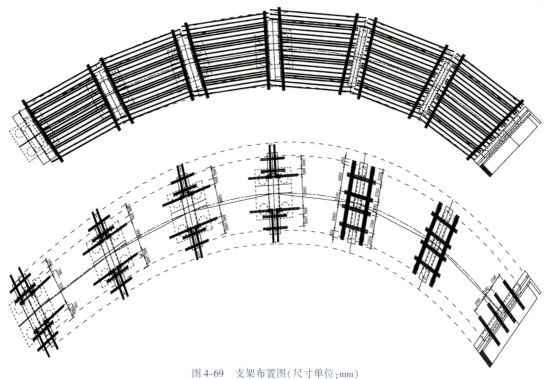

图 4-69　支架布置图(尺寸单位:mm)
注:混凝土浇筑前应对支架按箱梁自重的 1.1 倍进行预压

图 4-70　支架布置现场图

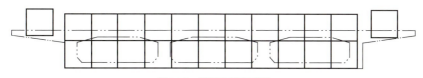

图 4-71　预压布置立面图

监测内容:支架竖向位移;支架水平位移;支架纵横梁挠度。

(5)模板工程。

①模板设计。

箱梁底模采用 1.5cm 厚优质竹胶板,内模采用木模,侧模采用木模板。底模采用 10cm ×

10cm 方木,翼缘板范围内间距为 30cm,腹板范围内间距为 10cm,底板范围内间距为 30cm。翼板及侧模处以桁架立模加固;内模采用 $\phi 25mm$ 精轧螺纹钢对拉固定。

a. 外模:底模、侧模采用 1.5cm 厚竹胶板拼装,竹胶板与纵肋采用射钉连接牢固。预压完成后调节底板面高程,重新固定后画出与侧模之间的连接线,裁去多余竹胶板。

b. 内模:内模为木模,采用直径 25mm 精轧螺纹对拉,精轧螺纹竖向间距 60~90cm,从底部往顶依次调整;纵向依据外模背棱位置设置,间距 90cm。两侧腹板利用 16mm 以上钢筋将精轧螺纹连接。

腹板内模加固体系依次为:20mm 木胶板 + 10cm×10cm 木方次龙骨、竖向布置、顺桥向间距 25cm + 双拼 10cm×10cm 木方主龙骨、纵向布置、按照对拉位置设置。

顶板内模从上往下依次为:20mm 木胶板 + 10cm×10cm 木方次龙骨、横向布置、顺桥向间距 25cm + 10cm×10cm 木方主龙骨,置于顶托 + 直径 48mm 扣件脚手架上。

扣件脚手架纵向间距为 90cm,布距 120cm。立杆上设置顶托,承托顶板内部,横杆两端设置顶托,顶两侧腹板。

②模板安装。

a. 底模调整:底模安装前采用水准仪抄平定线,用大头木楔调整底模高度保证纵横梁水平高程。模板调整时按预压数据设置箱梁的预拱度。

b. 模板准备:在模板安装前,检查其几何尺寸、平整度,及时清除模板上的杂物,预压卸载后要均匀涂刷脱模剂。

c. 模板安装:模板安装顺序:底模安装→边模安装→内模安装。模板安装时由一端向另一端铺装,并保证各构件结构尺寸正确,拼缝满足规范及设计要求。内模接缝处采用透明胶带进行封堵。箱梁翼缘模板在距中线最外侧向外延伸 0.5m 作为工作平台。

(6)支架拆除。

支架的拆除工作采用人工配合 80t 起重机进行,由上至下逐层拆除,底模和支架必须在混凝土设计要求后,方可拆除。底模拆除时要同步、对称进行。

支架拆除顺序:梁体跨中向梁端的顺序和纵桥向对称均衡、横桥向基本同步的原则分阶段循环进行支架落架。拆除前先拆除盘扣架。对于每跨贝雷梁,应自最外侧一片依次横向拖至系梁翼缘外,由起重机吊出,如果贝雷梁底有防护板应先拆除。其他拆除的程序是安装支架的逆过程,拆除过程中需封闭改移后的道路。

4.9.4.4 质量标准

(1)组织精干的质量管理人员,安排具备专业资格及长期合作队伍承担施工。对施工管理人员和特殊工种工作人员实施持证上岗制度,保证人员素质满足工程创优需要。

(2)提高全员质量意识,建立健全质量保证体系。工程质量是一个系统工程,领导是关键,群众是基础,制度是手段,技术是保证。队伍进场后,将对每一分项工程的每一工艺实施质量意识教育,有的放矢,做到人人明白,个个清楚质量的要求标准,建立严格的质量承包责任制,同经济挂钩,加强对工程质量的全面管理的指导。

(3)施工前,施工管理人员必须对施工班组进行书面技术交底,每个操作人员,明确操作要点及质量要求。

(4)施工过程中施工管理人员必须随时检查指导施工,确定关键工艺和特殊工艺的关键点,进行连续监控,对比分析质量偏差,及时纠正质量问题,把质量隐患消灭在施工过程中。

(5)每道工艺施工结束后,要及时组织质量检查评比,进行工艺交接,上道工艺质量不合格,下道工艺不得开始,并根据检查结果对施工班组及操作人员进行相应奖罚,强化施工人员的质量意识。

4.9.4.5 推广应用前景

小半径现浇匝道桥组合式支架工法作为一种新兴的桥梁支架施工工法,场地受限程度小、施工进度快、施工风险低,同时解决了现浇施工净空高、施工风险高等问题且有显著的社会经济效益,是目前桥梁建造的发展趋势。在国家大力发展安全发展、机械化施工的趋势下,本研究成果符合国家鼓励发展的技术方向,有利于增强施工安全性,缩短建设工期,降低施工成本,有利于改善施工人员作业环境,保障施工人员职业健康,具有良好的经济、社会及环保效益,为其他类似工程的施工能提供有益的借鉴,具有良好的推广应用及市场前景。

4.9.5 薄壁空心墩液压爬模应用

离隧高速公路宋家沟大桥主墩高达85.9m,高空作业风险大,线性控制困难,因此采用XPM-50A型液压自爬模施工工艺。XPM-50型液压爬模是一种新型自爬模(图4-72),它具有使用安全、结构合理、操作简单、经济实用等特点。模板采用定型模板。液压采用穿心千斤顶,千斤顶带有自锁装置,增加爬升的安全性和平稳性。

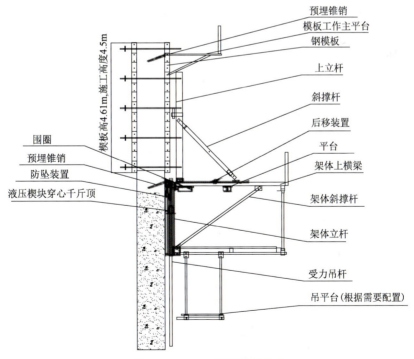

图 4-72　XPM-50 型液压爬模构成

4.9.5.1 液压自爬模板的安装过程

(1)模板安装前需要在承台上测出基准点,并找平,方便模板安装。

(2)模板安装前需要搭设简易的平台,再按照厂家的模板拼装图进行拼装。

(3)在起重设备满足起重条件下,可选择整面安装或分段吊装。

(4)大截面墩模板需要从中心往两端拼装,不要顺时针安装。

(5)模板关好后用对拉杆进行加固。拉杆采用 $\phi25mm$ 的精轧螺纹钢,钢模板每平方的抗拉强度不小于 10t。

(6)模板安装完后首先进行预埋件安装,预埋件安装需要在预埋钢棒和预埋定位孔处涂抹黄油,在预埋件外侧加设环形筋(预埋长度不小于 430mm)。

(7)在大截面的模板安装时,大于 6.5m 的截面都需要预拱 5mm,以保证模板浇筑出的混凝土的线型顺直,模板在安装时要保证模板的对角线相等,拼缝的位置错台不大于 1mm。在浇筑混凝土的时候随时观察模板拉杆处有没有松动的迹象,发现有问题及时处理。

(8)混凝土的浇筑速度为每小时平均高度为 1m,浇筑时须分层浇筑,分层高度为 30~50cm。为防止墩身变形,浇筑时必须均匀布料,不能用振动棒去赶料,需要交叉振捣。

(9)混凝土强度能保证其表面及棱角不致因拆模而受损时方可拆除,拆除前第一步先拆除预埋钢棒,再拆除拉杆。

(10)第一模安装使用的模板,在第二模使用的时候必须在原来的位置,方便以后的爬架爬升。

4.9.5.2 液压爬架安装流程

(1)第一次拆模后,安装挂板,并插入预埋爬锥(爬锥需清理干净,并涂抹黄油),挂板要求以销孔为基线必须水平,同一机位各附墙装置需确保在同一轴线上,每两机位附墙装置中心距误差小于 2mm。

(2)要求各预埋锥销在同一水平高度,插入嵌固紧实,预埋件孔处须增加钢筋网片环形筋作加强处理,安装后,必须有专人进行检查,并在检验表上签字,以便落实,确保埋件无误;预埋爬锥每次使用时需进行检查,看其是否完好、是否变形,如有以上缺陷,需将其作报废处理。预埋长度不小于 500mm。

(3)附墙装置安装好后,安装爬架,在塔式起重机有足够起重能力的条件下,爬架应先在地上按每面(组)机位布置图示位置进行组装,组装时每两机位中心距与第一次已埋预埋件(附墙装置)中心距误差小于 1mm,每组机位对角线误差应小于 1mm,因第一次浇筑混凝土高只有 4.61m,爬架在第一次组装时只能安装主平台与次平台。

(4)爬架组装完并反复核查各相关几何尺寸无误后,用塔式起重机吊起平稳安放就位。并用斜撑杆调整其角度,使爬架上横梁处于水平位置。

(5)安装短边安全横梁及防坠保险楔,安装并锚固围圈端头双拉杆。此两项为本爬架重要安全保障措施,须确保各部位连接可靠。端头拉杆不小于 $\phi25mm$ 的精轧螺纹钢和 $\phi28mm$ 的钢筋。因无爬轨,围圈是整个体系的重点,短边安全横梁节点处要焊挡块防止滑动。调整好围圈与混凝土体间隙,使防坠楔处于轨道的中部。

(6) 将第一次浇筑混凝土的模板按每面依次放于平台上,按机位布置图示安装模板后移装置,安装时模板后移装置中心距误差小于1mm,对角线误差小于1mm。为了保证其相对位置,需临时对每组机位间用系杆做加固处理。

(7) 模板后移装置安装好后,用塔式起重机将模板平稳吊装就位,并与架体栓接加固处理,进行模板前后移动动作,检查各支点是否均衡受力及前后移动是否顺畅。短边无爬架时,加装模板后移装置,后移架悬臂处焊斜撑杆,后移架交叉处焊 U 形锁卡,以免模板爬升时掉落。

(8) 在以上各过程准确无误地完成后,安装预埋件,支模校正加固,进行第二板混凝土浇筑。

(9) 当第二次浇筑混凝土达到拆模强度后,拆模将模板后移 500~600mm,并用插销将后移装置齿锁紧,防止其滑动。

(10) 安装附墙装置,将受力吊杆插入固定就位。后清理模板,安装预埋装置,并将模板前移至距离混凝土表面 20cm 左右,用插销将齿锁紧,进行第一次爬升。

(11) 第一次爬升后安装操作平台;至此,爬架全部安装完毕,进入循环爬升作业过程。爬架爬升到位后插入方销,必须对受力吊杆进行卸载操作,使爬架与挂板间销接受力;严禁在吊杆未卸载、爬架与挂板未通过销接受力时进行校模操作,避免吊杆处于超负荷状态而受损出现事故。

(12) 在大截面的墩柱安装时需要在每组机位间拉设剪刀架保证桁架的强度。桁架需要给施加预拱度,根据桁架的大小来定。

液压爬模现场图如图 4-73 所示。

图 4-73　液压爬模现场图

4.9.5.3　爬升前的准备工作

(1) 检查油箱焊缝是否完好、防止漏油,并清理干净油箱里面,不能存有水和杂物。

(2) 检查电机是否正转,检查油箱内的油是否足够(最少要有 80% 的油量);检查油质是否正常、油管和各接头是否正常及各管线长度是否足够,油站处安放灭火器材及悬挂操作手册安全标示牌。

(3) 要求爬升时,模板前移至混凝土外平面 20cm 位置,并作适当的固定处理。

(4) 每次爬升时先将体系提升 2cm 后停止,检查各受力点是否正常。

(5)压力表由安装技术员调试,禁止工人私自操作。定额工作压力为7MPa,单个千斤负荷不得超过10t。

(6)要求吊杆双螺母,涂抹黄油,预埋件是否安装到位。

(7)检查吊杆使用情况,一般在使用高度达到90m后应进行更换。

(8)检查全部电线的长度是否满足爬升要求,拉杆是否全部拆除。

(9)液压压力一般不超7MPa,满足爬升需求即可。

4.9.5.4 爬升流程

主墩爬架爬升流程如图4-74所示。

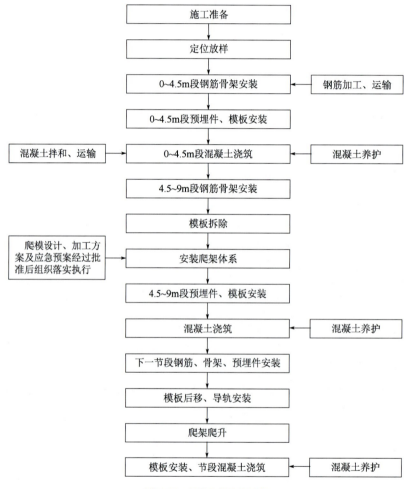

图4-74 主墩爬架爬升流程

4.9.5.5 液压爬模施工完毕后拆除

(1)混凝土达到强度后拆除模板,在有足够的起重条件下模板可以分为4个面进行整体拆除,不具备整体拆卸的情况下可以把单块模板进行分块拆卸。卸出所有穿墙螺栓、阳角斜杆、并抽出拉杆(包括斜角拉杆)。拆除钢插销,拆除 U 型卡,拆除通长背筋。拆除爬架上架体立杆。把模板分成单块依次吊下。

(2)液压爬架拆除。

①用塔式起重机先将模板拆除并吊下。

②拆除主平台以上的模板桁架系统,用塔式起重机吊下。

③拆除液压装置及配电装置。

④将液压控制台的主平台跳板拆除,吊出液压控制泵站和剩余液压装置。

⑤操作人员位于操作平台上将下层附墙装置及爬锥拆除。

⑥用塔式起重机吊起主梁三脚架和平台,至适当高度时卸下最高一层附墙装置及锥销,并修补好孔洞。

⑦最后拆除与爬梯或电梯相连的架体、附墙装置及爬锥。

⑧拆除时必须由专人指挥并配置安全监管员,确保拆除时人员及设备安全。

4.9.5.6 安全操作管理

(1)严格按照设计图纸进行操作。爬模操作必须固定人员,在爬模进场后,组织施工人员介绍安全教育及爬模施工安全技术交底,要分工明确。

(2)爬模安装预埋件、挂座及进行模板安装、拆除时必须系好安全带和佩戴必要防护用品,安全带挂在安全的骨架上。模板锥销必须与模板上定位套安装紧密;锥销上均匀涂脱模剂,混凝土浇筑完成后初凝时应将锥销轻敲转动,防止爬锥拆卸困难。

(3)混凝土强度达到 10MPa 后可进行模板拆除,达到 15MPa 以上方可爬升。

(4)液压自爬模板爬升必须在白天进行,严禁夜间光线不足时进行爬升作业。

(5)在雷雨、大风(6级以上)、大雾、大雪等恶劣天气情况下,不得进行爬模。

(6)液压泵站应设专人操作,非操作人员不得动用液压泵,液压泵使用时压力不得高于 7MPa。

(7)爬升架体前,操作人员检查机械是否运转正常,如运转正常方可爬升;墩柱四周设置警戒线,严禁其他人员靠近;爬升架上不得堆放重物。爬升到位后方可施工。严禁上下同时作业,防止高空坠落。

(8)爬模操作人员须经过严格培训后,经项目部安检部门认可后方能独立操作。

(9)模板吊升应有专人指挥,工人必须戴安全帽,穿防滑鞋,发现有违规者,应制止。

(10)模板上的脚手架必须符合安全要求,平台跳板必须与脚手架捆绑牢固,跳板尽量不要出现悬挑的现象,若需要时,必须按设计要求或规定的标准搭设跳板,设置防坠落安全网。发现有不符合要求时,应立即整改直至满足要求为止,否则不准进入下一道工艺。

4.9.5.7 混凝土浇筑施工要点

1)混凝土配合比设计

(1)空心墩爬模施工混凝土采用塔式起重机吊装或泵送,要求和易性良好,不易产生离析、泌水现象。

(2)墩身内、外侧钢筋密集,因此需要严格控制粗细集料比例及粒径,坍落度控制要求与现场工艺相结合。

2)混凝土材料质量控制

(1)水泥:水泥的品种、用量和强度等级通过混凝土配合比试验选定,保证混凝土的耐久性和工作性能。

(2)粗细集料:细集料使用级配良好、质地坚硬、颗粒洁净的天然砂或符合规定的机制砂。粗集料使用质地坚硬、洁净、粒形良好,吸水性小的碎石,按产地、类别、加工方法和规格等不同,按《公路工程集料试验规程》(JTG E42—2005)分批进行检验。

(3)水:选择的水必须不含有影响水泥正常凝结与硬化的有害杂质或油脂、糖类及游离酸类等。

(4)外加剂:采购改善混凝土拌合物流动性能的高性能减水剂,与水泥、矿物掺合料之间具有良好的相容性。

3)混凝土拌制、运输、入模浇筑程序与捣固

(1)混凝土拌制。

使用强制式搅拌机进行集中搅拌,搅拌延续时间根据搅拌机类型、混凝土坍落度等情况确定,时间不足时拌合物将达不到均匀要求,时间过长时拌合物可能产生离析。

搅拌机搅拌的转速须严格控制,以减小拌合物的离心作用,不得为缩短搅拌延续时间而使转速超过该搅拌机规定的转速。

(2)混凝土运输。

根据混凝土的浇筑数量、混凝土凝结时间、浇筑速度、运输时间限制、搅拌机生产率等情况确定运输机具的类型和数量。必须使浇筑工作不间断,并使混凝土拌合物运到浇筑地点时不离析并保持良好的均匀性。

(3)混凝土入模浇筑程序。

下节混凝土顶面经过凿毛处理,洒水湿润后浇筑上节混凝土。

混凝土采用塔式起重机吊装或输送泵泵送至墩顶,通过漏斗、挡板等防离析装置,再由串筒缓慢入模。串筒一般用多节上大下小的管筒连成,可用薄钢板制作,各管筒之间用钩环连接。分层浇筑混凝土,每层最大厚度30cm。串筒上口挂在漏斗上或焊接在一起,通过起吊设备一起移动。

(4)混凝土振捣。

采用插入式振捣器振捣,按照直线行列移位或交错行列移位,一般以振动作用半径的1.5倍作为移动间距。振动器的移动距离,保持一定的规律,防止漏振或过振。振动棒与侧模保持50~100mm的距离,并避免碰撞模板、钢筋以及其他预埋件。

振动深度一般不超过振动棒长度的2/3~3/4倍。振动时不断上下移动振动棒,以便捣实均匀;插入下层混凝土的深度为50~100mm,并在下层混凝土初凝前振动完成其相应部位的上层混凝土,使上下层混凝土紧密连接。

振动时间宜为20~30s,当出现混凝土不再有显著的沉落,不再出现大量的气泡,混凝土表面均匀、平整,并已泛浆,即可停止。

4）混凝土养护

混凝土浇筑成型后水泥硬化时,及时洒水养护,养护用水条件与拌和用水相同。墩顶裸露面可用麻布覆盖,并经常洒水,使覆盖物湿润。墩身模板在爬升前,应经常洒水,确保模板湿润。

混凝土的浇水养护时间,根据水泥品种、气候条件及养护方法确定。在相对湿度大于60%的潮湿环境中养护,不宜少于7d;在相对湿度小于60%的干燥环境中养护,应延长至14d。

4.9.6 玄武岩纤维水泥混凝土应用

4.9.6.1 应用背景

当代水泥混凝土应用中,主要存在其易开裂、抗拉强度低、韧性差等问题,如何克服这些缺点从而延长使用寿命、确保结构安全是一项重要课题。现有研究表明在普通混凝土中掺入一定量纤维是改善混凝土上述缺陷的一种重要途径。目前,国内外研究较多的纤维混凝土有钢纤维混凝土、玻璃纤维混凝土、碳纤维混凝土、合成纤维混凝土、天然植物、矿石纤维混凝土等,天然植物、矿石纤维生产材料来源广泛,生产和使用过程中无排放、无污染,已成为我国建筑领域响应节能减排大形势下的生力军。在混凝土中掺加纤维是促进混凝土高性能化的重要手段,纤维混凝土在各类工程建设中发挥越来越重要的作用。

玄武岩纤维是玄武岩石料在高温熔化后,通过拉丝形成的连续纤维,具有耐高温、抗腐蚀等优异性能,可以改善混凝土的耐久性和长期性能,且玄武岩纤维且与硅酸盐具有天然相容性,和混凝土混合时分散性好,结合力强,热胀冷缩系数与混凝土一致,具有较好抗裂和抗冻融能力。

4.9.6.2 室内试验研究

受路桥集团和离隰公司的委托,山西路桥集团试验检测中心有限公司离隰高速公路总承包工地试验室对玄武岩纤维水泥混凝土进行了室内试验的研究分析。

1）研究思路和试验方案

在C30素混凝土中掺玄武岩纤维,从而提高混凝土强度、减小混凝土抗开裂,主要考虑应用在涵洞墙身(素混凝土)、隧道二衬等容易产生裂缝部位。

在C50、C40混凝土中掺玄武岩纤维,主要考虑提高大平面混凝土抗裂等级,减小混凝土早期塑性收缩下的抗裂性,主要应用在混凝土桥面和梁板结构物。

C50混凝土使用42.5水泥代替52.5水泥,掺入玄武岩纤维,可以提高混凝土抗裂性,同时降低成本,主要应用T梁、箱梁和现浇梁。

按照玄武岩纤维混凝土研究思路确定以下几个试验方案,并按照该方案进行相关试验工作。

(1)在原有C50混凝土配合比基础上每方混凝土加入3kg玄武岩纤维。

(2)原有 C50 混凝土配合比 52.5 水泥调整为 42.5 水泥,加 1kg、3kg 玄武岩纤维。

(3)原有 C40 混凝土配合比基础上每方混凝土加入 1kg、3kg 玄武岩纤维。

(4)原有 C30 混凝土配合比基础上加 1kg 玄武岩纤维。

通过以上试验方案,研究混凝土工作性能变化、7d 和 28d 抗压强度、劈裂强度、弹性模量等指标。

2)原材料试验

(1)水泥:中阳桃园水泥 P·O 42.5,符合 GB 175—2007 规范标准。水泥主要技术性能检测结果如表 4-5 所示。

水泥主要技术性能检测结果　　　　　表 4-5

序号	检验项目		技术指标	检测结果
1	密度(g/cm³)		—	3.16
2	比表面积(m²/kg)		≥300	363
3	标准稠度用水量(%)		—	27.9
4	凝结时间(min)	初凝	≥45	200
		终凝	≤600	365
5	安定性(mm)		≤5.0	1.0
6	抗折强度(MPa)	3d	≥3.5	6.0
		28d	≥6.5	7.8
7	抗压强度(MPa)	3d	≥17.0	23.6
		28d	≥42.5	48.7

(2)细集料:中阳庄上石料场机制砂,符合 JTG/T 3650—2020 规范标准。细集料主要技术性能检测结果如表 4-6 所示。

细集料主要技术性能检测结果　　　　　表 4-6

序号	材料	技术指标	机制砂
1	亚甲蓝 MBV(g/kg)	≤1.0	0.8
2	石粉含量(%)	≤10	5.2
3	压碎值(%)	≤25	21
4	细度模数 M_x	—	2.9

(3)粗集料:中阳庄上石料厂 5~10mm、10~20mm、10~30mm 碎石,符合 JTG/T 3650—2020 规范标准。粗集料主要技术性能检测结果如表 4-7 所示。

粗集料主要技术性能检测结果　　　　　表 4-7

序号	材料	技术指标	5~10mm	10~20mm	10~30mm
1	含泥量(%)	<1.0	0.7	0.6	0.1
2	泥块含量(%)	<0.5	0.2	0.4	0
3	针、片状含量(%)	<15	10.9	5.9	6.2

续上表

序号	材料	技术指标	5~10mm	10~20mm	10~30mm
4	压碎值(%)	≤20	—	10	—
5	C50 掺配比例(%)	—	20	80	—
6	C40 掺配比例(%)	—	10	70	20
7	C30 掺配比例(%)	—	10	70	20

(4)F类Ⅱ级粉煤灰:山西兆光发电有限公司,符合 JTG/T 3650—2020 规范标准。F类Ⅱ级粉煤灰主要技术性能检测结果如表4-8所示。

F类Ⅱ级粉煤灰主要技术性能检测结果　　　　　表4-8

序号	材料	设计要求	检测结果
1	细度(%)	≤30	11.8
2	烧失量(%)	≤8	3.98
3	密度(g/cm³)	≤2.6	2.33
4	安定性(mm)	≤5.0	0.5

(5)S95级矿渣粉:山西中阳钢铁有限公司,符合 JTG/T 3650—2020 规范标准。S95级矿渣粉主要技术性能检测结果如表4-9所示。

S95级矿渣粉主要技术性能检测结果　　　　　表4-9

序号	检验项目		设计要求	检测结果
1	比表面积(m²/kg)		≥400	437
2	密度(g/cm³)		≥2.8	2.85
3	烧失量(%)		≤1.0	0.48
4	活性指数	7d	≥70	86
		28d	≥95	101

(6)聚羧酸高性能减水剂:山西路桥第三工程有限公司,符合 JTG/T 3650—2020 规范标准。聚羧酸高性能减水剂主要技术指标检测结果如表4-10所示。

聚羧酸高性能减水剂主要技术指标检测结果　　　　　表4-10

序号	检测项目	设计要求	检测结果
1	减水率(%)	>25	26
2	含气量(%)	≤6.0	3.1
3	1h经时变化量(坍落度)(mm)	≤80	60
4	固含量(%)	22±2.5	24.09
5	pH值	6.0±1.5	5.95

(7)玄武岩水泥短切纤维:山西省晋投玄武岩开发有限公司,符合 JTG/T 221—2010 规范标准。玄武岩水泥短切纤维主要技术性能检测结果如表4-11所示。

玄武岩水泥短切纤维主要技术性能检测结果 表 4-11

序号	检测项目		技术要求	检测结果
1	单丝公称直径	平均值(μm)	—	14.9
		公称偏差(%)	±10	-0.7
2	公称长度	平均值(mm)	—	19.96
		公称偏差(%)	±10	-0.2
3	含水率(%)		—	0.058
4	密度(g/cm^3)		—	2.714
5	耐碱性	未经侵蚀的单丝断裂强力(cN)	—	37.82
		未经侵蚀的单丝断裂强度(MPa)	—	2169
		侵蚀的单丝断裂强力(cN)	—	28.90
		侵蚀的单丝断裂强度(MPa)	—	1657
		单丝断裂强度保留率(%)	≥75	76.4
6	浸胶纱拉伸性能	拉伸强度(MPa)	≥1050	3.00×10^3
		弹性模量(GPa)	≥24	88.5

3) 玄武岩纤维混凝土拌和工艺

试验室采用双卧轴强制混凝土搅拌机进行玄武岩纤维混凝土进行拌和,拌和工艺如下:
(1)先把粗、细集料称重后放入拌和锅。
(2)放入称好的玄武岩纤维,搅拌 10s。
(3)加入 70% 的水,搅拌 20s。
(4)加入胶凝材料搅拌 30s。
(5)加入剩余的水和减水剂搅拌 60s。

4) 混凝土拌合物性能试验

(1) C50 混凝土掺不同纤维强度试验。

2021 年 11 月先进行 C50 混凝土掺玄武岩纤维和聚丙烯纤维试验(玄武岩纤维掺量:3kg/m^3,聚丙烯纤维掺量:1kg/m^3),7d 抗压强度和劈裂弯拉强度较高,通过强度分析,调整试验方案,12 月开始进行其他方案试验工作,C50 混凝土掺纤维强度试验结果见表 4-12。

C50 混凝土掺纤维强度试验结果 表 4-12

序号	配合比	不掺纤维	掺玄武岩纤维	掺聚丙烯纤维
		使用 P·O 52.5 水泥		
1	纤维掺量	0	3kg/m^3	1kg/m^3
2	7d 抗压强度(MPa)	54.5	75.23	66.98
3	7d 强度变化(%)	0	+38.0	+22.9
4	28d 抗压强度(MPa)	61.6	80.05	69.61
5	28d 强度变化(%)	—	+30.7	+13.0
6	7d 劈裂抗拉强度(MPa)		4.17	3.97

续上表

序号	配合比	不掺纤维	掺玄武岩纤维	掺聚丙烯纤维
			使用P·O 52.5水泥	
7	28d劈裂抗拉强度(MPa)	3.43	4.41	4.82
8	28d劈裂抗拉强度变化(%)	—	+28.6	+40.5
9	早期开裂敏感性	—	不开裂	表面少量裂纹

（2）配合比设计和玄武岩纤维掺量。

混凝土配合比如表4-13所示。

混凝土配合比(单位:kg,坍落度设计:180~220mm)　　　表4-13

序号	配合比名称	W/B	水泥	水	细集料	碎石	粉煤灰	矿粉	纤维	减水剂
1	C50	0.34	413	165	682	1066	34	39	1/3	5.3
2	C40	0.36	320	159	684	1111	69	57	1/3	4.46
3	C30	0.43	249	165	722	1129	77	58	1	3.8

（3）混凝土工作性能试验。

通过混凝土拌和,检测坍落度和扩展度试验结果见表4-14、表4-15,通过数据分析得出掺玄武岩纤维混凝土工作性能以下结论：

①每方混凝土掺1kg玄武岩纤维,和普通混凝土相比,坍落度变化在-20mm范围内,坍落度损失-2.5%左右,扩展度减小3%~5%,扩展时间增加7%~10%。

②每方混凝土掺3kg玄武岩纤维,和普通混凝土相比,坍落度损失15%~18%,扩展度减小较大,需要调整配合比才能满足要求,扩展时间增加35%~40%。

③掺玄武岩纤维混凝土工作性能低强度等级影响小,高强度等级影响大,掺量1%影响小,掺量3%时需要调整配合比才能和普通混凝土性能保持一致。

④配合比调整:主要调整用水量和减水剂掺量,考虑到混凝土强度指标,建议用水量微调,调整用水量增加1%~1.5%,减水剂掺量增加5%~8%。

混凝土拌合物性能试验结果　　　表4-14

序号	配合比	C40	C40	C40	C30	C30
1	纤维掺量	0	1kg/m³	3kg/m³	0	1kg/m³
2	坍落度(mm)	210	200	175	195	190
3	坍落度损失(%)	—	2.4	16.6	—	2.6
4	扩展度(mm)	600	570	540	620	600
5	扩展度减小(%)	—	5	10	—	3.2
6	扩展时间(s)	5.3	5.8	7.4	5.2	5.6
7	扩展时间增加(%)	—	9.4	39.6	—	7.7
8	调整方法			用水量增加1%,减水剂增加5%		

混凝土拌合物性能试验结果　　　　　　　　　　表 4-15

序号	配合比	C50 P·O 52.5 水泥 玄武岩纤维		C50 P·O 52.5 水泥 聚丙烯纤维	C50 使用 P·O 42.5 水泥	
1	纤维掺量	0	3kg/m³	1kg/m³	1kg/m³	3kg/m³
2	坍落度(mm)	190	160	190	205	170
3	坍落度损失(%)	—	15.8	—	—	17.1
4	扩展度(mm)	600	550(调整后)	590	600	450
5	扩展度减小(%)	—	8.3	—	—	25
6	扩展时间(s)	6.2	8.4	7.2	6.3	达不到500
7	扩展时间增加(%)	—	35.5	—	—	—
8	调整方法	水用量增加1.0%,减水剂增加7.5%,掺量由5.3kg/m³增加到5.7kg/m³混凝土				

(4)混凝土力学性能试验。

按照试验方案,制作混凝土试件,进行混凝土抗压强度、劈裂抗拉强度、弹性模量、混凝土早期开裂、抗渗、抗冲击等试验。具体试验数据见表4-16~表4-19,通过各强度试验得出以下结论:

①C30 混凝土掺 1kg/m³ 玄武岩纤维,7d 抗压强度提高 18.9%。

②C40 混凝土掺 1kg/m³ 玄武岩纤维,7d 抗压强度提高 5.6%,掺 3kg/m³ 玄武岩纤维,7d 抗压强度提高 9.5%。

③C50 混凝土,使用 P·O 52.5 水泥掺 3kg/m³ 玄武岩纤维,7d 抗压强度提高 38.0%,28d 强度提高 30.7%。

④C50 混凝土,使用 P·O 42.5 水泥掺 3kg/m³ 玄武岩纤维,比使用 P·O 52.5 水泥 7d 抗压强度提高 5.9%,劈裂抗拉强度提高 16.5%。

⑤C30 掺 3kg/m³ 玄武岩纤维混凝土比普通混凝土开裂裂缝降低 86.5%,比钢筋混凝土开裂裂缝降低 50% 左右。

混凝土抗压强度试验结果　　　　　　　　　　表 4-16

序号	配合比	纤维掺量(kg/m³)	水泥强度等级	7d 抗压强度(MPa)	28d 抗压强度(MPa)
1	C30	0	P·O 42.5	38.0	41.4
		1		45.18	57.09
2	C40	0	P·O 42.5	42.2	53.2
		1		47.31	61.20
		3		49.05	64.38
3	C50	0	P·O 52.5	54.5	61.6
		3		75.23	80.05
4	C50	1	P·O 42.5	58.4	75.37
		3		57.72	74.16

混凝土劈裂弯拉强度试验结果　　　　表 4-17

序号	配合比	纤维掺量（kg/m³）	水泥强度等级	7d 劈裂抗拉强度（MPa）	28d 劈裂抗拉强度（MPa）
1	C30	0	P·O 42.5	—	—
		1		3.32	2.68
2	C40	0	P·O 42.5	—	—
		1		2.88	2.91
		3		2.89	3.63
3	C50	0	P·O 52.5	—	3.43
		3		4.17	4.41
4	C50	1	P·O 42.5	3.04	3.33
		3		4.09	3.63

混凝土抗压弹性模量试验结果　　　　表 4-18

序号	配合比	纤维掺量（kg/m³）	水泥强度等级	7d 弹性模量（MPa）	28d 弹性模量（MPa）
1	C30	0	P·O 42.5	—	—
		1		33600	34900
2	C40	0	P·O 42.5	—	—
		1		34000	37400
		3		36300	38100
3	C50	0	P·O 52.5	—	—
		3		—	—
4	C50	1	P·O 42.5	41300	43300
		3		41600	43800

掺纤维混凝土和素混凝土早期抗裂性试验对比表　　　　表 4-19

编号	最大裂缝宽度（mm）	平均裂缝宽度（mm）	裂缝总长（mm）	裂缝总面积（mm²）	裂缝降低系数
素混凝土	1.61	0.79	2778	1098.6	86.5%
纤维混凝土	0.48	0.37	471	173.0	

4.9.6.3 实体工程应用

1) T 梁浇筑

2022 年 3 月 18 日，在离隰高速公路路基 4 合同段首次进行第一片玄武岩短切纤维混凝土 30 米 T 梁浇筑。通过调整拌和楼搅拌工艺、确定纤维添加方式、优化混凝土配合比、混凝土施工性能控制等顺利完成了 T 梁浇筑。在第一片梁浇筑的基础上调整配合比于 3 月 28 日进行了第二片梁浇筑。

掺玄武岩短切纤维混凝土施工配合比调整、混凝土施工性能和力学性能见表4-20、表4-21。

掺玄武岩纤维 C50 混凝土施工配合比（单位：kg）　　　表 4-20

配合比名称	试验日期	W/B	水泥	水	细集料	碎石	粉煤灰	矿粉	纤维	减水剂
目标配合比	2022.3.6	0.34	400	160	694	1111	33	38	2	5.65
施工配合比	2022.3.18	0.33	400	155	694	1111	33	38	2	4.6
施工配合比	2022.3.28	0.33	400	155	694	1111	23	48	2	5.18

掺玄武岩纤维 T 梁浇筑混凝土性能试验结果　　　表 4-21

施工日期	坍落度（mm）	扩展度（mm）	试件抗压强度（MPa）			实体回弹强度（MPa）			
			3d	7d	28d	3d	7d	11d	28d
2022.3.18	210	560	26.5	40.7	55.6	28.2	45.5	46.8	56.3
2022.3.28	200	530	34.2	47.7	56.5	31.0	46.1	48.8	58.3

2）桥面铺装

在大量试验论证以及离隰 LJ4 标玄武岩混凝土 T 梁浇筑成功的基础上，2022 年 5 月离隰公司组织召开玄武岩纤维混凝土桥面铺装推广应用专题会议，并下发推广方案。离隰项目 LJ4～LJ7 项目部迅速安排布置玄武岩纤维混凝土的试验论证、材料采购、设备改进、工艺优化及施工组织等工作，保证了剩余的桥面铺装混凝土全部使用玄武岩纤维混凝土。经统计，LJ4～LJ7 标桥面铺装混凝土用量预计 34276m³，按照每立方米混凝土中掺 2kg 玄武岩纤维计算，可使用玄武岩纤维 68522kg。近期正积极与离隰项目 LJ1～LJ3 沟通协商，计划在离隰项目 LJ1～LJ3 剩余的桥面铺装上全部使用玄武岩纤维混凝土。

试验室对 LJ6 标小道峪大桥、向阳沟大桥等桥面铺装玄武岩混凝土试块强度进行统计分析，使用 P·O 42.5 水泥的情况下，28d 试块强度能达到 54.0～56.0MPa 左右，既能满足规范设计要求，又能降低成本，真正达到降本增效的目的，如表4-22 所示。

LJ6 标掺玄武岩纤维混凝土桥面铺装试块强度　　　表 4-22

施工日期	施工部位	试件抗压强度（MPa）	
		7d	28d
2022/10/21	K58+872 小道峪大桥左幅第一联桥面	52.0	56.4
2022/10/22	K58+872 小道峪大桥左幅第二联桥面混凝土浇筑	52.4	56.0
2022/10/23	K58+872 小道峪大桥左幅第三联桥面混凝土浇筑	52.1	56.3
2022/10/26	K56+564 向阳沟大桥右幅第一联桥面	52.7	54.2
2022/10/30	DK0+500.41 匝道桥桥面混凝土	52.1	55.8

4.9.6.4　小结

以离隰总承包试验室大量试验数据为依据，通过离隰项目 T 梁及桥面铺装实体工程的应用，可以看出玄武岩纤维混凝土掺量投料方式、配合比及性能表现优异。

(1)混凝土分次投料技术可提高混凝土抗压强度20%~30%,并改善了拌合物的工作性。

(2)在混凝土强度不变的前提下,可节约水泥20%左右。

(3)混凝土掺玄武岩纤维可提高混凝土强度和提高抗裂性。

(4)具有良好经济效益,离隰高速LJ4项目部使用玄武岩纤维配制C50混凝土,经济性分析综合节约成本约13元/m^3。

5 隧道工程

5.1 洞口及明洞工程

5.1.1 施工工序

洞口及明洞工程的施工工序如图 5-1 所示。

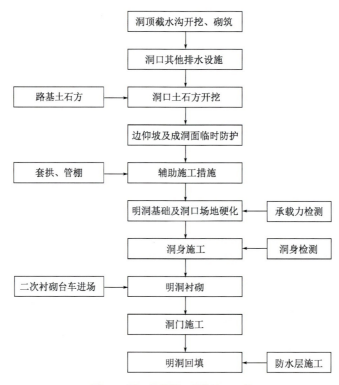

图 5-1 洞口及明洞工程的施工工序

5.1.2 施工质量要点

5.1.2.1 洞口工程

根据隧道进口地形、地质、地貌等具体情况，洞口明洞段采用分层小切口开挖进洞，然后进行混凝土套拱和大管棚的施工，确保安全后再进行暗洞开挖。同时在施工过程中，隧道洞口开挖前应结合设计文件，遵循"早进晚出"的原则，复核确认明暗分界位置的合理性，尽量避免过高的仰坡开挖。

1）洞口土石方的开挖与防护

(1) 在进行暗洞施工前，对洞口衬砌外的边仰坡进行锚喷（网）加固。洞口边坡及仰坡分段分层自上而下开挖,不得掏底挖或上下重叠开挖。机械开挖不到的部位采用人工开挖,或辅以浅孔爆破等措施减少对边坡、仰坡及围岩的扰动,严禁采用大爆破。

(2)边坡和仰坡以上可能滑塌的表土、灌木及山坡危石等应全部清除或防护,不留后患。开挖中应随时检查边坡和仰坡的变形状态,如果发现不稳定的现象,应及时采取措施,保证施工安全。

(3)临时防护应视地质条件、施工季节和施工方法等,及时采取喷锚等措施。

(4)开挖前在仰坡坡口外沿隧道横断方向布设地面沉降观测点,以便随时监测边坡和仰坡的变形状态和各种施工措施的可靠性。

2)洞口截排水施工

(1)洞口截排水设施应在雨期和融雪期之前完成。

(2)截水沟布设要顺应原地貌的地势,修整平缓顺直,上游进口与原地面衔接紧密,迎水面不得高于原地面,满足截流坡面水的要求,不出现溢水或渗漏,下游出水口引入急流槽,将水排至路基外侧。

(3)截水沟开挖后应及时按照图纸要求进行铺砌,防止地表水流沿沟下渗,造成坡体滑塌。

5.1.2.2 超前管棚支护

管棚主要适用于土砂质地层、强膨胀性地层、强流变性地层、裂隙发育的岩体、断层破碎带、浅埋有显著偏压等围岩的隧道。超前管棚支护如图5-2所示。

图5-2 超前管棚支护

(1)根据测量放样桩点,安装洞口工字钢拱架,间距符合设计要求,焊接牢固,用锁脚锚杆锁定锚固。将导向管按照平行路线轴线方向、仰角为1°~3°(不包括路线纵坡)的外插角精确定位,并用连接钢筋与工字钢牢固焊接为一整体。

(2)钢花管应按设计的钻设孔径进行钻孔,并在管尾预留450cm的止浆段,孔间距应符合设计要求,呈梅花形布置,管头焊成圆锥形,便于入孔。要求钢管偏离设计位置的径向施工误差不大于15cm,相邻钢管之间环向不大于10cm。钻孔施工中应严格控制钻杆下沉量及左右偏移量。

(3)棚管顶进采用挖掘机和管棚机钻进相结合的工艺,即先钻大于棚管直径的引导孔,然后用挖掘机在人工配合下顶进钢管。

(4)接长钢管应满足受力要求,相邻钢管的接头应前后错开,沿隧道纵向同一横断面内接头数不大于50%,相邻钢管接头数至少须错开1.0m。为确保接头质量,接头用15cm的丝扣直接对口连接。

(5)管棚注浆顺序为先注无水孔,后注有水孔,先注奇数管,后注偶数管,由低到高,交错进行。注浆量由压力控制,初压为0.5~1.0MPa,终压为2.0MPa,达到结束标准后,停止注浆。实际注浆量应大于理论计算的注浆量。当注浆量小于理论数值时,说明管内未注满,此时应停止注浆查明原因后再进行压注。若注浆量超限,未达到压力要求,应调整浆液浓度继续注浆,确保钻孔周围岩体与钢管周围孔隙充填饱满。为增强钢管的刚度,注浆完成后管内应以M30水泥砂浆填充。

5.1.2.3 明洞工程

(1)隧道明洞施工应在隧道暗洞衬砌混凝土浇筑1~2模后及时完成。

(2)明洞基础地基承载力应满足设计要求,深基础开挖应注意核查地质条件,如基底松软,应采取措施增加基底承载力。禁止超挖回填虚土,超挖部分与基础混凝土同时浇筑。

(3)偏压和单压明洞的外边墙基底,在垂直路线方向应按设计要求挖成一定坡度的向内斜坡,以提高基底的抗滑力。

(4)明洞衬砌浇筑混凝土前应复测中线、高程和模板的外轮廓尺寸(考虑预留沉降),确保衬砌不侵入设计轮廓线。明洞混凝土采用二次衬砌台车立模,明洞墙、拱混凝土应整体浇筑。

(5)明洞支架拆除后应及时施作防水层及排水设施,保证排水畅通。明洞施工应和洞顶的截、排水设施统筹考虑,即明洞施工完成后,洞顶排水系统达到完善、畅通。墙后的排水设施与填土同时完成,保证出水口通畅。

(6)明洞防水层铺设前应检查并清除拱墙背面露出的尖锐突出物,拱墙背面混凝土表面应平滑圆顺,必要时可用砂浆抹平。防水层的铺设应保证各方向的搭接宽度不小于1m,与拱背粘贴紧密,铺设时应自上而下进行,上下层接缝宜错开,不得有通缝。

(7)回填料不宜采用膨胀岩土,顶面0.2m可用耕植土回填,回填时不得倾填作业。单侧设有偏压墙的明洞回填应在偏压墙施工完成后进行。明洞回填应对称分层夯实,分层厚度不宜大于0.3m,两侧回填高差不应大于0.5m。明洞回填时,应采取防止损伤防水层的措施。

(8)洞门顶排水沟设计在填土上时,应在夯实后浇筑。

5.1.3 关键质量通病与防治

5.1.3.1 边仰坡滑坡、崩塌

1)形成原因

(1)边仰坡防护不及时、不到位。

(2)边仰坡排水设施缺失或排水措施不当。

2）防治措施

（1）洞口边仰坡严格按设计要求开挖，边开挖边防护，做好喷锚（网）防护工作，防止雨水冲刷；可采取地表锚杆、深基桩、挡墙、土袋或石笼注浆、超前锚杆等加固措施防止滑坡；可采取喷射混凝土、地表锚杆、锚索、防落石棚、水泥、水硅酸钠等注浆加固措施防止滑坡崩塌；可采取平衡压重填土、护坡挡墙或对偏压上方地层分部开挖、弱爆破、打超前锚杆、管棚等措施防止偏压造成的病害。

（2）在洞口边仰坡开挖前先施工洞顶截、排水沟，防止地表水冲刷边仰坡；防护排水措施应根据现场实际地形设置。

5.1.3.2　超前管棚失效

1）形成原因

（1）导向管环向间距不均匀、角度存在偏差、钻机角度控制不严格，导致管棚打入角度偏差大。

（2）管节接头部位及连接套管开丝长度不够或丝牙精度较差，导致管节连接不牢固，导致管棚送管过程中出现"低头"。

（3）未按图纸施作加强钢筋束或管棚注浆不饱满，可能导致断管。

2）防治措施

（1）导向管安装应精确定位，钻孔过程中要及时调整钻孔角度。

（2）丝扣精度和长度要严格按照规范设置，确保管棚接头应牢固可靠。

（3）严格按设计要求安装加强钢筋束，注浆前应通过试验孔确定合理的注浆参数，确保注浆饱满。

5.1.3.3　明洞衬砌开裂

1）形成原因

（1）明洞地基承载力达不到要求或地基承载力不均时，沉降缝设置不合理。
（2）明洞地基超挖后，未按要求进行处理。
（3）明洞基础混凝土浇筑前，基底虚渣、积水、杂物等未清理干净。
（4）衬砌未达到设计强度即进行回填或回填不规范。
（5）拆模时间过早。

2）防治措施

（1）加强明洞地基处理，保证承载力符合图纸设计要求。
（2）明洞地基超挖后，禁止回填虚土，超挖部分与基础混凝土同时浇筑。
（3）明洞基础混凝土浇筑前，基底虚土虚渣必须清理干净。
（4）衬砌强度达到设计强度的75%后才可进行人工回填，强度不低于设计强度时才可使用机械进行回填,回填时应分层对称回填碾压,确保达到压实度要求。

(5)要确保混凝土强度达到拆模要求后拆模。

5.2 洞身开挖

5.2.1 施工工序

公路隧道洞身开挖方法,应根据设计要求和隧道长度、断面大小、结构形式、工期要求、机械设备、地质条件等,结合超前地质预报及隧道监控量测数据,选择适宜的开挖方案。为了最大限程地利用围岩自承能力,必须采用有利于减少超挖、减少围岩扰动的开挖方法进行洞身开挖。

5.2.1.1 石质隧道施工工序

石质隧道施工工序如图 5-3 所示。

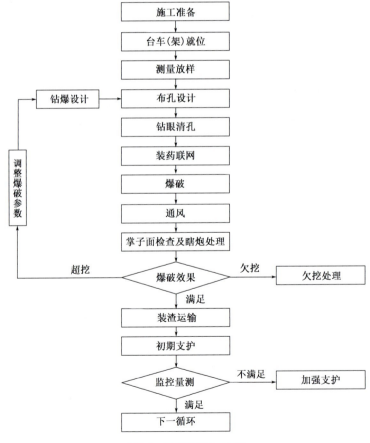

图 5-3 石质隧道施工工序

5.2.1.2 黄土隧道施工工序

黄土隧道施工工序如图 5-4 所示。

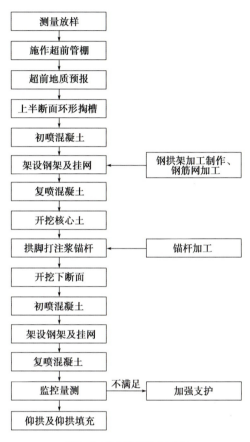

图 5-4 黄土隧道施工工序

5.2.2 施工质量要点

5.2.2.1 开挖方法

应根据地质条件、隧道开挖断面,围岩稳定情况选择开挖方法。不同围岩条件和开挖断面适宜的开挖方法见表 5-1。

不同围岩条件和开挖断面适宜的开挖方法 表 5-1

序号	开挖方法		围岩级别	
			双车道隧道	三车道隧道
1	全断面法		Ⅰ~Ⅲ	Ⅰ~Ⅱ
2	台阶法	长台阶法	Ⅲ~Ⅳ	Ⅱ~Ⅲ
		短台阶法	Ⅳ~Ⅴ	Ⅲ~Ⅳ
		超短台阶法	Ⅴ	Ⅳ

续上表

序号	开挖方法		围岩级别	
			双车道隧道	三车道隧道
3	分部开挖法	环形开挖留核心土法	Ⅴ~Ⅵ	Ⅲ~Ⅳ
		中隔壁法	Ⅴ~Ⅵ	Ⅳ~Ⅴ
		交叉中隔壁法	Ⅴ~Ⅵ	Ⅳ~Ⅵ
		双侧壁导坑法	—	Ⅴ~Ⅵ

5.2.2.2 石质隧道开挖方法

应用实例:陈家湾隧道位于吕梁市中阳县陈家湾村,进口位于 G209 与松洞沟交口以东 200m 处,出口位于陈家湾村东约 200m 处。本隧道属特长隧道,设计为双洞双向隧道,洞体净空(宽×高)为 1025cm×500cm,隧道按左、右线分离式设计,左线起讫桩号 ZK25+130~ZK28+726,全长 3596m;右线起讫桩号 K25+125~K28+710,全长 3585m。其中:

ZK26+655~ZK28+005 为Ⅲ级围岩,开挖方法采用全断面法;ZK25+275~ZK25+670 为Ⅳ级围岩,开挖方法采用二台阶法;K25+135~K25+185 为Ⅴ级围岩,开挖方法采用三台阶法。

1)按照开挖方法总结施工要点

(1)全断面法施工要点。

应用条件:Ⅱ、Ⅲ级围岩

①严格控制施工进尺,Ⅱ级围岩开挖进尺控制在 3m 左右、Ⅲ级围岩开挖进尺控制在 3m 左右。

②采用光面爆破,钻眼时应定人定岗,并严格控制周边眼外插角;按钻爆设计要求控制炮眼间距、深度和角度,钻眼完毕后,采用高压风进行清孔、按炮眼布置图进行核查,对不符合要求的炮眼应重钻,合格后方可装药;应确定合理的循环进尺,确保两个循环的接茬位置平滑、圆顺。

③严格控制一次同时起爆的炸药量和孔数,每循环爆破后及时排险,认真查看爆破效果,按要求进行地质素描,并根据超欠挖、炮眼残留率及围岩地质条件不断优化钻爆参数,改善爆破效果。严格控制超欠挖。

陈家湾隧道爆破设计图如图 5-5 所示(图中数字 1、2、3 等为爆破顺序),钻爆法开挖现场图如图 5-6 所示。

(2)二台阶法施工要点。

应用条件:Ⅳ级围岩。

①采用二台阶法施工,上下台阶每循环开挖支护不得大于 2 榀钢架间距;仰拱开挖每循环进尺不得大于 3m;仰拱封闭距离掌子面不大于 50m,二次衬砌距离掌子面不大于 90m。下台阶单侧拉槽长度宜不超过 15m;下台阶左、右侧开挖宜前后错开 3~5m,同一榀钢架两侧不得同时悬空;下部施工应减少对上部围岩、支护的干扰和破坏;下台阶应在上台阶喷射混凝土强度达到设计强度的 70% 以后开挖。

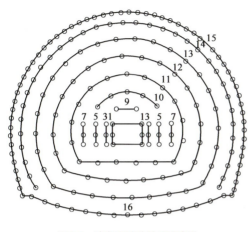

图 5-5　陈家湾隧道爆破设计图　　　　图 5-6　钻爆法开挖现场图

②采用光面爆破,减少围岩的振动以控制成形。上台阶采用人工手持风钻钻孔,挖掘机扒渣到下断面,出碴在下断面作业,采用挖掘机配合自卸汽车装运。

③施工过程中应加强超前地质预报与量测,根据地质预报和监控量测信息指导隧道施工。若围岩级别与设计不符,应立即通知设计单位按照变更程序调整设计参数,并优化设计方案。

④上部断面钢架安装时,应及时施作锁脚锚杆(管)等措施,防止拱部下沉变形;上下断面初期支护钢架连接应平顺,螺栓连接应牢固。锁脚锚杆(管)采用风动凿岩机成孔,成孔后人工安装锁脚锚杆(管),锁脚锚杆(管)尾部与钢架焊接牢固,采用注浆机进行注浆作业。

二台阶法开挖示意如图 5-7(图中数字①、②、③、④、⑤为开挖顺序),二台阶法开挖现场如图 5-8 所示。

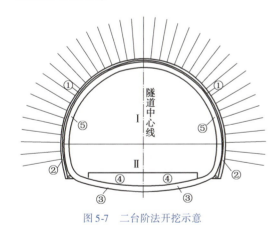

图 5-7　二台阶法开挖示意　　　　　　图 5-8　二台阶法开挖现场

(3)三台阶法施工要点。

应用条件:Ⅴ级围岩。

①施工时坚持"管超前、严注浆、短开挖、强支护、早封闭、勤量测、速反馈、控沉陷"的原则。

②超前支护等辅助施工措施,应首先利用上一循环架立的钢架施工完毕,再开挖。

③锁脚锚杆根据需要设置,以确保下台阶的施工安全。

④Ⅴ级围岩开挖上台阶一次开挖长度宜在 1 榀工字钢之间,中下部台阶开挖长度不得大

于2榀工字钢距离,中下台阶左右侧开挖应错开3~5m,同一榀工字钢两侧不得同时悬空,下台阶开挖后仰拱应紧跟。

⑤施工中,应按有关规范及标准图的要求进行监控量测,及时反馈结果,分析洞身结构的稳定,为支护参数的调整、浇筑二次衬砌的时机提供依据。

三台阶法开挖主意如图5-9,三台阶法开挖现场如图5-10所示。

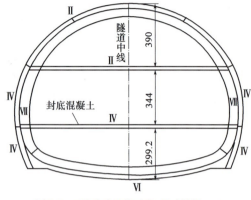

图5-9 三台阶法开挖示意(尺寸单位:cm)

图5-10 三台阶法开挖现场

2)按照施工工序总结施工要点

(1)钻孔。要先设计炮孔方案,然后按设计的炮孔位置、方向和深度严格钻孔。隧道全断面开挖采用大型凿岩台车配备重型凿岩机,钻孔深度可达5.0m。炮孔直径为4~5cm。炮孔分为掏槽孔(开辟临空面)、掘进孔(保证进度)和周边孔(控制轮廓)。

(2)装药。装药前,用高压风枪将炮眼内泥浆、存水及石粉吹洗干净。装药需分片分组,按炮眼设计图确定的装药量自上而下进行,雷管要"对号入座",要定人、定位、定段别,不得乱装药。已装药的炮眼应及时堵塞密封。周边眼的堵塞长度不宜小于400mm。

(3)爆破。非点炮人员撤至安全地点后才能引爆。爆破后必须经过通风排烟,且其相距时间不得少于15min且保证洞内空气质量,并经过各项检查和妥善处理后,其他工作人员才准进入工作面。

(4)检查及排险。检查有无瞎炮及可疑现象;检查有无残余炸药或雷管;检查拱顶、拱腰有无松动石块;检查支护有无损坏与变形。爆破后必须立即进行安全检查,如有瞎炮,必须由原爆破人员按《爆破安全规程》(GB 6722—2014)的有关规定进行处理,确认无误后才能出渣。

(5)施工通风。排出或稀释爆破后产生的有害气体和由内燃机产生的氮氧化物及一氧化碳,同时排除烟尘,供给新鲜空气,以保证隧道施工人员的安全和改善工作环境。通风可分主要系统和局部系统。主要系统可利用管道(直径一般为1~1.5m)配以大型或中型通风机;局部系统多用小型管道及小型通风机。新鲜空气不易达到的工作面,须采用局部通风机补充压入。

(6)施工支护。隧道开挖必须及时支护,以减少围岩松动,防止塌方。施工支护分为构件支撑和锚喷支护。锚杆安设在岩层面上的钻孔内,其长度和间距视围岩性质而定,一般长度为

2~5m,通常用树脂和砂浆沿杆体全长锚固。在岩层较好地段仅喷混凝土即可获得足够的支护强度。在围岩坚硬稳定的地段可不加支撑。在软弱围岩地段喷锚可以联合使用,锚杆应加长,以加强支护强度。

5.2.2.3 黄土隧道开挖方法

应用实例:中阳隧道主体部分为黄土隧道,隧道全长2600m,位于吕梁市中阳县龙天庙村东侧约130m。隧道按左、右线分离式设计,左线隧道进口桩号ZK13+710,出口桩号ZK16+060,长2350m;右线隧道进口桩号K13+690,出口桩号K16+090,长2400m,属长隧道。隧道主体部分全部为V级围岩,无其他特殊地质。开挖方式为环形开挖预留核心土。

环形开挖预留核心土施工要点总结:

(1)台阶开挖高度宜为2.5~3.5m。

(2)环形开挖每循环进尺,V级围岩宜不大于1榀钢架间距,中下台阶每循环进尺,不得大于2榀钢架间距。核心土面积宜不小于断面面积的50%。

(3)上台阶钢架施工时,应采取有效措施控制其下沉和变形。

(4)拱部超前支护完成后,方可开挖上台阶环形导坑;留核心土长度宜为3~5m,宽度宜为隧道开挖宽度的1/3~1/2。

(5)各台阶留核心土开挖每循环进尺宜与其他分部循环进尺相一致。

(6)核心土与下台阶开挖应在上台阶支护完成且喷射混凝土强度达到设计强度的70%后进行。下台阶左、右侧开挖应错开3~5m,同一榀钢架两侧不得同时悬空。

(7)仰拱施作应紧跟下台阶,以及时闭合成稳固的支护体系。

环形开挖预留核心土工法开挖示意如图5-11所示(图中①、②、③、④、⑤、⑥为开挖顺序)。环形开挖预留核心土法开挖现场如图5-12所示。

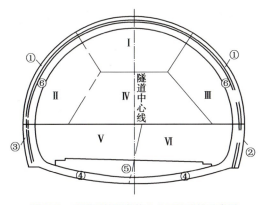

图5-11 环形开挖预留核心土工法开挖示意图

图5-12 环形开挖预留核心土法开挖现场图

5.2.2.4 监控量测

通过各种有效的技术手段,快速取得可靠的监测数据、快速评价隧道施工的安全状态是隧道开挖的必不可少的程序,在对量测数据进行分析处理与必要的计算后,绘出曲线,根据所绘曲线的变化情况与趋势,判定围岩的稳定性,及时预报险情,确定施工时应采取的措施,为修正和确定隧道初期支护参数、二次衬砌施作时间提供参考依据。监控量测必测项目有洞内外观察、周边收敛、拱顶下沉、地表下沉、超前地质预报。

洞内测点布置应注意：
(1)量测点的安设应能保证初读数在爆破24h内和下一循环爆破前完成,并测取初读数。
(2)测点应安设在距开挖面2m范围内,且不大于一个循环进尺,并应细心保护,不受下一循环爆破的破坏。
(3)各个位移的测点一般布置在同一断面内,测设结果应能相互印证、协同分析及应用。
(4)围岩压力量测除应与锚杆轴力量测孔对应布置外,还要在有代表性的部位设测点,以便了解支护体系整个断面上的受力状态与支护作用。
(5)锚杆轴力量测在局部加强锚杆地段,要在加强区域内有代表性地设量测锚杆。

5.2.3 关键质量通病与防治

5.2.3.1 超欠挖

开挖后轮廓线与设计轮廓线相差较大,开挖轮廓表面严重凹凸不平,超挖、欠挖严重,如图5-13所示。

图5-13 超挖严重

1)形成原因

(1)控制爆破设计参数不合理,未随围岩等级变化调控爆破参数,其中包括：掏槽方式不合理,会直接影响掏槽爆破效果,由于没有足够的临空面,影响其他孔的爆破效果；周边眼间距不合理,孔眼间距过大容易造成欠挖；周边的装药结构和药量控制不当,如果单孔药量过大,容易造成超挖。

(2)开挖测量放样不精准。炮眼偏差是引起欠挖的主要因素,方向偏差是引起超欠挖的主要因素。在方向偏差中,包含有因使用凿岩机而产生的不可避免的偏差,这种偏差随钻孔深度的增加而增加。

2）防治措施

（1）提高测量技术，减少预留误差，控制人为超挖。

控制超欠挖主要是开挖轮廓线（或周边孔线）的精度要控制好。施工中，要尽可能采用高精仪器和先进的测量手段，经常调试校核仪器，保证测量放样隧道中线和高程准确，通过正确的方法来保证轮廓线位置的准确，并将开挖轮廓线（即设计轮廓线）放样于掌子面上，以减少施工误差，避免人为超欠挖现象。

（2）提高钻孔精度，掌握爆破参数。

开挖应根据地质条件、开挖断面、开挖方法、掘进循环进尺、钻眼机具和爆破材料进行爆破设计，并根据效果调整炮眼的位置、数量和用药量等爆破参数。

司钻人员必须熟练掌握钻孔技术，确保施工的孔位定位准确，孔深、倾斜度符合设计要求等。采用台车钻孔要实行定人、定钻、定部位，保证钻臂推进器水平，推力均匀适当。爆破时充分运用光面爆破、预裂爆破和等差毫秒技术。

（3）超挖处理。

根据超挖程度不同，采取对应处理措施。当隧道超挖超过10cm，首先对其部位初喷素混凝土，然后根据其超挖程度确定是否要加设额外钢架或者钢筋网片。对超挖部位超过30cm的，先按照Ⅳ级围岩初期支护加工钢架并架立，再对超挖部位加设异形钢架，附加钢筋网片。采用砂浆锚杆将异形钢架锚固在超挖部位，同时其两端焊接到主钢架上，立即喷射纤维混凝土形成稳固的整体，防止处理部位无受力点。

超挖大于规定值时，应用浆砌片石、片石混凝土或喷射混凝土回填，禁止用泥、石、废木等杂物填充。

（4）欠挖处理。

隧道欠挖由两种情况造成：一是光爆效果不好，二是沉降变形。针对光爆效果不好的，可进行补炮或者人工机械凿除处理；对于大面积、严重欠挖的部位（欠30cm以上），可对欠挖部位施作小炮眼，弱爆破处理，减少对其他合格成型部位的扰动。针对沉降变形造成的欠挖，根据隧道现场监测数据及时调整预留变形量。

5.2.3.2 台阶法施工步距不合理

上下台阶距离过长，二次衬砌滞后，导致初期支护变形、开裂、坍塌。

1）形成原因

（1）人、料、机组织不匹配，工序安排不合理，施工组织不当，片面追求开挖进度。

（2）由于台阶过长，围岩仅在初期支护作用下持续时间过久，对围岩较差地段初期支护长期单独受力可能带来的危险认识不清。

2）防治措施

（1）加强施工组织管理，实行分部工程平行作业。

（2）严格控制台阶长度，上台阶长度原则上不超过3倍隧道开挖宽度，初期支护应及时闭合，二次衬砌应尽早施作。

5.2.3.3 落底开挖方法不当

下台阶边墙一次性开挖过长,支护不及时,如图 5-14 所示;仰拱一次性开挖过长,且支护不及时,两侧墙脚钢架悬空,如图 5-15 所示。

图 5-14　边墙开挖过长

图 5-15　钢架悬空

1)形成原因

(1)施工组织设计对各部位一次性开挖长度未做明确规定或规定不合理。
(2)对一次性落底开挖长度过大引发大变形或坍塌的严重后果认识不清。

2)防治措施

(1)施工组织应对各级围岩分部开挖循环长度进行明确规定,严格控制仰拱一次性开挖长度(土和软岩应不大于 3m,硬岩应不大于 5m)和落底开挖长度(一般为 1~3m),开挖后应立即进行支护。
(2)禁止两侧边墙同时开挖。

5.3　初期支护

5.3.1　施工工序

目前隧道施工支护一般分为两大类:一次支护(初期支护和超前预支护)和二次衬砌支护。其中,初期支护一般由锚杆(包括砂浆锚杆、药卷锚杆等)、钢架、钢筋网、喷射混凝土等多种措施进行组合,形成最后的初期支护措施。在公路隧道施工过程中,当遇到自支护能力不好的围岩时,有必要采取合适的预支护措施,包括超前锚杆、超前小导管注浆、管棚、围岩注浆等。以上措施的选用应视具体地质情况,综合经济因素进行分析,选用合适的单个或多个组合的支护措施。

1) 砂浆锚杆施工工序

(1) 先灌浆后插锚杆施工工序如图 5-16 a) 所示。

(2) 先插锚杆后注浆施工工序如图 5-16 b) 所示。

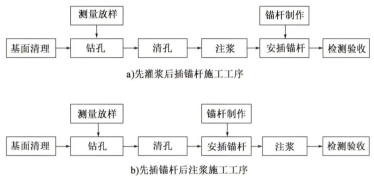

图 5-16　砂浆锚杆施工工序图

2) 药卷锚杆施工工序

药卷锚杆施工工序如图 5-17 所示。

3) 钢架施工工序

钢架施工工序如图 5-18 所示。

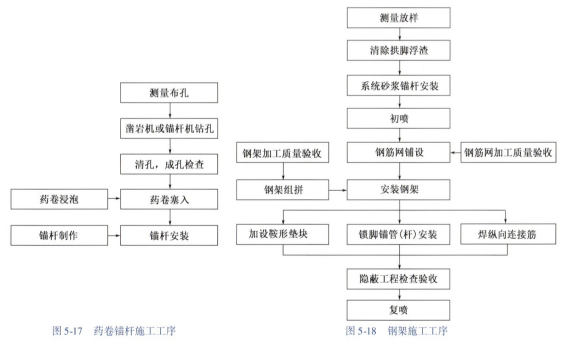

图 5-17　药卷锚杆施工工序　　　图 5-18　钢架施工工序

4) 喷射混凝土(湿喷)施工工序

喷射混凝土(湿喷)施工工序如图 5-19 所示。

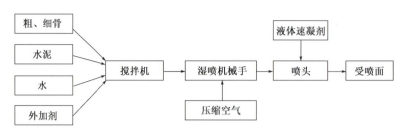

图 5-19 喷射混凝土(湿喷)施工工序

5.3.2 质量控制要点

1) 钢架加工

(1) 钢架型号、规格、几何尺寸应满足设计要求,其形状应与开挖断面相适应。

(2) 钢架支护断面内轮廓尺寸可根据隧道实际开挖轮廓进行加工,加工的内轮廓曲线半径不应小于设计钢架的内轮廓曲线半径。

(3) 钢架可分节段制作,每节段长度应根据设计尺寸和开挖方法确定,每节段长度不宜大于 4m,每节段应编号,注明安装位置。

(4) 钢架每节段宜为连续整体,当节段中出现两段型钢对接焊接时,应在焊缝两侧增加钢板骑缝帮焊,并应进行抗弯和抗扭矩试验,每节段对接焊缝数不得大于 1。钢架与连接钢板焊接应采用双面焊,且连接钢板平面应与钢架轴线垂直。

(5) 连接钢板规格尺寸应满足设计要求,连接钢板上螺栓孔应不少于 4 个,应采用冲压或铣切成孔,并应清除毛刺,不得采用氧焊烧孔。

(6) 不同规格的首榀钢架加工完成后应在平整地面上试拼,当各部尺寸满足设计要求时,方可进行批量生产。

2) 钢架安装

(1) 钢架应在初喷混凝土后安装。

(2) 应清除钢架拱脚虚渣,使之支承在稳固的地基上。锁脚锚杆应及时施作并应符合设计规定。

(3) 钢架节段与节段之间应通过连接钢板用高强螺栓连接,两块连接钢板之间不得出现脱空现象。

(4) 相邻两榀钢架之间应采用钢筋连接。连接钢筋应与钢架垂直并保证焊缝满足要求。

(5) 钢架应垂直于隧道中线在竖直方向安装,竖向不倾斜、平面不错位、扭曲;上、下、左、右允许偏差为 ±50mm,钢架倾斜度允许偏差为 ±2°。

(6) 钢架应贴近初喷射混凝土面安装,当钢架和围岩初喷射混凝土面之间有间隙时,应采用钢楔块或木楔块楔紧,并用喷射混凝土充填密实。有多个楔块时,楔块和楔块的间距不宜大于 2.0m。

3) 钢筋网片制作与安装

(1) 隧道钢筋网片在钢筋集中加工场制作,网格尺寸符合设计要求。

(2)钢筋网在系统锚杆施作后安设,人工铺设。

(3)钢筋网随受喷面起伏铺设与受喷面的间隙一般为30mm,搭接长度不得小于30d(d为钢筋直径)并不得小于一个网格长边尺寸。

(4)钢筋网应与锚杆或其他稳定装置连接牢固,喷射混凝土时钢筋网应不晃动。

4)喷射混凝土

(1)喷射混凝土应直接喷在围岩面上,与围岩密贴,受喷面不得填塞杂物。

(2)喷射混凝土应分段、分片、分层由下而上顺序进行,拱部喷射混凝土应对称作业。

(3)初喷混凝土厚度宜控制在20~50mm之间,岩面有较大凹洼时,可结合初喷找平。

(4)根据喷射混凝土设计厚度、喷射部位和钢架、钢筋网设置情况,复喷可采用一次作业或分层作业。拱顶每次复喷厚度不宜大于100mm。边墙每次复喷厚度不宜大于150mm。复喷最小厚度不宜小于50mm。

(5)喷射混凝土作业时喷嘴宜垂直岩面,喷枪头到受喷面的距离宜为0.6~1.5m。喷射机工作压力宜根据混凝土坍落度、喷射距离、喷射机械、喷射部位确定,可先在0.2~0.7MPa之间选择,并根据现场试喷效果调整。

5.3.3 关键质量通病与防治

隧道初期支护常见质量通病有:初喷工序缺失;初期支护与围岩不能紧贴或存在脱空;初喷混凝土强度、厚度不足;表面平整度差;锚杆(管)制作、安装不规范;钢筋网安装不规范;钢架制作、安装不规范。

5.3.3.1 初喷工序缺失

开挖爆破排险后,未对岩面进行初喷支护,直接进行下道工序施工或下一循环开挖,如图5-20所示。

图5-20 初喷工序缺失

1)形成原因

(1)盲目追求进度,缺失必要的施工工序。

(2)不熟悉规范,对初喷稳定围岩的作用认识不足。

2）防治措施

（1）开挖排险后,对暴露围岩及时进行初喷。不得因工期原因减少必要的施工工序。
（2）进行严格的技术交底。

5.3.3.2 初期支护与围岩不密贴或存在空洞

在喷层内填塞片石或在钢支撑与围岩之间填塞片石、杂物等,造成喷射混凝土实际厚度不足、初期支护与围岩不密贴,如图5-21所示。

图5-21 初期支护与围岩不密贴

1）形成原因

超挖后处理措施不当,造成初期支护与围岩间不密贴或存在空洞,支失去对围岩的支撑作用,围岩处于自由变形状态,可能进一步松动,有产生塌方的危险。

2）防治措施

提高控爆水平,减少超挖数量;超挖大于规定值时,应用浆砌片石、片石混凝土或喷射混凝土回填,禁止用泥、石、废木等杂物填充;有钢架地段,超挖部分应采用同级喷射混凝土进行回填。

5.3.3.3 喷射混凝土强度不够、厚度不足、表面平整度差

喷射混凝土强度不满足设计要求,喷射厚度不足,表面平整度差,如图5-22所示。喷射混凝土有效厚度不足。

1）形成原因

（1）喷射混凝土配合比设计不准确或养护不到位,导致强度偏低。
（2）开挖断面存在欠挖时,为确保二次衬砌厚度,私自减薄喷射混凝土厚度;工艺落后,导致喷射混凝土有效厚度不足。
（3）未及时检测喷射混凝土平整度,对凹陷处未补喷平整。

图 5-22 钢架外露与初喷平整度差

2）防治措施

（1）加强喷射混凝土原材料质量及施工配合比控制，做好养护工作。

（2）严格检查喷射混凝土质量，及时处理欠挖，确保喷射混凝土厚度。采用湿喷工艺，控制混凝土回弹率，本质上提高施工作业水平。

（3）及时对喷射混凝土凹陷处进行补喷平整。

5.3.3.4 锚杆(管)制作、安装不规范

锚杆(管)制作与安装时锚杆孔深度不够或者锚杆插入深度不够，未安设锚杆垫板或垫板安设不规范，砂浆锚杆孔内不饱满，系统锚杆与钢拱架焊接等通病。如图 5-23～图 5-26 所示。

图 5-23　外露长度过长　　　　　　　图 5-24　未安设锚杆垫板和螺母

图 5-25　砂浆锚杆注浆不饱满补浆　　　图 5-26　系统锚杆焊接在钢架上

1）形成原因

（1）锚杆钻孔时未复核图纸规定，孔深量测不及时，导致孔深度不够；锚杆加工长度不足导致插入深度不够。

（2）锚杆未安设垫板或垫板未紧贴围岩，螺母未拧紧，导致锚固效果差。

（3）系统锚杆焊接在钢架上，失去锚杆对围岩稳定的独立性。

2）防治措施

（1）锚杆加工长度应满足设计要求，锚杆尾部应加工螺纹丝扣。锚孔深度应不小于锚杆杆体有效长度，锚杆插入后外露长度不大于10cm。

（2）锚杆垫板须紧贴围岩并用螺母拧紧，锚杆垫板与围岩不密贴时应对岩面进行修凿或用 M20 砂浆填实。锚杆施工示意图如图 5-27 所示。

 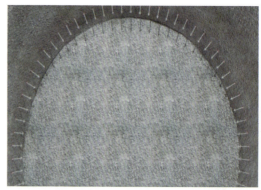

图 5-27　锚杆施工示意图

（3）系统锚杆不应与钢架焊接。锚杆对围岩的约束作用是独立的，如果与钢架焊接后，钢架的变形对锚杆的作用产生破坏。

5.3.3.5　钢筋网安装不规范

钢筋网未能随岩面凹凸敷设或连接不规范，如图 5-28、图 5-29 所示。

图 5-28　钢筋网未能随岩面凹凸敷设　　　图 5-29　钢筋网连接不规范

1）形成原因

（1）技术交底未对钢筋网搭接长度和安装位置进行明确要求。

（2）安装后未进行检查,复核及调整。

2）防治措施

（1）钢筋网应在初喷后随受喷岩面起伏铺设。与初喷混凝土面最大间隙不宜大于30mm。钢筋网出现搭接时,钢筋搭接长度不得小于30d,且不得小于一个网格边尺寸。

（2）严格执行钢筋网检查验收程序,对不规范的要求及时调整。

5.3.3.6 钢架制作、安装不规范

钢架制作与安装常常会出现焊接不规范,连接变形、错位,间距不均匀,悬空等质量通病,如图5-30～图5-33所示。

图5-30 工字钢背焊尺寸不满足设计要求

图5-31 切割弯曲后焊接

图5-32 钢架连接无效

图5-33 钢架悬空

1）形成原因

（1）对钢拱架焊接时未采用骑缝帮焊或焊接钢板尺寸不足,弯曲时未采用冷弯成型,而是采用切割后拼焊,导致钢筋整体强度减低。

(2)钢架连接变形错位或节段间连接不紧密,螺栓未上满;钢筋安装时垂直度未得到有效控制,影响钢架支护效果。

(3)钢架安装时受围岩凹凸不平影响,局部拱架安装困难,导致钢架间距或大或小,控制不严。

(4)钢架加工长度不足或基底超挖过多;对松散软弱基底未定制处治措施或未按措施进行处治。

2)防治措施

(1)型钢钢架采用冷弯法制造成型,每节段易为连续整体,采用对焊连接时,两侧增加钢板骑缝帮焊。

(2)钢架安装间距和垂直度应满足设计规范要求,倾斜度应小于2°,连接钢板平面与钢架轴线应垂直焊接,节段钢架之间应通过连接钢板采用螺栓和焊接连接,螺栓不应少于4颗。节段钢架间连接不紧密时,应采取补救措施,保证上下钢架有效连接。

(3)严格按照设计控制钢拱架间距。

(4)基底出现超挖时,应清除基底虚渣,采用喷射混凝土或者浆砌片石填至钢架安装高程,当基础较松软时,设置地梁基础。

5.4 仰拱及仰拱填充

5.4.1 施工工序

仰拱及仰拱填充施工工序如图 5-34 所示。

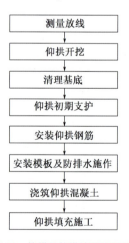

图 5-34 仰拱及仰拱填充施工工序

5.4.2 质量控制要点

(1)隧道底部开挖断面形状、尺寸、基底高程满足设计要求是保证仰拱衬砌成形的基本条件,发现欠挖须及时处理;超挖较大(大于或等于0.1m)时,采用 M10 浆砌片石、C15 混凝土回填;超挖较小(小于0.1m)时,用C20喷射混凝土回填。如地基承载力不足,隧底有溶洞、采空区或其他空穴,按设计要求进行处理。

(2)施工过程中仰拱开挖采用人工配合挖掘机进行施工(需进行爆破时,应采用"多打眼,少装药,弱爆破"的原则,以减少对初期支护的扰动)。

(3)仰拱钢筋的制作及安装应符合设计及规范要求。仰拱两侧二次衬砌边墙部位的预埋钢筋伸出长度应满足和二次衬砌环向钢筋焊连要求,且将接头错开,使同一截面的钢筋接头数不大于50%。

(4)仰拱衬砌混凝土应整幅一次性浇筑成型,仰拱填充混凝土不得与仰拱衬砌混凝土一次浇筑。

5.4.3 关键质量通病与防治

5.4.3.1 仰拱开挖不规范

一次性开挖距离过长,开挖深度不足、弧度不符合设计要求。

1)形成原因

(1)施工组织设计对仰拱一次性开挖长度未做明确规定或规定不合理;对一次性开挖长度过大可能引发隧道大变形或坍塌的严重后果认识不清。

(2)对仰拱开挖断面几何尺寸检查不严格。

2)防治措施

(1)严格控制仰拱一次性开挖长度,初期支护应随开挖立即施作,及时封闭围岩。

(2)仰拱开挖完成后,应检查开挖断面几何尺寸,并做好记录。

图5-35为仰拱开挖过长且不规范。

图5-35 仰拱开挖过长且不规范

5.4.3.2 仰拱及填充混凝土浇筑不规范

仰拱填充为片石混凝土时,片石含量过高,片石规格不符合规范要求,仰拱混凝土浇筑不密实,仰拱与边墙交接面不规整、不密实。仰拱混凝土浇筑不密实如图5-36所示,两隅部位未采用定型模板如图 5-37 所示。

图 5-36　仰拱混凝土浇筑不密实

图 5-37　两隅部位未采用定型模板

1）原因分析

（1）对仰拱衬砌在隧道围岩稳定、结构整体受力中发挥的重要作用认识不清；混淆仰拱衬砌和仰拱填充混凝土的作用；对仰拱与填充混凝土分别浇筑、施工缝错位浇筑的要求不清楚。

（2）仰拱半幅施工产生的纵向施工缝所造成的危害重视不够。

（3）对片石混凝土的施工要求不清楚，对片石超量造成的危害认识不足。

（4）仰拱混凝土浇筑工艺不正确，在仰拱左右两侧没有采用立模工艺，导致仰拱两侧隅脚处混凝土不密实，与边墙的接触面不规整、不成型。

2）防治措施

（1）仰拱初期支护要求在隧道仰拱开挖后及时施工完成，而仰拱混凝土是衬砌的一部分，仰拱填充混凝土是隧道路面基层构造的部分，受力和材料要求不一样，因此仰拱初期支护、仰拱混凝土、仰拱填充混凝土应分开施工，除沉降缝位置外，仰拱与填充混凝土横向施工缝应错位 50cm 以上。

（2）为保证仰拱衬砌受力要求和成型质量，仰拱应整幅一次浇筑成型。

（3）仰拱混凝土严禁掺填洞渣和片石；仰拱填充为片石混凝土时，应严格按片石混凝土施工工艺要求施工。

（4）仰拱混凝土浇筑时，两隅部位应采用定型模板，保证混凝土成型规整、密实。

5.5　防排水

隧道防排水设计遵循"防、排、截、堵相结合，因地制宜，综合治理"的原则，达到排水通畅、防水可靠、经济合理、不留后患的目的。防排水对地表水、地下水及运营废水均采用独立的系统进行处理，使洞内外形成一个完整的排水系统。施工时要切实处理好排水构造物的衔接，确保隧道安全。

洞口防排水:设置截水沟、急流槽疏导地表水。明洞防水采用在墙脚外侧设置盲沟,盲沟底部设置纵向排水管,沿衬砌外侧全断面设置防水层,顶部设置黏土隔水层等措施,并在明洞顶及仰坡外侧设置完善的排水系统,使地表水能顺利排出洞口进入急流槽及边沟中。

洞内防排水:隧道暗洞排水设计采用环向排水管、纵向排水管、横向排水管及中心水沟等措施引排地下水,采用土工布、防水板等防止地下水侵入隧道衬砌。

接缝防排水:隧道施工缝采用排水式止水槽+膨胀止水条止水,变形缝采用排水式止水。排水式止水槽,将各变形缝(或施工缝)排水系统相互独立,达到分区防水的目的。

5.5.1 施工工序

(1)结构防排水施工工序如图5-38所示。
(2)防水层铺设施工工序如图5-39所示。

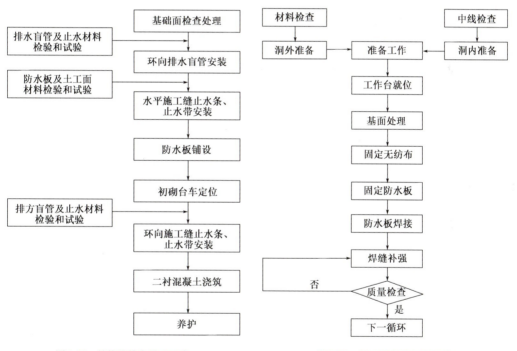

图5-38 结构防排水施工工序　　　　图5-39 防水层铺设施工工序

5.5.2 质量控制要点

5.5.2.1 洞内防排水施工要点

(1)排水(盲)管的材质、强度、透水性应符合相关规范的规定,尺寸规格应满足设计要求,盲管不得有凹瘪、扭曲。

(2)环向排水盲管、竖向排水盲管应紧贴初期支护表面敷设,布置间距应满足设计要求,应在有集中渗水位置敷设,在地下水较大地段应适当加密。

(3)纵向排水盲管敷设的纵向坡度应与隧道纵坡一致,不得起伏不平,不得侵占衬砌结构空间。

(4)环向排水盲管、竖向排水盲管与纵向排水盲管应采用三通连接,并应连接牢固。

(5)横向泄水管应采用硬质不透水管,横向泄水管与纵向排水盲管应采用三通连接,并应连接牢固,衬砌混凝土浇筑时应露出横向泄水管管头。

(6)横向导水管应与泄水管管头连接牢固,排水坡度不应小于设计值。宜采用切槽方式铺设,浇筑路面混凝土时,槽顶面应采取隔离措施。

(7)环向排水盲管、竖向排水盲管、纵向排水盲管及透水的横向导水管的管体应用土工布包裹。

5.5.2.2 防水层铺设要点

(1)防水层铺设应超前二次衬砌施工1~2个循环距离衬砌段。

(2)初期支护表面应平顺,应无钢筋和锚杆头外露、尖硬物凸出、错台和急速凹凸现象。

(3)防水层宜利用专用台车进行环向整幅铺设,拱部和边墙应无纵向搭接。

(4)无纺布应采用射钉加热熔垫固定,防水板应采用无钉铺挂,铺挂固定点间距:拱部宜为0.5~0.7m,侧墙宜为0.7~1.0m,在凹处应适当增加固定点。

(5)防水板焊接采用自动热合爬焊机双焊缝焊接,要求搭接宽度不小于100mm,双缝焊每条焊缝宽度不应小于10mm,无法采用自动爬焊机焊接的个别局部搭接位置,可采用手持焊枪焊接,焊缝宽度不应小于20mm。

(6)防水板焊接时,控制好热合机的温度和速度,保证焊缝质量,焊缝应严密,接头应平整、不应有皱褶和空隙,焊接面应擦净,并应根据材质通过试验确定焊接温度和速度。焊接时应避免漏焊、虚焊、烤焦或焊穿。

(7)双焊缝焊接质量应采用充气法检查,充气压力在0.25MPa保持15min后,压力下降应小于10%。

5.5.2.3 止水带分类、用途及施工要点

1)分类及用途

(1)背贴式止水带(B类):用于变形缝防水板与二次衬砌混凝土之间,如图5-40 a)所示。

(2)中埋式止水带(B类):用于变形缝处二次衬砌,如图5-40 b)所示。

(3)中埋式止水带(S类):用于施工缝处二次衬砌、仰拱衬砌,如图5-40 c)所示。

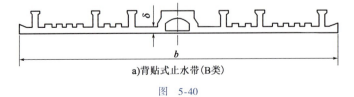

a)背贴式止水带(B类)

图 5-40

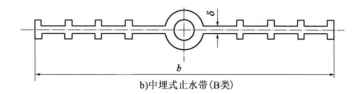

b) 中埋式止水带(B类)

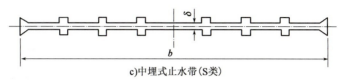

c) 中埋式止水带(S类)

图 5-40　不同类型的止水带

2) 背贴式止水带施工要点

(1) 在混凝土浇筑前,背贴式止水带应沿施工缝位置铺设,止水带中线应与施工缝重合,止水带两边应与防水板焊接,位置偏差应不大于 10mm。

(2) 挡头模板应将止水带顶紧、密贴,混凝土浇筑时不应漏浆。

3) 中埋式止水带施工要点

(1) 应埋设在衬砌结构设计厚度中央,平面应与衬砌表面平行、与衬砌端头模板正交,止水带中间空心圆环应顺施工缝、变形缝方向并与缝重合安装。

(2) 先浇一侧混凝土应采用定型挡头模板固定止水带,挡头模板应支撑牢固。

(3) 后浇一侧混凝土浇筑前应清除止水带上混凝土残渣,止水带有倒转、扭曲时应采取措施扶正。

(4) 混凝土浇筑时止水带不应移位、折曲、倒转。

(5) 在衬砌转角位置的止水带应采用连续圆弧过渡,橡胶止水带的转角半径不应小于 200mm,钢边止水带不应小于 300mm。

(6) 止水带周边混凝土振捣应能使止水带与混凝土紧密结合,不留气泡和空隙,并应防止振捣造成止水带偏位或破损。

5.5.3　关键质量通病与防治

隧道防排水工程常见质量通病主要为:施工排水不畅;防水层、纵向排水管等安设不规范。

5.5.3.1　施工排水不畅

洞内场地积水、泥泞现象突出,基底长期被水浸泡,如图 5-41 所示。

1) 形成原因

(1) 施工场地规划差,对积水产生的危害认识不足。

图 5-41 施工排水不畅

(2) 未建立有效的施工排水系统。

2) 防治措施

(1) 做好洞内场地规划建设,做到人、机、水三路有效分离。
(2) 顺坡排水时,宜在洞内靠近两侧的位置修建排水沟,并加强日常维护,确保排水畅通。
(3) 反坡排水时,应根据洞内出水总量及集中出水点情况,分级设置集水坑,并及时采用管路进行抽排。
(4) 抽水设备的功率、数量应满足排水要求,并要有充足的储备。
(5) 应对膨胀岩、土质地层、围岩松软地段的排水沟和集水坑(井)进行硬化处理。

5.5.3.2 防水层铺挂不规范

防水板铺挂时会出现搭接宽度不够或搭接不平顺,焊缝不严密;防水层未嵌入设备洞室铺设;随意采用钢筋或射钉刺穿防水板进行铺挂,射钉高出热熔垫圈,防水板补丁过多;固定点间距不足或偏大;防水板铺挂松弛度过大或过小等质量通病,如图 5-42 ~ 图 5-47 所示。

图 5-42 搭接宽度不够

图 5-43 防水层未嵌入设备洞室铺设

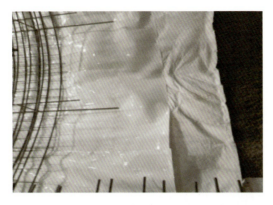
图 5-44　随意采用钢筋或射钉刺穿防水板

图 5-45　射钉高出热熔垫圈

图 5-46　直墙部分固定点间距偏大

图 5-47　防水板松弛系数不当

1) 形成原因

(1) 对防水板铺挂质量不佳可能造成的不良后果认识不足。
(2) 对防水层的正确铺挂工艺掌握不够。

2) 防治措施

(1) 严格按照防水板铺设要点进行施工。
(2) 在焊接钢筋时,应在防水层侧加设隔板,防止烧伤防水层。
(3) 铺挂防水层前,应对铺挂岩面进行修补,确保大面平顺,并及时切除裸露的钢筋头。

5.5.3.3　纵向排水管安设不规范

纵向排水盲管未用防水层反卷包裹,混凝土浇筑时堵塞排水盲管;纵向排水盲管与环向盲管、横向导水管未采用三通连接,排水效果不好;安设位置不正确。

1) 原因分析

(1) 预留包裹纵向排水管的防水层长度不足。

（2）安装排水管时，未采取有效定位和连接措施（图5-48）。

（3）开挖未预留纵向排水管的安装位置，安装时侵占二次衬砌空间。

（4）纵向排水管安装高程控制不严，与隧道纵坡坡度不一致，高低起伏不平（图5-49）。

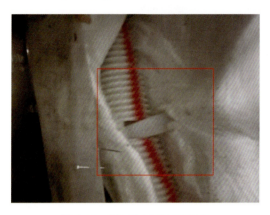

图5-48　未采用三通管有效连接

图5-49　高度起伏不顺

2）防治措施

（1）铺设防水层时，应预留足够包裹纵向排水盲管的长度，安装纵向排水盲管时，应采用预留防水层对其反卷包裹，防止混凝土堵塞。

（2）纵向排水管应与环向盲管、横向导水管采用三通管连接，接头部位应采用无纺布包裹严密。

（3）开挖时应留足纵向排水管的安设空间。

（4）严格控制纵向排水管的安装高程，纵向坡度应与隧道纵坡一致，不得起伏不平，不得侵占衬砌结构空间。

5.6　混凝土衬砌

5.6.1　施工工序

混凝土二次衬砌作业图如图5-50所示，施工工序如图5-51所示。

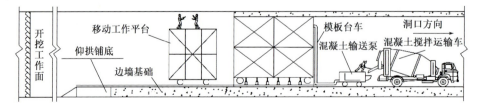

图5-50　混凝土二次衬砌作业示意图

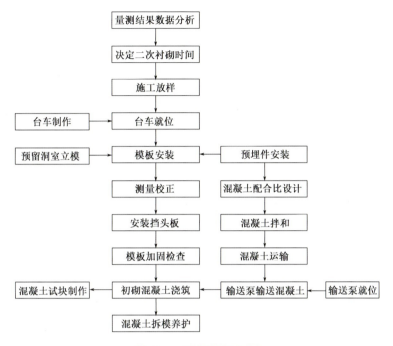

图 5-51 二次衬砌施工工序

5.6.2 质量控制要点

5.6.2.1 钢筋制作与安装

(1) 环向受力筋与纵向分布筋每个节点应进行绑扎或焊接。
(2) 环向受力筋的搭接应采用焊接或机械连接。
(3) 相邻环向受力筋搭接位置应错开,错开距离应不小于 1000mm。
(4) 同一受力钢筋的两个搭接距离应不小于 1500mm。
(5) 箍筋连接点应在环向受力筋与纵向分布筋的交叉连接处,并应进行绑扎或焊接。
(6) 内外层受力钢筋的间距满足设计及规范要求。
二次衬砌钢筋标准化施工如图 5-52 所示。

图 5-52 二次衬砌钢筋标准化施工

5.6.2.2 二次衬砌台车就位

(1)台车模板就位前应仔细检查防水板、排水盲管、衬砌钢筋、预埋件等隐蔽工程；台车模板就位后应检查其中线、高程及断面尺寸等。

(2)台车模板定位采用五点定位法，即：以衬砌圆心为原点建立平面坐标系，通过控制顶模中心点、顶模与侧模的铰接点、侧模的底脚点来精确控制台车就位。曲线隧道应考虑内外弧长差引起的左右侧搭接长度的变化，以使弧线圆顺，减少接缝错台。

(3)台车模板应与混凝土有适当的搭接，撑开就位后检查台车各节点连接是否牢固，有无错动移位情况，模板是否翘曲或扭动，位置是否准确，保证衬砌净空。为避免在浇筑边墙混凝土时台车上浮，还需在台车顶部加设木撑或千斤顶。同时检查工作窗状况是否良好。

(4)台车挡头模板应采用可重复使用并能准确固定止水带的定型模板。

5.6.2.3 混凝土浇筑

(1)混凝土由下至上分层、左右交替、从两侧向拱顶对称浇筑。每层浇筑高度、次序、方向应根据搅拌能力、运输距离、浇筑速度、洞内气温和振捣等因素确定。为防止浇筑时两侧压力偏差过大造成台车移位，两侧混凝土浇筑面高差不应大于1.0m，同一侧混凝土浇筑面高差不应大于0.5m。同时应合理控制混凝土浇筑速度。

(2)浇筑混凝土应尽可能直接入仓，混凝土输送管端部应设接软管控制管口与浇筑面的垂距，混凝土不得直冲防水板板面流至浇筑位置，垂距应控制在2.2m以内，以防混凝土离析。

(3)施工过程中，泵送连续浇筑，避免停歇造成"冷缝"。如因故中断，其中断时间应小于前层混凝土的初凝时间或能重塑时间，当超过允许时间时，应按施工缝处理，并符合规范要求。初凝前应将接缝处的混凝土振捣密实。

(4)当混凝土浇至作业窗下20cm应关闭振捣窗，其在关闭前将窗口附近的混凝土浆液残渣清理干净，涂刷脱模剂并关紧，防止窗口部位混凝土表面出现凹凸不平的补丁甚至漏浆现象。

(5)隧道衬砌起拱线以下的反弧部位是混凝土浇筑作业的难点部位，应对混凝土性能、坍落度及振捣方法进行有效控制，以减少反弧段气泡，有效改善衬砌混凝土表面质量。混凝土应采用附着式振动器和插入式振捣棒振捣，确保混凝土密实。

(6)封顶采用顶模中心封顶器接输送管，逐渐压注混凝土封顶。当挡头板上观察孔有浆溢出，即标志封顶完成。

(7)拱部混凝土衬砌浇筑时，应在拱顶预留注浆孔，注浆孔间距应不大于3m，且每模板台车范围内的预留孔应不少于4个。

5.6.3 关键质量通病与防治

隧道二次衬砌常见质量通病有：衬砌开裂；衬砌钢筋安设不规范；衬砌强度、厚度不足；二次衬砌与初期支护间不密贴或存在空洞；衬砌表面蜂窝麻面、错台；预留预埋设施施工不规范。

5.6.3.1 衬砌钢筋安设不规范

衬砌钢筋施作时关键质量通病为:钢筋定位不准、保护层厚度控制不准确,拆模露筋、钢筋间距不均匀、钢筋焊接质量差,如图 5-53~图 5-55 所示。

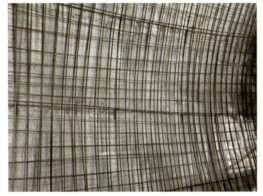

图 5-53 钢筋间距不均匀

图 5-54 衬砌露筋

图 5-55 钢筋焊接质量差

1) 形成原因

(1)钢筋绑扎过程中没有采取钢筋定位措施,钢筋在自重作用下发生变形,导致偏位。
(2)内外层钢筋之间缺少限位钢筋,导致内外层钢筋间距过小或并在一起。
(3)未安装钢筋保护层垫块。
(4)仰拱预留钢筋位置偏差较大时,没有及时纠偏或重新植筋。
(5)钢筋焊工为盲目追求进度,忽视钢筋焊接质量。体现在焊缝不饱满,焊渣未清理,焊接长度不足。

2) 防治措施

(1)在绑扎过程中,应采取钢筋定位措施。
(2)增加内外层限位钢筋限制内外层钢筋并在一起。
(3)设置混凝土垫块,确保钢筋保护层厚度。

(4)加强钢筋安装间距检查,仰拱预留钢筋偏位时,应按设计重新植筋。

(5)焊工应进行严格的培训,持证上岗,焊接一批验收一批,确保焊接质量符合要求。

5.6.3.2 二次衬砌裂缝

二次衬砌混凝土出现环向、斜向、纵向及交叉等裂缝。

1)形成原因

(1)围岩压力不均。

当隧道两侧的外围覆土厚度不同或者不均匀时,产生的偏压导致隧道两侧的衬砌结构承受不对称的围岩压力,在这种情况下,隧道两侧的衬砌拱腰位置会产生裂缝。一般在覆土较深的衬砌拱腰部位发生结构的最大变形,拱腰部位也是裂缝分布数量最多的地方。

(2)衬砌背后局部空洞。

当隧道衬砌背后有空洞存在时,会产生凸向围岩一侧的自由变形,同时空洞部位的衬砌裂缝分布集中。空洞的大小是决定裂缝数量和深度的直接因素,空洞的尺寸越大,衬砌结构发生变形的区域就越大,裂缝的数量越多、深度越大,使混凝土劣化严重,可能产生混凝土掉块的现象。

(3)衬砌厚度严重不足。

由于施工测量放线发生差错、欠挖、模板拱架支撑变形、塌方等原因,而在施工中又未能妥善处理,造成局部衬砌厚度偏薄,从而导致隧道衬砌产生裂缝。

(4)混凝土收缩。

混凝土的收缩导致衬砌产生的裂缝。混凝土收缩分为自收缩和干收缩;混凝土自收缩是指恒温绝湿的条件下,由胶凝材料的水化作用引起的自身收缩;混凝土干收缩是指混凝土停止养护后,失去内部毛细孔和混胶孔的吸附水而发生的不可逆收缩。混凝土大部分干收缩在龄期3个月内出现,但龄期超过20年后收缩变形仍未终止。

(5)不均匀沉降。

隧道衬砌不均匀下沉和隧道仰拱地基不均匀沉降导致隧道衬砌产生裂缝。

(6)施工管理。

过早拆除模板支撑,使衬砌承受超容许的荷载,衬砌容易产生裂损。施工质量管理不善,混凝土材料检验不到位,施工配合比控制不严,水胶比过大,混凝土捣实质量不佳,拱部浇筑间歇施工形成水平状工作缝等,造成衬砌质量不良,降低承载能力。

2)防治措施

(1)设计时应根据围岩级别、性状、结构等地质情况,正确选取衬砌形式及衬砌厚度,确保衬砌具有足够的承载能力。

(2)施工过程中发现围岩地质情况有变化,与原设计不符时,应及时变更设计,使衬砌符合实际需求。

(3)混凝土强度必须符合设计要求,宜采用较大的骨灰比,降低水胶比,合理选用外加剂。

(4)确定分段灌注长度及浇筑速度;混凝土拆模时,内外温差不得大于20℃;加强养护,混凝土温度的变化速度不宜大于5℃/h。

(5)衬砌施工时应严格按要求正确设置沉降缝、伸缩缝。

5.6.3.3 衬砌厚度不足

衬砌厚度不足主要指二次衬砌整体或局部厚度不足、脱空。

1)形成原因

(1)测量放样不准确,隧道开挖轴线偏位,导致一侧衬砌厚度不够,另一侧超厚。
(2)欠挖未处理,侵占二次衬砌空间,导致衬砌结构厚度不足。
(3)初期支护钢架安装偏位,或变形侵入二次衬砌限界后未进行处理。
(4)衬砌台车固定不牢,在混凝土浇筑过程中偏移。
(5)防水板松弛度过小,导致防水层在衬砌拱部绷紧,侵占二次衬砌空间;或防水层松弛度过大,形成褶皱堆积,侵占二次衬砌空间。
(6)边墙墙脚欠挖或没有预留纵向盲管安装空间,导致纵向排水盲沟侵占二次衬砌空间。
(7)浇筑工艺不正确,难以判断拱顶混凝土的饱满程度,造成拱顶混凝土浇筑量不够,导致衬砌厚度不足。

2)防治措施

(1)提高开挖及初期支护施工测量放样精度,台车就位前应复核检查,避免偏位。
(2)防水层铺挂前,应检测二次衬砌断面空间,发现侵限及时处理。
(3)应进行防水层铺挂松紧程度检查,松紧应适度。
(4)应对衬砌台车就位的准确性进行检查,并对端头模板处和振捣窗口处的衬砌厚度进行检查。
(5)浇筑拱顶混凝土前,宜在衬砌台车顶部预留观察管,并使其紧贴防水层,当在充分振捣后观察管内持续流出混凝土浆液时,说明该段混凝土已浇筑饱满。
(6)浇筑拱顶混凝土时,应按隧道纵坡由低向高顺序推进。
(7)及时对二次衬砌质量进行检测,发现衬砌厚度不足时,应根据欠厚情况制定相应方案进行处理。

5.6.3.4 二次衬砌与初期支护间存在脱空

二次衬砌与初期支护之间出现0~20cm不等的脱空现象,有的甚至出现局部大于20cm的严重空洞,对围岩整体支护效果失去作用。

1)形成原因

(1)初期支护平整度不合格,局部有严重坑凹现象。
(2)防水板松弛度过小产生紧绷,造成防水板后空洞。
(3)浇筑工艺不正确,无法准确判断拱顶混凝土的饱满程度。
(4)混凝土胶骨比过大,干缩造成二次衬砌与初期支护间不密贴。

2) 防治措施

(1) 挂设防水板前对初期支护平整度进行严格检查,对局部严重坑凹部位重现处理后再铺挂防水板。

(2) 严格按照规范要求的松弛度铺设防水板,并加密固定,松弛系数一般控制在 1.1~1.2 之间。

(3) 浇筑拱顶混凝土前,宜在衬砌台车顶部预留观察管,并使其紧贴防水层,当在充分振捣后观察管内持续流出混凝土浆液时,说明该段混凝土已浇筑饱满,混凝土浇筑时应按隧道纵坡由低向高顺序推进。当拱顶混凝土不密贴时,需采用带模注浆。

(4) 二次衬砌配合比设计要求合理,加强振捣工艺,严格混凝土离析。

5.6.3.5 衬砌表面蜂窝麻面、错台

1) 形成原因

(1) 拌和站计量不准确,施工配合比不当,导致混凝土出现离析现象,产生蜂窝、麻面。

(2) 漏振或振捣时间不够,导致混凝土不密实,产生蜂窝。

(3) 台车就位前,未对模板进行清洁并涂刷脱模剂、脱模剂质量差或涂刷不均匀,产生麻面。

(4) 衬砌模板台车就位偏差,衬砌台车刚度不足,固定不牢固,缝隙混凝土未清理干净,产生错台。

(5) 挡头板封堵不严,导致漏浆。

(6) 两侧混凝土浇筑面高差较大,造成衬砌台车位移,产生错台。

2) 防治措施

(1) 对拌和站计量设备定期标定,随时检查,严格控制混凝土拌和质量。

(2) 严格控制混凝土振捣工艺,做到不漏振,不过振,同时应特别注意曲墙反弧部位的提浆排气振捣。

(3) 模板台车每次使用前须进行清理、打磨,并均匀涂刷质量合格的脱模剂。

(4) 衬砌台车支架及模板应有足够的强度与刚度,衬砌台车就位后,应及时启用闭锁装置并加强稳定支撑措施,防止在混凝土浇筑过程中跑模。

(5) 混凝土浇筑前,应严密封堵各种缝隙,以防漏浆。

(6) 混凝土应对称浇筑,两侧浇筑面高差不宜超过 1m,输送管出料段应采用软管控制端口与混凝土浇筑面的垂距,垂距应控制在 2.2m 以内。

5.6.3.6 预留预埋设施施工不规范

预留洞室偏位,尺寸不满足设计要求,如图 5-56 所示。

1) 形成原因

(1) 预留洞室测量放样位置不准确。

图 5-56 预留洞室偏位

（2）模板刚度不够、预留洞室模板固定不牢、尺寸不符，在浇筑过程中产生位移、变形。

2）防治措施

（1）对测量控制点进行复核，确保预留洞室位置放样准确。

（2）预留洞室模板应定制成型且具有足够的刚度，安装时应固定牢固，确保在混凝土浇筑过程中不跑模、不移位。

5.7 特殊工艺及新技术应用

5.7.1 聚能水压光面爆破技术

5.7.1.1 项目概况

依托工程陈家湾隧道，为特长隧道，左线全长 3596m，右线全长 3585m，左、右洞纵坡分别为 0.6%、2.5%。隧道左右洞洞门均采用端墙式洞门。隧道开挖浅埋段支护形式及辅助施工措施见表 5-2。隧道左线、右线纵断面图分别如图 5-57、图 5-58 所示。

陈家湾隧道开挖浅埋段支护形式及辅助施工措施统计表　　　　表 5-2

	里程桩号	围岩级别	长度（m）	开挖工法	支护类型	辅助施工措施	备注
左线 120m	ZK26+395~ZK26+440	Vb	45	三台阶法	SVb	φ42mm 超前小导管	最小埋深桩号在 ZK26+420 处，洞顶最小埋深为 5.2m
	ZK26+440~ZK26+515	Vb	75	三台阶法	SVb	φ42mm 双层超前小导管	

续上表

里程桩号		围岩级别	长度(m)	开挖工法	支护类型	辅助施工措施	备注
右线 159m	K26+361~K26+390	Vb	29	三台阶法	SVb	ϕ42mm 超前小导管	最小埋深桩号在 K26+460 处，洞顶最小埋深为 6.8m
	K26+390~K26+445	Vb	55	三台阶法	SVb	ϕ42mm 双层超前小导管	
	K26+445~K26+481	Vb	36	三台阶法	SVb	ϕ42mm 超前小导管	
	K26+481~K26+520	IVb	39	二台阶法	SIVb	ϕ22mm 超前锚杆	

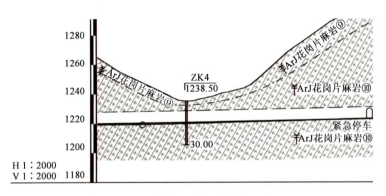

图 5-57　陈家湾隧道左线纵断面图

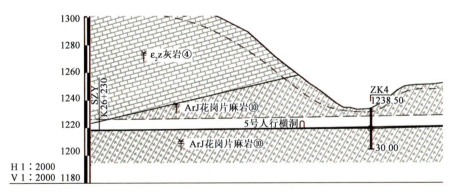

图 5-58　陈家湾隧道右线纵断面图

　　浅埋段地质以强、中风化花岗片麻岩为主，褐红色、细粒结构、片状构造、节理裂隙不发育，岩芯采取率为 90%，RQD（岩体完整性）=45%，容许承载力 =1500kPa，围岩稳定性较好，勘探时未见地下水。

5.7.1.2 水压光面爆破与聚能水压光面爆破

水压光面爆破原理为往炮眼中一定位置注入一定量的水,并用专用的炮泥回填堵塞炮眼,利用在水中传播的冲击波对水的不可压缩性,使爆炸能量经过水传递到围岩中几乎无损失。同时,水在爆炸气体膨胀作用下产生的"水楔"效应,有利于岩石破碎,炮眼中的水可以起到雾化降尘作用,大大降低粉尘对环境的污染,所以水压爆破成为名副其实"绿色爆破"。水压光面爆破装药结构示意图如图5-59所示。

图5-59 水压光面爆破装药结构示意图

水压爆破与常规爆破相比,产生了极好的爆破效果,爆破后岩面平整,岩渣块度大小均匀,利于装渣,减少了超欠挖、支护混凝土用量以及施工成本。具体表现为具有显著的"三提高一保护"的作用。即:提高炸药利用率,提高施工效率,提高经济效益,降低了粉尘等有害气体浓度,保护了作业人员身体健康。

在水压爆破技术的基础上,又研究推广了隧道掘进聚能水压爆破新技术,此项新技术与水压爆破技术堪称"孪生兄弟"。

所谓"聚能水压光面爆破新技术",就是爆破炮眼中由聚能管装置替代了常规光面爆破炮眼中的药卷和传爆线,光爆炮眼的最底部和上部有水袋,用专用设备加工成的炮泥回填堵塞。

常规光面爆破技术原理是光爆炮眼中的炸药爆炸在岩石传播应力波产生径向压应力和切向拉应力,由于光爆炮眼相邻互为"空眼",所以在光爆炮眼连线两侧产生应力集中度很大的拉应力,超过岩石抗拉强度,于是使炮眼之间的岩体形成的初始裂缝要比其他方向厉害得多。除此之外,由于炸药爆炸生成的高压气体膨胀产生的静力作用促使初始裂缝进一步延伸扩大。而聚能水压爆破除上述应力波作用外,紧跟随的是聚能槽产生的高温高压射流以及光爆炮眼中的水袋在爆炸作用产生的"水楔"效应,促使岩石初始裂缝延伸扩展加大。聚能水压光爆炮眼由于水袋炮泥复合堵塞,可有力控制炸药爆炸生成的膨胀气体在炮眼中,其膨胀气体静力作用要比常规光面爆破不堵塞强得多,更有利于已形成的裂缝再延伸扩展加大。

聚能水压光面爆破技术由于聚能管的高温高压射流、"水楔"作用以及增强了膨胀气体的静力作用,这三种因素共同作用的结果,弥补了光面爆破的不足,同时由于在光爆炮眼中放置了水袋,在爆破过程中产生的水雾起到了降尘的效果,改善了作业环境,保护了施工人员的身体健康。

5.7.1.3 聚能管装置装药技术

聚能管采取一种抗静电阻燃的特种塑料管,异形双槽聚能管。管长为2m、2.5m、3m不等。聚能管根据炮眼深度可长可短,聚能管是由两个相似半壁管组成,管壁厚2mm,半壁管中央有一个凹进去的槽,叫作聚能槽。聚能管截面尺寸如下:聚能槽顶角70°,聚能槽顶部距离17.27mm,半壁管宽度24.18mm,两半壁管相扣成的聚能管宽度为28.35mm。为调节聚能槽对准开挖轮廓面,两半壁管可调聚能方向8°~10°。聚能管装置中的炸药为施工现场通用炸药,即乳化炸药。聚能管内部尺寸形成的截面就是炸药的截面。聚能管截面尺寸如图5-60所示。

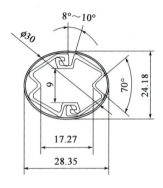

图5-60 聚能管截面尺寸(尺寸单位:mm)

聚能管装置中的传爆线和起爆雷管为施工现场通用的起爆器材,起爆雷管段别与常规光面爆破相同。往半壁管中注药是组装聚能管装置主要工艺。往半壁管中注药需要空气压缩机和注药枪等两种设备。注药枪长45cm、重0.8kg。小型空气压缩机功率800W,重23kg。

聚能管装置组装很简便,其步骤是:

(1)把半壁管摆放在工作平台上。

(2)把药卷一端和沿药卷纵向切开包装皮,然后两药卷沿纵向切开面合并装入注药枪中,最后拧紧旋转盖。

(3)给注药枪加压,其压力为0.2个大气压;手握注药枪沿半壁管从头至尾移动,炸药就从枪口咀连续不断流入半壁管中。

(4)注好炸药的两个半壁管相扣之前,在其中一片半壁管中放置一根传爆线(俗称红线),传爆线比半壁管长10cm,然后合并在一起。

(5)为保障聚能槽与轮廓面平行,要在聚能管装置两端套上定位圈,这样,聚能管装置就基本组装完。要特别指出的是,聚能管装置的起爆雷管应在掌子面前安装。整个注药过程操作简便快捷,一个循环光爆炮眼所需要聚能管装置可在1h左右组装完。

为保障聚能管装置中的聚能槽对准隧道轮廓面以防止转动,要在聚能管装置的两端套上塑料套圈,这样聚能管装置才完全组装好。要特别指出的是,为了安聚能管装置组装房内的安全,最好不要安装起爆雷管,待运到掌子面时再安装。

聚能水压光面爆破技术,布孔与普通光面爆破完全一样,凿岩工具和工艺均无变化。不同之处在于周边眼的间距,普通光面爆破周边眼间距为40~50cm,聚能水压光面爆破周边眼间距为80~100cm,起拱线、围岩节理发育处可根据现场情况适当缩小孔间距。

装药之前,把加工好的聚能管运至施工掌子面,并准备绝缘胶带、孔内定位棉、夹条等辅助材料。装填的步骤是：

第一步，往光爆炮眼最底部填装一个水袋，水袋必须装到炮眼最底部，不能留有空隙。

第二步，装填聚能管装置，聚能管长2.5m，是炮眼深度的70%，聚能管装置要紧挨着炮眼最底部水袋，聚能槽要与轮廓面一致，特别要注意千万不能装错。

第三步，装填两袋水袋。

第四步，也是最后一步，用专业设备加工成的炮泥回填堵塞一直到炮眼口，用木质炮棍捣固炮泥才会坚实，起到堵塞的作用。所有光爆炮眼填过后，像常规光面爆破那样连线起爆。

聚能水压光面爆破装药结构如图5-61所示。聚能水压光面爆破现场装药如图5-62所示。

图5-61 聚能水压光面爆破装药结构

图5-62 聚能水压光面爆破现场装药

5.7.1.4 聚能管装置装药技术效果分析

通过对陈家湾隧道常规光面爆破和聚能水压光面爆破的爆破效果对比分析,聚能水压光面爆破新技术无论是在技术效果上还是经济效果上都具有明显的优势。爆破效果如图 5-63 所示、表 5-3 所示。

图 5-63　常规光面爆破与聚能水压光面爆破现场效果对比

常规光面爆破与聚能水压光面爆破技术效果对比表　　　表 5-3

爆破类型	设计进尺（m）	循环进尺（m）	炮眼利用率（%）	耗药量（kg/m³）	大块率（%）	通风时间（min）	炮堆距离（m）	提高尺寸（%）
常规光面爆破	3.8	3.1	83.5	1.20	28.6	50	32	—
聚能水压光面爆破	3.8	3.4	95.2	0.88	8.2	20	24	10.9

通过表 5-3 中数据可能,聚能光面爆破技术与常规光面爆破的技术差异效果非常明显。聚能光面爆破技术具有以下优点:

(1)成型效果好。开挖轮廓线平顺整齐,围岩扰动减少,超欠挖明显改善,有利于支护工序施工,同时混凝土回填成本大为降低。

(2)凿孔率减少 50%,大大降低了爆破作业工班的劳动量,钻孔缩短 30min。少打眼、出渣量减少,节约炸药、雷管、钢钎等,降低了材料成本,减少工时消耗,劳动效率明显提高。

(3)周边眼爆破成本降低 30% 以上。

(4)半眼痕保留率达到 85% 以上。

5.7.1.5 聚能管装置装药经济效果分析

以单个循环为单位,在相同条件下,通过对常规光面爆破、聚能水压光面爆破技术应用取得的数据进行对比分析,聚能水压光面爆破经济效果显著(表 5-4)。

常规光面爆破与聚能水压光面爆破经济效果对比表 表5-4

项目名称	单位	单价（元）	常规光面爆破		聚能水压光面爆破		成本节约（%）
			消耗量	合价	消耗量	合价	
钻孔	m/孔数	12.33	155.4/42	1916.08	85.1/23	1049.28	45.2
炸药	kg	8.7	29.4	255.78	24.84	216.1	15.5
雷管	个	5.37	42	225.54	23	123.51	45.2
导爆线	m	2.74	189	517.86	59.8	163.85	68.4
聚能管	m	—	—	—	57.5	402.5	—
合计	—	—	—	2915.26	—	1955.24	32.9

根据经济数据分析，得出如下结论：

(1) 节约爆破材料。

聚能水压光面爆破具有明显的成本节约优势，尤其是周边眼凿孔减少50%，炸药节约15.55%，导爆线节约68.36%。唯一成本增加的就是聚能管的费用，每个循环402.5元，但总的来说，仅周边眼爆破成本降低率为32.9%。如考虑超挖减少出渣量、支护量，施工成本降低更多。

(2) 降低支护费用。

由于成型质量较好，超挖得到有效控制，喷射混凝土支护费用降低15%~20%。

(3) 提高劳动生产率。

周边眼打孔时间缩短30min，循环时间缩短，有利于加快施工进度。

现对采取聚能水压光面爆破新技术隧道掘进1690m的经济效益情况进行分析、计算，形成结果如下：

(1) 爆破成本节约。

每个循环节省成本960.02元，累计进尺490个循环，共计节约470409.8元。

(2) 初期支护混凝土节约。

根据设计，上台阶7.78m³/延米，初期支护混凝土量13148.2m³，累计节约混凝土2027.99m³，混凝土节约率15.42%，节约成本2027990.2元。

(3) 平均延米节约成本：(470409.8+2027990.2)/1690=1478.34元/m。

5.7.2　低强度等级CFB灰渣混凝土技术应用

5.7.2.1　CFB灰渣的理化特性

呼北国家高速公路(G59)山西离石至隰县段工程所属的车鸣峪连接线车鸣峪隧道位于山西省中阳县闹泥村北侧约1700m处，属长隧道，设计为单洞双向隧道，洞体净空(宽×高)为1100cm×500cm，洞体轴线进出口段为弧线形，洞深段为直线形，总体轴向整体呈西南—东北向，洞体最大埋深115.154m。原设计仰拱所用混凝土为普通C15混凝土，对砂石集料的需求量大。由于工程所在地砂石分布区域失衡、限制开采等因素，当地砂石集料售价高达92.34元/m³，建设成本高。

与此同时,吕梁地区煤矸石等低热值煤储量大,大多被循环流化床燃煤电厂用作燃料发电,同时也伴随排放出大量循环流化床灰渣("CFB 灰渣")。以本项目周边晋能大土河热电有限公司为例,其每年排放 CFB 灰渣约 200 万 t,主要以填埋方式处置(图 5-64)。随着我国生态文明建设的不断深入,企业逐渐面临"无地可堆"的境地,严重制约了煤电企业可持续发展。

图 5-64 CFB 灰渣堆场

CFB 灰渣是循环流化床锅炉燃烧产物,分为 CFB 飞灰和 CFB 炉渣,CFB 灰渣是在 850~900℃温度下燃烧生成,这一温度正是黏土矿物产生活性的中温活性区域,其火山灰活性来源于煤中黏土矿物脱水分解生成的无定形硅铝物质,其火山灰活性大。若能将其用于低强度等级混凝土中,代替普通砂石集料制备低强度等级混凝土,既可节约天然资源,又可消纳 CFB 灰渣,具有显著的经济与社会效益。

为此,离隰公司开展了 CFB 灰渣制备低强度等级混凝土材料研究,通过"CFB 灰渣低强度等级混凝土的用水量调控技术""CFB 灰渣低强度等级混凝土的早强与抗冻性能提升技术""CFB 灰渣低强度等级混凝土的有害膨胀控制技术"成套应用技术的开发,成功研制了 CFB 灰渣低强度等级混凝土材料。与普通低强度等级混凝土相比,单方混凝土中 CFB 炉渣全部代替砂石集料,极大地节约了天然资源。

据统计,我国每年排放 CFB 灰渣近 2.0 亿 t,山西省每年排放 3000 万 t,综合利用率低。公路工程建设中对水泥、砂石需求量大,随着环保要求的提高,水泥、砂石材料供应紧张,价格上升,工程造价也会随着提高。采用 CFB 飞灰替代胶凝材料、CFB 炉渣替代细集料可以显著降低隧道仰拱低强度等级混凝土的工程造价,同时也可以促进 CFB 灰渣的规模化利用。炉渣级配分布广,压碎值偏低。

由表 5-5 可知,不同电厂炉渣细度不一样,国峰、国金 CFB 炉渣过细,大土河和安平为中砂,通常入炉煤的粒径越大,所排放的 CFB 炉渣的粒径也越大。

不同电厂 CFB 炉渣的级配 表 5-5

炉渣来源	通过以下筛孔粒径(mm)的通过率								细度模数
	9.5	4.75	2.36	1.18	0.6	0.3	0.15	0.075	
山西国峰煤电有限责任公司(简称"国峰")	99.4	96.5	91.4	86.8	77.5	59.8	38.3	9.5	1.3

续上表

炉渣来源	通过以下筛孔粒径（mm）的通过率								细度模数
	9.5	4.75	2.36	1.18	0.6	0.3	0.15	0.075	
山西国金电力有限公司（简称"国金"）	99.8	94.9	88.1	82.5	72.6	52.5	28.7	7.5	1.6
山西大土河焦化有限责任公司（简称"大土河"）	98.2	91.5	80.1	65.8	54.8	36.1	20.4	6.5	2.6
中煤昔阳能源安平发电厂（简称"安平"）	89.6	61.8	41.3	30.3	18.5	9.0	3.4	0.7	3.3

由表 5-6 可知，由于 CFB 炉渣内部含有大量低温煅烧孔隙，导致 CFB 炉渣压碎值高达 52.9%，是机制砂的 3.6 倍、煤气化渣的 1.6 倍，细集料强度低会对混凝土的强度造成不利影响，钙硫含量偏高。

细集料压碎值 表5-6

指标	集料种类		
	机制砂	CFB 炉渣	煤气化渣
压碎值（2.36～4.75mm）（%）	14.5	52.9	33.8

由表 5-7 可知，国峰、国金和安平 CFB 灰渣属于高硫高钙灰渣，大土河和耀光煤电 CFB 灰渣属于低硫低钙灰渣。CFB 灰渣中的硫钙主要以 Ⅱ-$CaSO_4$ 和 CaO 的形式存在，CFB 灰渣中的硫钙含量不如炉煤的硫含量，和脱硫方式等有关。吸水率高。

不同电厂 CFB 炉渣的级配 表5-7

炉渣来源	CFB 炉渣		CFB 飞灰	
	f-CaO	可溶性硫酸盐	f-CaO	可溶性硫酸盐
山西国峰煤电有限责任公司	7.46	8.19	1.22	5.94
山西国金电力有限公司	4.92	6.79	2.90	6.42
山西大土河焦化有限责任公司	2.86	3.89	1.53	3.69
中煤昔阳能源安平发电厂	2.31	5.89	6.91	9.59
山西耀光煤电有限责任公司	0.86	2.33	0.30	1.89

由表 5-8 可知，机制砂吸水率较低，CFB 炉渣吸水率最高，煤气化渣的吸水率低于 CFB 炉渣。CFB 灰渣由于形成温度较低，结构疏松多孔，吸水性强。胶凝活性高。

细集料的饱和面干吸水率 表5-8

指标	集料种类		
	机制砂	CFB 炉渣	煤气化渣
饱和面干吸水率（%）	1.00	9.50	8.65

对比磨细粉的活性，发现煤气化渣与机制砂相近，说明其活性很低，而 CFB 炉渣磨细粉 28d 活性高达 88.2%，CFB 飞灰 28d 活性高达 109%（表 5-9），说明 CFB 炉渣是一种高活性集料。满足环保要求。

胶凝活性　　　　　　　　　　　　　　　　　　　　　　　　　　表5-9

指标	集料种类			
	机制砂	CFB炉渣	煤气化渣	CFB飞灰
7d活性指数(%)	62.5	76.0	57.1	87.9
28d活性指数(%)	56.8	88.2	62.9	109

表5-10、表5-11的检测结果表明：

（1）CFB灰渣的重金属质量浓度小于危险废物质量浓度的限值，因此CFB飞灰类别是一般工业固体废物，不属于危险废物。

（2）CFB灰渣其放射性满足要求。

CFB飞灰浸出毒性检测结果　　　　　　　　　　　　　　　　表5-10

检测项目	检测结果（mg/L）	固体废物利用技术导则要求（mg/L）
总Ag	未检出	—
As	未检出	0.1
Ba	0.34	—
Be	未检出	—
Cd	未检出	0.03
总Cr	0.093	0.2
Cu	未检出	1.0
Hg	未检出	—
Ni	未检出	0.2
Pb	未检出	0.3
Se	0.0384	—
Zn	未检出	1.0
Cr(Ⅵ)	未检出	—
甲基汞	未检出	—
乙基汞	未检出	—

放射性检测结果　　　　　　　　　　　　　　　　　　　　　表5-11

测试指标	检测结果	A类装饰装修材料限制
内照射指数 I_{Ra}	0.7	≤1.0
外照射指数 I_γ	1.1	≤1.3

5.7.2.2　CFB灰渣的配合比设计与优化

1）用水量的影响

CFB灰渣仰拱混凝土配合比见表5-12。

CFB 灰渣仰拱混凝土配合比（用水量影响）　　　表 5-12

编号	配合比（kg/m³）					
	水泥	CFB 飞灰	CFB 炉碴	水	水胶比	外加剂掺量
W1	280	220	1000	300	0.60	1.5%
W2	280	220	1000	312	0.62	1.2%
W3	280	220	1000	320	0.64	1.2%
W4	280	220	1000	340	0.68	0.93%
W5	280	220	1000	360	0.72	0.4%

注：通过调整外加剂的掺量控制混凝土达到相同坍落度。

图 5-65 为用水量对 CFB 灰渣仰拱混凝土抗压强度的影响，得出最佳用水量为 310 ~ 320kg/m³。

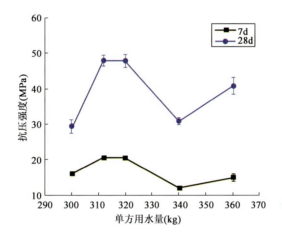

图 5-65　用水量对 CFB 灰渣仰拱混凝土抗压强度影响

2）胶凝材料用量的影响

（1）调整 CFB 飞灰用量：控制水泥用量不变，通过调整飞灰与炉渣比例降低胶凝材料用量，结果见表 5-13、表 5-14。

CFB 灰渣仰拱混凝土配合比（胶凝材料用量影响 A）　　　表 5-13

编号	配合比（kg/m³）					
	水泥	CFB 飞灰	CFB 炉渣	胶凝材料量	水	外加剂掺量
J1	280	240	980	520	320	0.9%
J2(W3)	280	220	1000	500	320	1.2%
J3	280	200	1020	480	320	1.1%
J4	280	180	1040	460	320	1.2%
J5	280	160	1060	440	320	1.4%

注：通过调整外加剂的掺量控制混凝土达到相同坍落度。

胶凝材料用量对 CFB 灰渣仰拱混凝土工作性能影响 A　　　表 5-14

胶凝材料用量	工作性		
	坍落度(mm)		工作性描述
	初始	经过 1h	
520	242	228	黏度较高,不离析泌水,扒底较明显
500	245	230	较黏,不离析泌水,不扒底
480	247	233	黏度中,不离析泌水,不扒底
460	247	235	黏度中,不离析泌水,不扒底
440	250	238	黏度较差,不离析泌水,不扒底

图 5-66 为胶凝材料用量对 CFB 灰渣仰拱混凝土工作性能和抗压强度的影响,得出最佳胶凝材料用量为 500kg/m³。

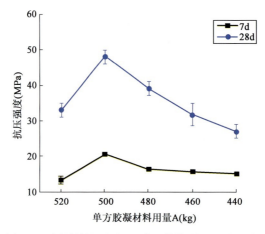

图 5-66　胶凝材料用量对 CFB 灰渣仰拱混凝土强度影响 A

(2)调整水泥用量:控制 CFB 飞灰用量不变,通过降低水泥用量不提高 CFB 炉渣用量调整胶凝材料用量,结果见表 5-15、表 5-16。

CFB 灰渣仰拱混凝土配合比(胶凝材料用量影响 B)　　　表 5-15

编号	配合比(kg/m³)					
	水泥	CFB 飞灰	CFB 炉渣	胶凝材料量	水	外加剂掺量
J6(J1)	280	240	980	520	320	0.9%
J7	260	240	1000	500	320	1.3%
J8	240	240	1020	480	320	1.3%
J9	220	240	1040	460	320	1.4%
J10	200	240	1060	440	320	1.5%

注:通过调整外加剂的掺量控制混凝土达到相同坍落度。

胶凝材料用量对 CFB 灰渣仰拱混凝土工作性能影响 B　　表 5-16

胶凝材料用量	工作性		工作性描述
	坍落度(mm)		
	初始	经过 1h	
520	242	228	黏度较高,不离析泌水,扒底较明显
500	244	230	较黏,不离析泌水,无明显扒底
480	245	232	黏度中,不离析泌水,不扒底
460	247	235	黏度中,不离析泌水,轻微扒底
440	250	237	黏度较差,不离析泌水,不扒底

图 5-67 为胶凝材料用量对 CFB 灰渣仰拱混凝土抗压强度的影响,得出最佳胶凝材料用量为 500kg/m³。

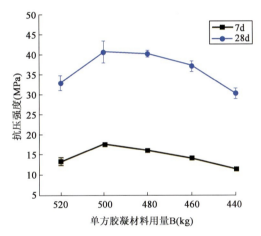

图 5-67　胶凝材料用量对 CFB 灰渣仰拱混凝土强度影响 B

通过表 5-17、表 5-18 中水泥用量对 CFB 灰渣仰拱混凝土工作性能和抗压强度的影响,得出最佳水泥用量为 280kg/m³。

CFB 灰渣仰拱混凝土配合比(水泥用量影响)　　表 5-17

编号	配合比(kg/m³)				水胶比	外加剂掺量
	水泥	CFB 飞灰	CFB 炉渣	水		
C1(J3)	280	200	1020	320	0.67	1.1%
C2	260	220	1020	320		1.1%
C3(J8)	240	240	1020	320		1.3%
C4	220	260	1020	320		1.2%
C5	200	280	1020	320		1.3%

注:通过调整外加剂的掺量控制混凝土达到相同坍落度。

水泥用量对 CFB 灰渣仰拱混凝土工作性能影响　　表 5-18

水泥用量	工作性		
	坍落度(mm)		工作性描述
	初始	经过 1h	
280	247	233	黏度中,不离析泌水,不扒底
260	243	230	黏度中,不离析泌水,不扒底
240	245	232	黏度中,不离析泌水,不扒底
220	245	230	黏度中,不离析泌水,不扒底
200	246	233	黏度中,不离析泌水,不扒底

3）水泥种类的影响

分别选用 P·O 42.5 级水泥和 P·S 32.5 矿渣水泥成型混凝土,试验结果见表 5-19、表 5-20。

CFB 灰渣仰拱混凝土配合比（水泥用量影响）　　表 5-19

水泥种类	配合比（kg/m³）					
	水泥	CFB 飞灰	CFB 炉渣	水	水胶比	外加剂掺量
P·O 42.5	280	220	1000	320	0.64	1.2%
P·S 32.5	260	220	1000	320		1.1%

水泥种类对 CFB 灰渣仰拱混凝土工作性能和强度的影响　　表 5-20

水泥种类	工作性			强度（MPa）	
	坍落度(mm)		工作性描述	7d	28d
	初始	经过 1h			
P·O 42.5	245	230	黏度中,不离析泌水,不扒底	20.60	47.79
P·S 32.5	247	233	黏度中,不离析泌水,不扒底	17.42	37.28

由表 5-19、表 5-20 可以得出,最合适的水泥种类为 P·O 42.5 级水泥。

4）优化出的配合比

优化出的配合比见表 5-21。

CFB 灰渣仰拱混凝土最佳配合比及关键性能　　表 5-21

水泥种类	配合比（kg/m³）						工作性能			力学性能	
	水泥	CFB 飞灰	CFB 炉渣	水	水胶比	外加剂掺量	初始坍落度(mm)	经过 1h 坍落度(mm)	工作性描述	7d 抗压强度(MPa)	28d 抗压强度(MPa)
P·O 42.5	280	220	1000	320	0.64	1.2%	245	230	黏度中,不离析,不扒底	20.6	47.49

5.7.2.3　CFB 灰渣的长期力学性能与耐久性

为了进一步探讨 CFB 飞灰及炉渣掺入对混凝土长期力学性能、体积稳定性能与耐久性能的影响,项目对比研究了同掺 CFB 飞灰与炉渣混凝土(N4)、单掺 CFB 飞灰(N2)或 CFB 炉渣混凝土(N3)、普通机制砂混凝土(N1)的上述关键性能。

1) 长期力学性能

由图 5-68 可知,在标准养生条件下,混凝土的抗压强度随着龄期显示增长趋势,其中 N2 组 90d 后强度出现倒缩,可能是由于 CFB 飞灰中的硬石膏和氧化钙在硬化后期水化生成钙矾石引起内部应力导致;而 N4 组并未出现强度倒缩,是由于 CFB 炉渣多孔的结构相比机制砂能够更好地容纳钙矾石并缓解膨胀应力。

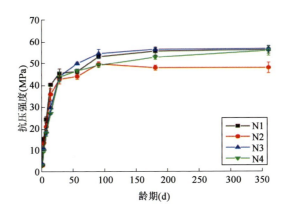

图 5-68 混凝土抗压强度随龄期增长曲线

2) 自收缩

从图 5-69 可以发现:粉煤灰-机制砂混凝土(N1)自收缩率最大,且未出现膨胀;CFB 飞灰-机制砂混凝土(N2)在 10h 内产生膨胀,而后发生收缩,最终收缩率小于 N1。采用 CFB 炉渣制备的混凝土(N3 与 N4)在 20h 内产生膨胀,且 CFB 飞灰-CFB 炉渣(N4)膨胀率略高于粉煤灰-CFB 炉渣(N3),20h 后两组混凝土试件均开始发生收缩,但最终试件相对初始长度仍为膨胀状态,N3 最终膨胀率低于 N4。

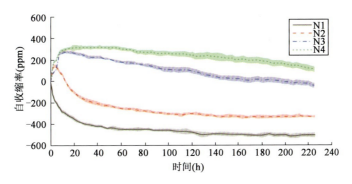

图 5-69 CFB 灰渣混凝土自收缩变化曲线

注:1ppm = 1×10^{-6},后同。

3) 干燥收缩

由图 5-70 可以得出:机制砂混凝土(N1 组及 N2 组)在早期就出现收缩,未产生膨胀,而采用了 CFB 炉渣的混凝土(N3 组和 N4 组)在 3d 内产生低于 200ppm 膨胀,3d 后发生相似收缩。对比 N1 与 N2 可以发现,CFB 飞灰取代粉煤灰后,混凝土早期收缩速率减小,而对比 N3 与 N4 可以发现,CFB 飞灰取代粉煤灰后,早期膨胀率更大。

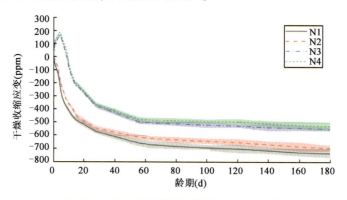

图 5-70　CFB 灰渣混凝土干燥收缩应变变化曲线

4) 抗渗性能——吸水率

由表 5-22 可以得出:相对于机制砂混凝土(N1 与 N2),采用 CFB 炉渣配制的混凝土(N3 与 N4)的 28d 吸水率及 56d 吸水率均明显较高。分别对比 N1 与 N2、N3 与 N4,可以发现采用 CFB 飞灰取代普通粉煤灰后,混凝土的 28d 吸水率及 56d 吸水率均略有增大。

CFB 灰渣仰拱混凝土长期性能不耐久性测试配合比　　表 5-22

龄期(d)	N1	N2	N3	N4
28	3.64	4.19	7.52	8.60
56	3.41	3.59	4.43	4.92

5) 抗渗性能——抗 Cl⁻ 渗透

由表 5-23 可以得出:相对于机制砂混凝土(N1 与 N2),采用 CFB 炉渣配制的混凝土(N3 与 N4)的 28d 吸水率及 56d 吸水率均明显较高。分别对比 N1 与 N2、N3 与 N4,可以发现采用 CFB 飞灰取代普通粉煤灰后,混凝土的 28d 吸水率及 56d 吸水率均略有增大。

不同龄期 CFB 灰渣混凝土 6h 电通量(单位:C)　　表 5-23

龄期(d)	N1	N2	N3	N4
28	796	931	685	824
56	631	723	546	676

由表 5-23 可以发现:①4 组混凝土的 28d 电通量及 56d 电通量值均不大于 1000C,说明具有较好的抗 Cl⁻ 渗透能力;②对比机制砂混凝土(N1 与 N2)与 CFB 炉渣混凝土(N3 与 N4)可以发现,CFB 炉渣制备的混凝土具有更高的氯离子侵蚀能力。③在集料相同时,采用 CFB 飞灰的混凝土相比普通粉煤灰抗氯离子渗透能力下降。

6) 抗冻融循环性能

①观察两种指标的损失变化发现,经过 300 次冻融循环后,粉煤灰组混凝土(N1 与 N3)仍符合质量损失率不大于 5%,相对动弹性模量不小于 60% 的指标要求。其中,粉煤灰-CFB 炉渣混凝土(N3)具有最优抗冻融循环性能。②CFB 飞灰对混凝土抗冻性能的影响幅度大于 CFB 炉渣,CFB 炉渣配制的混凝土相比机制砂混凝土抗冻融能力变化不大,如图 5-71 所示。

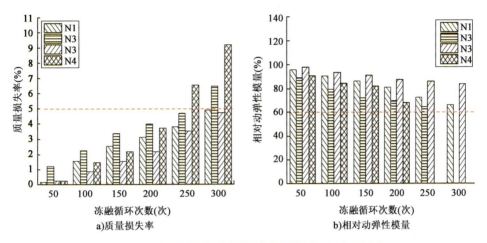

图 5-71　CFB 灰渣混凝土抗冻融循环指标质量变化、相对动弹性模量

7) 抗硫酸盐侵蚀

如图 5-72 所示,经过 90 次循环后,由机制砂制备的混凝土(N1 与 N2)质量损失率超出了 5%,且强度损失率大于 25%,超出了耐硫酸盐侵蚀指标的要求值。

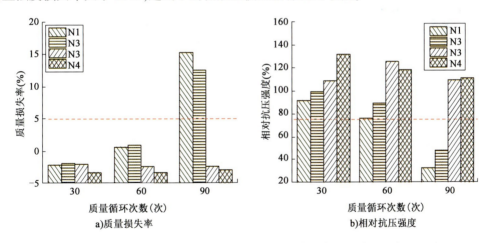

图 5-72　不同干湿循环次数试件性能变化质量损失率及相对抗压强度

由 CFB 炉渣制备的混凝土(N3 与 N4)具有良好的抗硫酸盐侵蚀性能。

8) 抗碳化性能

由图 5-73 可以看出,碳化 3d 时,4 组混凝土碳化深度差别不明显,均约为 2mm。碳化 7d 及以后,使用 CFB 飞灰的混凝土(N2 与 N4)较使用普通粉煤灰的混凝土(N1 与 N3)碳化深度均增长更快。而对比机制砂混凝土 CFB 炉渣混凝土(如 N1 与 N3),可以发现 CFB 炉渣适当降低了混凝土的碳化深度。

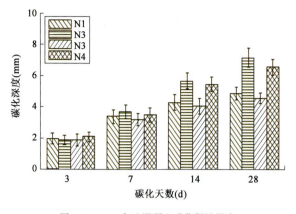

图 5-73　CFB 灰渣混凝土碳化侵蚀深度

5.7.2.4　CFB 灰渣膨胀特性研究

1)年龄期的变化情况

由图 5-74 可以看出,在标准养护条件下,N1 未出现膨胀,水化开始发生收缩,最终收缩率大于其余三组混凝土;N2 早期产生小幅度膨胀,约 1d 后开始发生收缩,最终收缩率小于 N1 组。而 N3、N4 早期均产生了较大的膨胀,后期试件体积较稳定。在加速养护条件下,4 组混凝土均产生了一定的膨胀现象,采用 CFB 炉渣的混凝土膨胀率大于采用机制砂,采用 CFB 飞灰的混凝土膨胀率大于采用粉煤灰。

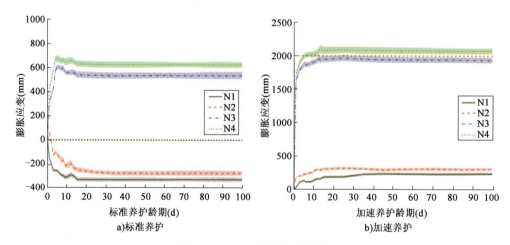

图 5-74　CFB 灰渣混凝土膨胀特性

2)不同厂家灰渣的膨胀特性

分别采用新电厂(XDC)、大土河(DTH)、国峰(GF)和耀光(YG)的 CFB 炉渣,按照 CFB 灰渣仰拱配合比制备混凝土,测试其膨胀性能。

如图5-75、表5-24所示,分析CFB炉渣SO_3与其所制备混凝土的膨胀率之间的关系可以得出,混凝土的膨胀率随着CFB炉渣SO_3含量的增加而增大。

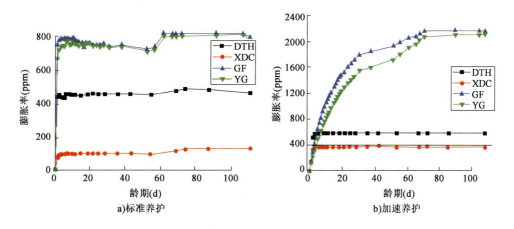

a)标准养护　　　　　　　　　　　　　b)加速养护

图5-75　CFB灰渣仰拱混凝土膨胀率曲线标准养护(左)加速养护(右)

CFB炉渣硫含量与标养条件下混凝土膨胀率之间的关系　　　　表5-24

种类	SO_3含量(%)	3d膨胀率(ppm)	7d膨胀率(ppm)	28d膨胀率(ppm)	90d膨胀率(ppm)
新电厂	3.909	361.45	380.36	380.36	378.18
大土河	4.264	521.45	589.09	578.90	580.36
耀光	7.310	306.91	628.36	1053.09	2098.91
国峰	8.920	408.73	824.84	1710.55	2173.10

5.7.2.5　模拟仰拱充填应力监测研究

通过对CFB灰渣混凝土内部应力应变与温度监控测量,了解CFB灰渣混凝土施工及养护过程中混凝土内部应力应变及温度变化,预测CFB灰渣混凝土膨胀变形发展趋势,及时对其安全性作出评估。应力模拟监测用配合比见表5-25。

应力模拟监测用配合比(单位:kg/m³)　　　　表5-25

种类	水泥	粉煤灰	CFB飞灰	CFB炉碴	机制砂	水	外加剂
CFB	280	0	220	1000	0	375	7.5(1.5%)
OPC	280	150	0	0	1125	200	2.6(0.6%)

1)早期应变情况

如图5-76所示,CFB灰渣混凝土的早期应变显著大于粉煤灰-机制砂混凝土,且应变一直处于膨胀状态,且混凝土中心处膨胀应变最大,拱底处次之,而拱腰处最小。

28d时,CFB灰渣混凝土尺寸相对于初始浇筑时仍呈现膨胀状态,而粉煤灰-机制砂混凝土已经开始逐渐转变为收缩应变状态。

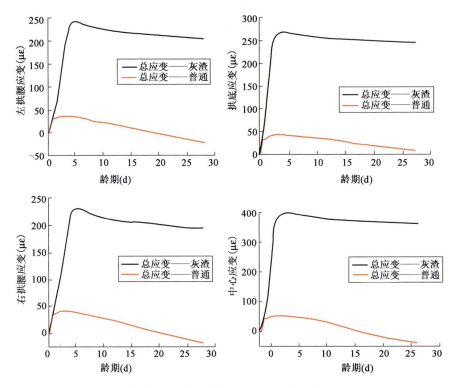

图 5-76 混凝土内部各监测点早期应变曲线

2）长期应变情况

混凝土内部各监测点长期应变曲线如图 5-77 所示。

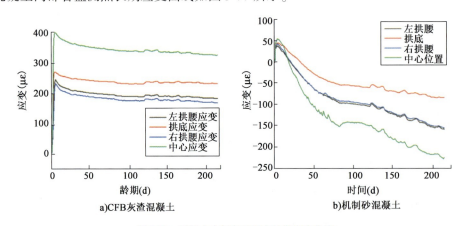

a）CFB 灰渣混凝土　　　　b）机制砂混凝土

图 5-77 混凝土内部各监测点长期应变曲线

3）内部应力计算与分析

由表 5-26、表 5-27 中混凝土内部应力计算结果可以看出：

（1）在 3d 与 7d 时，两种混凝土均处于膨胀状态，因此应将应力与抗压强度进行比较可以发现，CFB 灰渣混凝土与普通混凝土在 3d 与 7d 时各处膨胀应力均小于抗压强度，且两种混凝土中膨胀应力大小顺序均为中心＞拱底＞拱腰。

（2）在 28d 与 90d 时，CFB 灰渣混凝土各处仍呈现膨胀应变状态，且其应力值大小顺序仍为中心＞拱底＞拱腰，并低于混凝土抗压强度。而普通混凝土 28d 时的拱腰与中心开始变为收缩应变状态，90d 时全部出现收缩应变状态，因此其应力为收缩应力（负值）。

混凝土力学性能（单位：MPa）　　　　　　　　　表 5-26

类型	配合比	3d	7d	28d	180d
抗压强度	CFB	5.87	18.8	27.6	35.4
	OPC	10.7	15.1	22.6	39.69
劈裂抗拉	CFB	0.60	1.96	2.83	2.29
	OPC	0.70	1.88	1.96	2.36
轴心抗拉	CFB	1.43	2.81	3.46	3.07
	OPC	1.56	2.74	2.81	3.12
弹性模量	CFB	2192.98	6478.72	10448.80	12096.77
	OPC	7828.28	10658.73	12552.74	37500.00

低标号混凝土内部应力计算结果（单位：MPa）　　　　　表 5-27

配比	监测点	应力类型	3d	7d	28d	180d
CFB	左拱腰	膨胀应力	1.00	3.85	5.47	4.06
	拱底	膨胀应力	1.44	4.32	6.48	7.18
	右拱腰	膨胀应力	0.87	3.66	5.11	5.32
	中心	膨胀应力	2.06	6.41	9.46	10.13
OPC	左拱腰	膨胀应力	0.28	0.31	−0.26	−5.06
	拱底	膨胀应力	0.34	0.43	0.10	−2.78
	右拱腰	膨胀应力	0.32	0.36	−0.22	−5.02
	中心	膨胀应力	0.41	0.50	−0.48	−7.43

4）综合分析与评价

上述模拟仰拱充填应力监测研究表明：

（1）CFB 灰渣混凝土（CFB）相对普通机制砂混凝土（OPC）膨胀率高，但其膨胀率小于标准中对碱集料反应的膨胀率的判定 0.04% 膨胀率的要求。

（2）通过内部应力计算分析，CFB 灰渣混凝土在各个龄期均处于膨胀状态，但在各个龄期其膨胀应力均小于对应龄期的抗压强度。

（3）CFB 灰渣混凝土具有相对较小的弹性模量，表明 CFB 灰渣混凝土脆性差，蠕变性能好，易产生弹塑性形变以容纳膨胀组分，缓释膨胀应力。

5.7.2.6　小结

为验证技术成果的实用性与使用效果，离隰公司于 2022 年 6 月 20 日—26 日在离隰高速公路车鸣峪隧道 LK8+458～LK8+474 浇筑了两个节段，其中第一节段（LK8+458～LK8+

466)采用京能炉渣配合比,充填量为40m³,第二节段(LK8+466~LK8+474)采用国峰炉渣配合比。充填量为25m³(充填半幅)。

施工过程中发现CFB灰渣混凝土流动性好,浇筑过程中可依靠自身重力填充模板,无须进行人工辅助振捣,如图5-78所示,但第一次施工由于工作性控制过大,导致混凝土表面有轻微泌水现象。两次施工过程均连续对混凝土工作性进行了监测,具体见表5-28。

a)自密实充填模板(第2次)　　　　　b)表面轻微泌水(第1次)

图5-78　施工过程中混凝土工作性

仰拱充填CFB灰渣混凝土工作性监控　　　　表5-28

施工节段	监测时间	坍落度(cm)		工作性描述
		出机	浇筑	
1	2022.6.20,14:45	18	18	流动性好,轻微泌水
	2022.6.20,16:55	19	18	流动性好,轻微泌水
2	2022.6.23,14:30	18	18	流动性好,无离析泌水
	2022.6.23,15:05	17	18	流动性好,无离析泌水

在施工过程中对CFB灰渣混凝土进行了试件成型,并分别检测了其3d、7d、28d抗压强度,具体数据见表5-29。

仰拱充填CFB灰渣混凝土力学性能监控　　　　表5-29

施工节段	成型时间	抗压强度(MPa)		
		3d	7d	28d
1	2022.6.20,15:30	6.1	13.3	18.5
2	2022.6.23,15:00	9.3	13.0	20.3

结果显示,无论是采用京能电厂炉渣的配比1(节段1)还是采用国峰电厂炉渣的配比2(节段2),其28d抗压强度均远远超过设计要求的15MPa。

仰拱充填CFB灰渣混凝土施工后约24h可以拆模,从表面和横断面看,混凝土均密实,如图5-79所示。

测算不同配比CFB灰渣仰拱混凝土的材料成本,进行了对比分析,具体如表5-30所示。

a) 表面致密　　　　　　　　　　　b) 混凝土横断面密实

图 5-79　CFB 灰渣混凝土施工效果

不同配比 CFB 灰渣混凝土的经济分析　　　　　　　表 5-30

原材料	单价（元/吨）	原设计 配比（kg/m³）	原设计 成本（元）	配比 1 配比（kg/m³）	配比 1 成本（元）	配比 2 配比（kg/m³）	配比 2 成本（元）
水泥	519	210	108.99	240	124.56	140	72.66
粉煤灰	124	52	6.448	150	18.6	140	17.36
矿粉	255	0	0	40	10.2	150	38.25
CFB 炉渣	30	0	0	1000	30	1000	30
机制砂	84	947	79.548	0	0	0	0
碎石	90	1026	92.34	0	0	0	0
外加剂	2000	2.62	5.24	12	24	8	16
材料成本（元/m³）			292.57		207.36		174.27

表 5-30 显示，采用京能 CFB 炉渣方案（配比 1），每立方米混凝土材料成本为 207.36 元，较原设计配比降低约 29.1%；采用国峰 CFB 炉渣方案（配比 2），每立方米混凝土材料成本仅为 174.27 元，较原设计配比降低约 40%。可见，其经济效益十分显著。

在离隰高速公路车鸣峪隧道推广应用 CFB 灰渣仰拱充填混凝土，应用效果良好，既产生了较大的经济效益显著，促进了本项目部降本提质增效，同时又消纳了大量工业固体废物 CFB 灰渣，有利于资源节约与环境保护。

5.7.3　隧道全液压轨行式整体模板台车技术应用

5.7.3.1　技术简介

全液压轨行式整体模板台车设计为整体钢模板，骨架刚性好，不易变形。液压油缸脱模、立模，施工中靠丝杆千斤顶支撑，电动减速机自动行走或油缸步进式自动行走，采用液压马达或者电机驱动，体积小，动力强劲，能有效提高现场拼装效率、混凝土浇筑效率和质量，降低人员作业强度,加快施工进度,改善混凝土表面施工质量。全液压轨行式整体模板台车如图 5-80 所示。

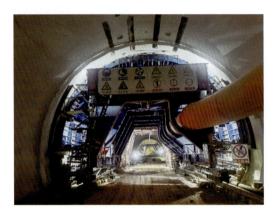

图 5-80　全液压轨行式整体模板台车

5.7.3.2　二次衬砌台车制作及安装

二次衬砌台车的设计基于设计隧道 1∶1 进行建模(图 5-81),模拟二次衬砌台车在施工过程中的施工情况以及施工断面是否满足隧道设计要求,同时进行二次衬砌台车的强度、刚度等计算,形成专项设计图纸进行厂内加工,加工完成后托运至施工现场进行组装。液压二次衬砌台车设计断面如图 5-82 所示。

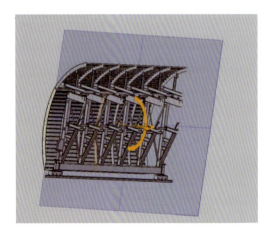
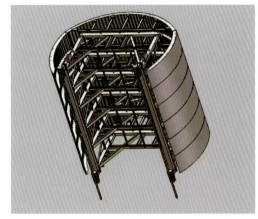

图 5-81　液压二次衬砌台车建模

(1)二次衬砌施工应采用全液压自动行走的整体衬砌台车,衬砌台车应结构尺寸准确,各种伸缩构件、液压系统、电气控制系统运行良好,合理设置各支撑机构;应满足自动行走要求,并有闭锁装置,保证定位准确。

(2)二次衬砌台车必须在隧道进洞前进场,隧道一端必须有两部二次衬砌台车,以确保左右线开挖、二次衬砌的合理步距,确保结构安全。对加宽段处在Ⅳ、Ⅴ级围岩段落的,应专门配备加宽段整体衬砌台车,以确保加宽段二次衬砌及时施作。

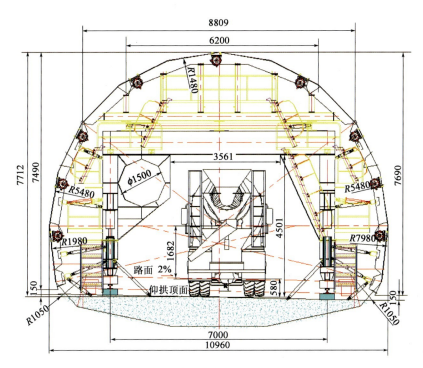

图 5-82　液压二衬台车设计断面（尺寸单位：mm）

（3）台车整体模板板块由面板、支撑骨架、铰接接头、作业窗等组成，当衬砌断面较大，所承受荷载较大时，支撑骨架应制成桁架结构，并尽量减少板块接缝数量。模板及支架应具有足够的强度、刚度、稳定性和抗上浮能力，能安全地承受所浇筑混凝土的重力、侧压力以及在施工中可能产生的各项荷载。模板不凹凸、支架不偏移、不扭曲，满足多次重复使用不变形。台车设计应便于整体移动、准确就位。

（4）台车模板支撑桁架门下净空应满足隧道衬砌前方施工所需大型设备通行要求；桁架各层平台的高度要满足混凝土施工要求，利于工人进行安管、混凝土捣固等施工作业，必须要有上下行的爬梯。

（5）为保证衬砌净空，模板外径应考虑变形量适当扩大，作为预留沉降量。

（6）二次衬砌台车面板钢板厚度不小于10mm。为减少二衬模板间痕迹，外弧模板每块钢板宽度不小于1.5m，板间接缝按齿口搭接或焊接打磨。

（7）应在3m、5.3m、拱顶处设置作业窗，作业窗口间距纵向不宜大于3m，横向不宜大于2.5m，窗口尺寸为50cm×50cm，且应整齐划一；作业窗周边应加强，防止周边变形，窗门应平整、严密、不漏浆。

（8）二次衬砌台车的长度应根据隧道的平面曲线半径、纵坡合理选择，长度一般为10～12m，对曲线半径小于1200m的台车，长度不应大于9m。

（9）衬砌台车应工厂制造、现场拼装，现场拼装时应检查其中线、断面和净空尺寸等；衬砌前对模板表面进行彻底打磨，清除锈斑，涂油防锈；对模板板块拼缝进行焊联并将焊缝打磨平整，抑制使用过程中模板翘曲变形而影响混凝土表面质量，避免板块间拼缝处错台。

5.7.3.3 小结

在高质量发展的今天,通过采用液压衬砌台车施工保证隧道二次衬砌的施工质量是未来施工的标准。采用液压衬砌台车进行隧道二次衬砌施工,有利于施工标准化、规范化,同时提高施工质量及施工进度。液压衬砌台车在施工过程中,能够采用液压系统进行二次衬砌关模,大大节省了传统机械传动台车之间的机械调节及榫卯结构调节时间,加快施工进度,使二次衬砌能够跟进掌子面距离,降低了安全风险。

6 涵洞工程

6.1 混凝土涵洞

6.1.1 施工工序

常见的混凝土涵洞有盖板涵、箱涵、拱涵,施工工序如下。

(1)盖板涵施工工序如图 6-1 所示。

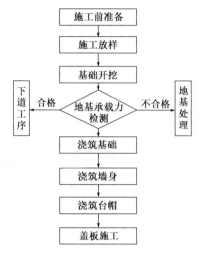

图 6-1 盖板涵施工工序

(2)箱涵施工工序如图 6-2 所示。

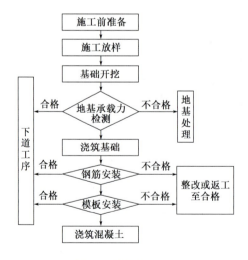

图 6-2 箱涵施工工序

(3)拱涵施工工序如图 6-3 所示。

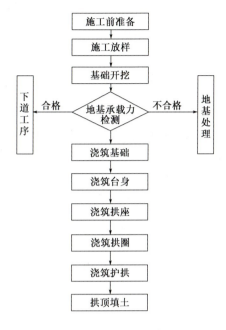

图 6-3　拱涵施工工序

6.1.2　施工质量要点

6.1.2.1　测量放样

严格按图纸设计的平面位置、高程及几何尺寸等,组织测量技术人员对涵洞中心线、纵横轴线、高程进行测量,基坑开挖放样。

6.1.2.2　基坑开挖

应按设计要求放出开挖控制桩,并划出开挖控制线。开挖控制桩布设时为考虑基础支模工作面,以每侧宽 50cm 为标准,连带八字墙一起开挖,根据地质情况及开挖深度进行合理放坡,基坑顶部四周 2m 范围内禁止堆放重物。同时应做好地表水截流,防止基坑边坡失稳。开挖时基坑底部应预留 20～30cm 的保护层,人工开挖至设计高程。开挖结束后应清理干净基底的虚碴及杂物,并进行地基承载力检测。

6.1.2.3　钢筋加工及安装

(1)钢筋必须有出场合格证和进场检验报告,确保材料质量满足要求,现场需集中储存并采取有效措施防止锈蚀和污染。

(2)钢筋在现场应按不同型号集中加工,钢筋表面应洁净,不得有污渍及锈蚀。

(3)钢筋规格、型号、加工尺寸应符合图纸设计要求,钢筋连接质量应符合设计及规范要求。钢筋安装如图 6-4 所示。

图 6-4　钢筋安装

6.1.2.4　模板安装

（1）模板采用具有足够刚度和平整度的定型钢模板，拼接前对每块模板进行打磨，相邻模板采用高强螺栓连接，拼接完成后对模板接缝进行微调。

（2）模板支设前，先核对测量放线点的位置和高程，检查无误后，根据控制点拉出支模控制线并弹出墨线，作为模板支设的依据。

（3）模板在支设过程中，应处于同一平面，不能出现错台；墙身模板支设过程中，应左右对称支设，墙身内模与外模使用对拉杆与双螺母加固，拉杆穿 PVC 管，与模板接缝处用泡沫胶封死，便于拉杆重复使用。

（4）混凝土浇筑前，检查几何尺寸，同时，对模板内侧涂刷脱模剂，要求满布均匀。在模板上标好高程控制线，作为混凝土浇筑控制上部高程的依据。模板安装如图 6-5 所示。

图 6-5　模板安装

6.1.2.5　混凝土浇筑

（1）开工前必须严格进行原材料及混凝土配合比试验，确认合格后方可使用。混凝土应采用厂拌，精准控制施工配合比，采用混凝土搅拌运输车运输至现场。

(2)浇筑时为避免发生离析现象,混凝土灌注自由倾落不得超过 2m,超过 2m 时使用料斗和串筒配合下料。混凝土浇筑采用分层浇筑,分层振捣。每层混凝土厚度不超过 30cm,在振捣上一层时,插入下层中 5~10cm,以消除两层之间的接缝,同时在振捣上层混凝土时要在下层混凝土初凝之前进行。每一插点要掌握好振捣的时间,过短不易捣实,过长可能引起混凝土产生离析现象,一般每点振捣时间为 30~50s,应视混凝土表面呈水平、不再显著下沉、不再出现气泡,以表面泛出灰浆为准。振动器距离模板不应大于振动器作用半径的 0.5 倍,并不宜紧靠模板振动,尽量避免碰撞模板、钢筋、预埋件等。混凝土浇筑、振捣如图 6-6 所示。

图 6-6 混凝土浇筑、振捣

(3)为了保证混凝土结构的整体性,混凝土应连续浇筑,因故停止一般不得超过 2h,否则按施工缝处理。施工缝处理方法为接缝部位插连接钢筋,长度 80cm,钢筋间距为 50cm,连接钢筋应插入一半、露出一半。涵洞基础浇筑完成后,在基础与涵身的接触部分上凿毛,并植入连接钢筋。连接钢筋的方式与施工缝处理方式相同。

(4)拆模后采用土工布覆盖并洒水养护,应保证混凝土表面处于湿润状态,养护期不得小于 7d。

6.1.3 关键质量通病与防治

混凝土涵洞的主要质量通病表现为:混凝土表面色泽不一、蜂窝、麻面、错台或表面不平整、裂缝、缺棱掉角等。

6.1.3.1 混凝土表面色泽不一

1)形成原因

(1)同一结构物使用了不同品牌的水泥,混凝土施工配合比不稳定。
(2)混凝土拌制不均匀,混凝土表面被污染,施工人员疏忽导致混凝土过振。

2)防治措施

(1)同一个结构物须使用同品牌水泥,精准控制施工配合比。

(2)选用技术好、责任心强的工队和性能较好的拌和设备,防止混凝土拌制不均匀、工人施工中过振和表面被污染,特别是养护过程中带来的人为污染。

6.1.3.2 蜂窝

1)形成原因

(1)混凝土施工配合比不当或原材料计量不准,混凝土未拌和均匀,和易性差;浇筑时下料过高,造成混凝土离析,未分层浇筑,振捣不实或漏振。

(2)模板缝隙未封堵严实,水泥浆流失;钢筋较密,使用的石子粒径过大或坍落度过小。

2)防治措施

(1)严格控制混凝土施工配合比,经常检查拌和设备,做到计量准确,混凝土拌和均匀,和易性满足施工要求。

(2)严格控制混凝土下料高度,超过2m时应设串筒或溜槽,浇灌应分层下料,分层振捣,防止漏振,模板缝隙应封堵严实,浇灌中应随时检查模板支撑情况防止漏浆。

(3)小蜂窝可用水泥砂浆抹平压实;较大蜂窝,凿去蜂窝处薄弱松散部分,刷洗净后,支模用高一级细石混凝土仔细填塞捣实;较深蜂窝,如清除困难,可埋压浆管、排气管,表面抹砂浆或灌筑混凝土封闭后,进行水泥压浆处理。

6.1.3.3 麻面

1)形成原因

(1)模板表面粗糙或黏附水泥浆渣等杂物未清理净,拆模时混凝土表面被粘黏;模板接缝不严,局部漏浆。

(2)模板隔离剂涂刷不匀,或局部漏刷或失效,混凝土表面与模板黏结造成麻面;

(3)混凝土振捣不实,气泡未排出,在模板表面形成麻点。

2)防治措施

(1)模板表面应清理干净,不得黏有干硬水泥砂浆等杂物。

(2)浇筑混凝土前,模板缝隙应用油毡纸、泥子等堵严,模板隔离剂应选用长效的,涂刷均匀,不得漏刷。

(3)混凝土应分层均匀振捣密实,至排除气泡为止。

(4)结构物表面作粉刷装饰的,可不处理;表面无粉刷的,应在麻面部位浇水充分湿润后,用原混凝土配合比去石子砂浆将麻面抹平压光。

6.1.3.4 表面不平整或错台

1)形成原因

(1)模板精度不够,两块相邻的模板平整度不足或模板周转次数较多,表面不平整。

(2)模板刚度不够而造成变形或支撑松动、泡水,致使新浇筑混凝土早期养护时发生不均匀下沉。

2)防治措施

(1)模板加工好后一定要试拼以检查错台是否超标,周转次数较多的模板需检查平整度,不合格的模板应进行替换。

(2)模板应有足够的强度、刚度和稳定性,支在坚实地基上,有足够的支承面积,并防止浸水,以保证不发生下沉,在浇筑混凝土时加强检查模板和支撑是否牢固,如有变形应立即停止浇筑,并在混凝土凝结前修整加固好。

6.1.3.5 裂缝

1)形成原因

(1)水泥安定性不足。
(2)温差较大,养护不规范。
(3)结构物不均匀沉降。

2)防治措施

(1)加强水泥材料的技术指标检测,保证水泥产品的质量。

(2)严格按规范施工,不满足施工要求或条件的杜绝施工,混凝土浇筑完成后配专人负责养护工作,养护期间保持混凝土表面湿润。

(3)不均匀沉降的主要原因是基底承载力不足和基底防排水工作不足,开挖到设计高程后,应进行地基承载力检测,达不到设计要求时,应按设计和施工规范对基底进行处理,基底开挖后不得长时间暴露、扰动或浸泡,施工过程中应做好防、排水工作,保持基底无积水。

6.1.3.6 混凝土跑模或胀模

1)形成原因

(1)模板设计刚度不足引起的变形。
(2)模板的外撑、内拉点不够或受力不够,支撑不牢固。

2)防治措施

(1)施工时应配备刚度足够的模板。

(2)模板的外撑内拉点足够多且以内拉为主,在混凝土施工前仔细检查模板支撑是否牢固,必要时进行加固处理。

6.1.3.7 缺棱掉角

1)形成原因

(1)模板未涂刷隔离剂或涂刷不均,拆模时棱角被黏掉。
(2)拆模时,边角受外力或重物撞击,或保护不好,棱角被碰掉。

2)防治措施

(1)施工前均匀涂刷隔离剂,防止黏模。

(2)拆模时注意保护棱角,避免用力过猛或重物敲打,吊运模板时防止模板撞击结构物棱角。

6.2 波形钢管涵

6.2.1 施工工序

波形钢管涵结构由工厂加工后在施工现场进行拼装,采用先填筑两侧路基后施工涵洞或通道,或者先填筑完成整个路基结构之后开挖路基、安装该结构后回填。波形钢管涵施工包括基础施工、拼装、回填三个阶段,施工工序如图6-7所示。

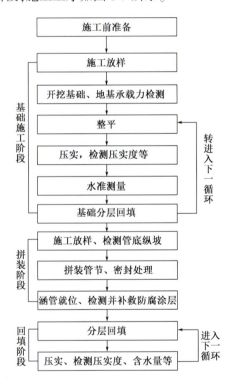

图 6-7 波形钢管涵施工工序

6.2.2 施工质量要点

6.2.2.1 波形钢管涵拼装

对大孔径钢波纹管涵洞(通道)应采用拼装式涵管施工技术,管径2.0~2.5m结构宜采用管节对接,对接时宜采用外套箍圈拼装,将整圆管的不同管节采用外套波纹管环接,并注意密封防水和外套波纹管的上下对接设计。管径大于等于3.0m结构宜采用片状弧形波纹板螺栓连接拼装。管节对接拼装施工工序如图6-8所示。

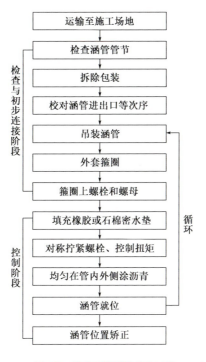

图6-8 管节对接拼装施工工序

安装前工作:检查涵管底部基础平整度、水平度、高程;核对控制点基准坐标,确定涵洞位置、中心轴线、中点。

安装波形钢管涵:根据涵洞(通道)实际情况,吊放或摆放涵管。如果涵洞(通道)两侧进出水口是与路基同坡度的斜口形式,安装时先安装中间管节,在基础长度方向留出进出水口的位置。中间管节全部安装完毕、校正就位后再安装两侧进出水口。安装时先按照设计的位置摆放第一根管节与第二根管节的外套箍圈的下半部分;从一侧吊放或摆放第一根管节,使其管节中心和基础纵向中心线平行,同样把第二根管节放置就位;分别轻轻撬起第一根管节和第二根管节的连接端,放入石棉垫;分别在扣盖上外套箍圈的上半部分,使上下箍圈法兰的螺栓孔对正,全部穿上螺栓,拧上螺栓;依此方式逐节依次拼装。

管壁内外涂沥青:乳化沥青或热沥青两遍,从外观看管壁内外应均匀,一般沥青涂层的厚度要达到0.3~1mm。

校正整道涵管(通道),使其放置位置正确。

片状弧形钢波纹板螺栓连接拼装(大于或等于3.0m结构)工序如图6-9所示。

6.2.2.2 片状拼装要点

(1)片状钢波纹板拼装应进行施工工艺流程设计,合理组织各片的次序,设计板的尺寸既便于运输安装又尽可能减少螺栓数量。

图 6-9　片状弧形钢波纹板螺栓连接拼装工序

（2）尽量将连接位置偏离最大等效应力和最大切向应力集中的区位。

（3）最大切向应力控制螺栓剪应力。

6.2.2.3　片状拼装注意事项

（1）首先备齐安装工具、简易起吊设备、套筒扳手、定扭电动扳手、定扭扳手、备足脚手架、跳板及施工现场电源。

（2）安装前工作：检查钢波纹管涵（通道）底部高程、纵坡；确定涵管的位置、中心轴线、中点。

（3）拼装底部钢波纹板：以中心轴线中点为基准，第一张波纹板定位，以此为起点向两侧延伸，直至两端。搭接长度为50mm。对正连接孔，螺栓由内向外插入孔位，外侧套上垫圈旋上螺母，用套筒扳手预紧螺母。

（4）拼装环形圈：由下向上顺次拼装；圆周向连接采用阶梯形，搭接长度为50mm，即上面两块板的连接叠缝与下面两块板的叠缝错位，连接孔对正后，用螺栓由内向外插入孔位，用套筒扳手预紧螺母。波纹钢板件拼装搭接时，上部板件应在外侧，以防止土体中水渗入管内。板件拼装搭接螺栓应在管内，螺帽在管外，这样既方便安装，可防止螺母被盗，而且管外回填土后对螺栓也有固定作用。钢波纹板拼装示意如图 6-10 所示。

（5）圆周向拼装到环形圈合拢时，测定截面尺寸，及时调整预紧螺栓，纠正拼装顶部波纹板，确保截面尺寸符合要求。

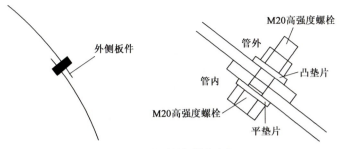

图 6-10 钢波纹板拼装示意

(6)涵管拼装全部完成,用定扭气动扳手,控制扭矩为 270~410N·m,紧固所有螺栓,依次序,不得遗漏,紧固后用红漆标示。所有螺栓(包括纵向和环向接缝)应在回填之前按控制扭矩拧紧,保证波纹的重叠部分紧密地嵌套在一起。

(7)预紧力扭矩符合要求后,用专用密封胶密封,以防波纹板连接处渗水。

(8)涵管拼装完毕后,在管内壁、外壁均匀涂刷两遍沥青,沥青可为热沥青或乳化沥青,沥青涂层的厚度应为 0.3~1mm。

6.2.2.4 地基处理及回填施工

1)地基处理方式

地基处理遵循《公路路基设计规范》(JTG D30—2015)规定的方式(与路基地基处理相同)。

地质条件复杂(如多年冻土、膨胀土、盐渍土)时推荐采用换填砂砾(深度置于最大冻深或最大冲刷线下 0.5m,多年冻土地区换填深度至多年冻土顶板),并做好隔水处理。条件具备时也可换填水泥稳定砂砾(水泥可掺 5%,砂砾直径小于 3cm,级配良好),换填厚度根据当地冻土最大深度和地质条件确定,水泥稳定砂砾施工方法参见基层施工技术规范。

当涵管位于软土地基上时,地基处理方法与该路段路基的处理方法相同,为便于后期涵洞拼装,可在其上填一层大于 20cm 厚的砂砾垫层。

湿陷性黄土基坑开挖后,基底回填厚度不小于 50cm 的 CFB 灰渣改良土,在其上回填厚度 30~80cm 的砂砾垫层。

岩质挖方路堑地基宜超挖换填砂砾等粗颗粒材料,厚度一般为 0.3~0.6m。

为方便钢波纹管组装、周围的回填及压实,基坑开挖宽度应大于钢波纹管涵直径的 3 倍,特殊情况至少应确保涵洞以外 1.2m 的作业空间。

根据涵管纵坡和填土高度等因素,设置预拱度,一般为管长的 0.3%~1%,最大不宜超过 2%,以确保管道中部不出现凹陷或滑移。如波纹管涵的涵底纵坡大于 5%,应采用必要的防滑移措施。

基础回填与压实施工应遵循《公路路基施工技术规范》(JTG/T 3610—2019)的有关规定,地基处理后整个钢波纹管涵应保持均匀的承载力,减少整道涵洞的整体沉降和差异沉降。

2)两侧及顶部回填

钢波纹管涵拼装完毕后、两侧回填之前,先在侧面做出分层回填厚度的填高标示,以控制分层回填厚度。填土从两侧同时对称分层(压实后厚度小于20cm)回填,以控制内部应力分布,有效防止管节滚动变形或偏位。填土的具体方法遵循《公路路基施工技术规范》(JTG/T 3610—2019)的有关规定。

单孔及多孔钢波纹管涵的楔形部可采用小型夯实机械夯实;也可用"粗砂"水密法振捣器密实;或用流态粉煤灰浇筑。

两侧填土压实用压路机压实,靠近管体30cm范围采用小型夯实机械夯实,多孔间的两侧回填可采用小型夯实机械夯实。压实后压实厚度每层应在20cm以下,压实要求应满足设计要求。

填挖交界的斜坡面应处理成锯齿或阶梯状并压实。

管顶上部压实时,应满足最小填土高度要求。管径为2.0~2.5m时,最小填土厚度不小于30cm(压实后值,虚铺要考虑松铺系数);涵管上方回填厚度超过最小填土高度后,先采用20t压路机静压,3遍之后方可采用20t压路机振压。管径为3~6m时,最小填土厚度为40cm(压实后值,虚铺要考虑松铺系数);涵管上方回填厚度超过最小填土高度后,先采用小型手扶振动压路机压实或采用小于6t的静碾压路机压实,3~5遍之后方可采用12t压路机压实;之后各层厚度20cm,可采用20t压路机静压;填土厚度超过80cm后,可采用20t压路机振压。钢波纹涵管回填没达到最小填土高度时,禁止一切重型车辆通行。钢波纹管涵洞(通道)周围20m范围内禁止强夯。

图6-11~图6-13分别为钢波纹管端口施工、管周两侧铺平和管周两侧压实。

图6-11 钢波纹管端口施工

图6-12 管周两侧铺平

图6-13 管周两侧压实

6.2.2.5 防腐控制及处理

(1)钢波纹管或板在运输装卸过程中,应采取防碰撞措施,避免管或板损坏或碰伤防腐蚀层;应采用吊具进行装卸,不允许采用滚板或斜板卸管。

(2)现场施工应对局部的防腐涂层缺陷采取有效的补救措施。

6.2.2.6 施工监测

(1)施工中应根据需要监测关键部位的应力和变形。

(2)采用螺旋波纹钢圆管、环形波纹钢圆管管节时,应具有足够的刚度。管节的刚度用柔度系数 FF 表示。管节柔度系数 FF 不宜大于表 6-1 参考值。

不同波形管节的柔度系数 FF 参考值 表6-1

断面形状	孔径(D 或 S)(mm)	波距(mm)	波高(mm)	柔度系数(FF)(mm/N)	
				开槽后回填法	路堤直接填筑法
圆管	D<1000	68	13	0.245	0.245
圆管	1000≤D≤1500	68	13	0.342	0.245
圆管	各种孔径	75	25	0.342	0.188
圆管	各种孔径	125	25	0.342	0.188
圆管	各种孔径	150	50	0.114	0.114
拱形	各种孔径	150	50	—	0.171

管节的柔度系数 FF 可由式(6-1)计算确定。

$$FF = \frac{S^2}{EI} \tag{6-1}$$

式中:S——管直径或管拱跨径,mm;

E——土的弹性模量,MPa;

I——波纹钢截面惯性矩,mm^4/mm。

6.2.2.7 尺寸和外观要求

(1)波形钢管涵洞(通道)出厂时,必须附有产品质量合格证书。

(2)拼装波形钢管涵洞(通道)在出厂前应进行必要的预拼装。

(3)波形钢管涵洞(通道)出厂时成品允许偏差见表6-2。管节端面应平整并与其轴线垂直;斜交管涵进出水口管节的外端面,应按斜交角度进行处理。

钢波纹板件的尺寸要求 表6-2

项目	允许误差	单位
壁厚(t)	依照(GB/T 709)、(GB/T 2518)	mm
波距(l)	±3	mm
波高(d)	±3	mm

续上表

项目	允许误差	单位
跨径(S)	±2%	—
钢波纹板件长度(L_c)	±1%	—
钢波纹板件宽度(L_w)	±1%	—

6.2.2.8 拼装后要求

钢波纹管涵洞(通道)拼装后允许偏差应符合表6-3的要求。

钢波纹管涵洞(通道)拼装后允许偏差　　　表6-3

项目	允许偏差
总长度	+50mm,-20mm
跨径与矢高	±2%
顺直度	不大于0.2%

6.2.2.9 截面变形测量与控制要求

(1)钢波纹管涵(通道)在刚刚组装完毕之后、回填过程中、刚刚施工完毕后都要测量截面的形状。测量不同位置三处以上。

(2)组装完毕后,在开始回填前的截面尺寸偏差不超过设计的±1%,如超出,应重新校正组装。

(3)回填开始至涵顶填土结束钢波纹管截面尺寸偏差应在允许变形范围$-1\%D < D < 2\%D$(D为直径)之内,最大挠度不超过±2%。如截面变形量超过变形范围,应立即终止施工并组织查明原因,采取措施将变形量控制在该范围内。

6.2.2.10 密封及防腐要求

(1)波形钢管涵洞(通道)密封材料应具有弹性、不透水,填塞应密实;低温条件下密封材料应具有良好的抗冻、耐寒性和较强的耐久性。

(2)碳素结构钢铸造的钢波纹板件及高强度螺栓、螺母,出厂前应进行热浸镀锌防腐处理,有效锌层厚度和质量应符合表6-4的要求。

热浸镀锌质量要求　　　表6-4

项目	要求
单面附着量(g/m^2)	强腐蚀性环境:钢波纹板件≥600;螺栓、螺母≥350。 中等腐蚀性和弱腐蚀性环境:钢波纹板件≥300;螺栓、螺母≥175
镀锌层附着性	镀锌层应与金属结合牢固,经锤击试验不剥离,不凸起
外观质量	锌层应均匀完整、颜色一致,无漏镀缺陷,表面光滑,不允许有流挂、滴瘤或结块
锌层均匀性	锌层应均匀,无金属铜的红色沉积物
锌层耐盐雾性	耐盐雾性试验后,基材不应出现腐蚀现象

6.2.2.11 总体质量要求

钢波纹管涵洞(通道)施工完成后总体应符合表6-5的要求。

钢波纹管涵洞(通道)回填施工过程质量控制指标 表6-5

检测项目	允许误差	备注
基础压实度	<设计要求	每涵不少于1处
轴线偏位	±50mm	经纬仪测量不少于3点
桥涵底流水面高程	±20mm	水准仪测量不少于3点
桥涵长度	+100mm,-50mm	—
回填压实度	<设计要求	各层不少于3处
螺栓扭矩	±10N·m	抽验≥2%
截面尺寸偏差	+2%,-1%	—
最大挠度	±2%	
外观要求	管身顺直,进出水口平整,无阻水现象;帽石及一字墙或八字墙等平直,无翘曲现象	

6.2.3 关键质量通病与防治

波形钢管涵的质量通病有:顶面倾斜、发生变形,漏水等。

6.2.3.1 钢波纹管涵变形

1)形成原因

设计和施工过程中对钢波纹管涵壁厚、波距、波高等参数选择不当或地基承载力不足,致使后期管体出现顶面倾斜、变形。

2)防治措施

根据不同的填土高度选择合理的钢波纹管壁厚、波距、波高等参数,开挖到设计高程后,应进行地基承载力检测,达不到设计要求时,应按设计和施工规范对基底进行处理,基底开挖后不得长时间暴露、扰动或浸泡,施工过程中应做好防、排水工作,保持基底无积水。

6.2.3.2 钢波纹管涵漏水

1)形成原因

钢波纹管涵安装过程中石棉密封条未密封严实,螺栓漏装。

2)防治措施

钢波纹管涵安装过程中应严格监管每个环节,确保石棉密封条密封严实,螺栓安装到位,按要求拧紧实,不得漏装。

6.3 特殊工艺及新技术应用

6.3.1 台背、涵背回填高速液压夯实机补强夯实

6.3.1.1 技术背景

桥涵台背回填采用 CFB 灰渣作为填充剂,通车运营后,大重型车辆较多,桥涵台背回填质量隐患将造成桥头跳车和桥头路面的破坏,台背、涵背补强尤为重要。离隰高速公路建设中首次采用高速液压夯实机进行补强,效果显著。

6.3.1.2 高速液压夯实机的组成及原理

高速液压夯实机(图6-14)为强制落锤式液压夯实机,由夯架、夯锤、夯板、缓冲装置、液压系统、电子控制系统等组成。其中,夯架起导向作用,夯锤与夯架的连接处均有凹槽,夯锤通过凹槽在夯架内上下运动,以保证夯锤等的重心稳定,同时,夯架与装载机或挖掘机的动臂相连能使该装置整体升降。夯锤是工作装置,它与油缸的活塞杆相连,从液压动力源来的高压油通过油管供给油缸,利用油压使夯锤下落,油缸下腔泻油的同时上腔注入高压油,使夯锤加速下落,根据不同的作业要求,可以选择不同的下落高度来满足需求。夯实机液压系统的主要元件为双作用活塞缸、高低压蓄能器、电磁换向阀等。直接利用装载机或挖掘机的液压系统和电源,灵活方便,机动性好,其基本原理是在重力和液压力的作用下,用液压缸将夯锤提升至一定高度后释放,夯锤在重力和液压蓄能器的共同作用下加速下落,落下后击打带缓冲垫的、静压在地面上的夯板,并通过夯板夯击地面,与装载机或挖掘机配套使用,机动灵活地对不同的位置进行准确、快速的夯实,从而满足对作业面积的单点或连续夯实要求,提高路基整体施工质量,有效减少结合部工后沉降,弥补大型压实机械无法压实到位的质量缺陷。

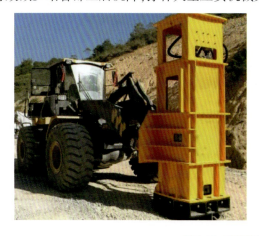

图 6-14 高速液压夯实机

传统施工中，大多数台背、涵背回填均存在施工场地狭小、大型机械运行不便、小型夯实设备难以达到施工要求的问题，致使线路纵向刚度差异愈加悬殊，再加上通车后动载的长期作用，最终形成"台背跳车"问题并造成桥头路面的破坏。桥涵台背的回填质量将直接影响路面行车舒适性和后续的路面管养，故在施工过程中进行台背、涵背补压显得尤为必要。传统的蛙式打夯机从理论上分析只能对土壤施加冲击力，振动波传递缺乏连续性，又因其不具备足够能量与土壤间位面接触，导致压实效果差、影响深度浅。

高速液压夯实机是国内最新出现的一种新型高效液压夯实机械，该机械能在狭窄场地作业，压实能量大且能调整，填补了传统的碾压、振动压实等表层压实技术和传统强夯技术之间的空白。高速液压夯实机与传统的夯实设备相比，具有夯击能量高，影响深度大，机动灵活的优点。在路基填筑中的主要功能之一就是在进一步压缩土体（提高路基强度）的同时，消除或弱化分层碾压所导致的土体垂直方向均匀性差及层间结合力差的固有缺陷。在台背回填等施工环境，有效地解决了路基的不均匀沉降问题。

6.3.1.3　高速液压夯实机补强的优势

选用高速液压夯实机开展台背补强，其关键功能是加快消除了台背回填台顶下 1.5~2m 范围内填土的沉降值及回填土的永久性形变。选用高速液压夯实机开展台背回填补强后检验合格的台背，基本上可消除桥头跳车安全隐患。

6.3.1.4　高速液压夯实机补强方法

1）施工准备

下承层检验合格，配备相应的机械设备、试验仪器和人员，并进行施工技术交底及安全交底，完成工艺性试验。

2）测量放样

用白灰线标记出需要进行高速液压夯的点位并编号，按照编号测出每一点初始高程。液压夯实机按测量放样的位置就位，使夯锤对准点位。

3）液压夯施工

（1）夯实机根据其夯实能分为强、中、弱三档，将夯机调至强档夯击 3 锤，测量夯点的下沉量并记录。

（2）以强档每 3 锤为一组，累加并记录每 3 锤的沉降量。

（3）重复（1）、（2）条项目，直至完成第 6 锤、9 锤、12 锤液压高速夯实机时，累加并记录每 3 锤的沉降量。最后 3 锤与其前 3 锤的相对夯沉量差值不大于 15mm（合格），进入下一夯点进行施工。

（4）单个夯点满足夯击标准要求后，移机进行下一点位，采用扇形作业方法，每次作业左、中、右三点，再进行下一排三点施工。

（5）第一遍夯击完成后，在其每三个夯点形成的三角形中心设置一处夯击点，进行第二遍夯击作业。液压夯施工现场如图 6-15 所示。

图 6-15　液压夯施工现场

6.3.1.5　关键环节及控制要点

（1）严格按施工工艺要求进行作业，严禁作业人员私自修改作业流程，有序展开大面积作业，确保施工工程质量，避免盲目施工。

（2）施工前做好技术交底和人员培训工作，安排专人对现场沉降情况进行跟踪观测记录，对数据进行详细分析，进行动态施工管理。

（3）提前做好夯区夯点布设规划，并用白灰线标注夯实区域及夯点，确保做到不遗漏，不重夯。

（4）施工时严格控制夯点与结构物的距离，避免损伤结构物。

（5）填层表面干燥时要适量洒水，防止表面粉尘化，影响能量向深层传递。

（6）夯实区域应进行封闭作业，并进行专人值守，防止无关人员及其他社会车辆进入施工作业区域。

6.3.1.6　质量检测

1）沉降量

定点沉降量的检测包括液压夯击前及每夯击 3 锤、6 锤、9 锤、12 锤后的高程，最后 3 锤与其前 3 锤的相对夯沉量差值不大于 10mm。

2）压实度

当最后 3 锤与其前 3 锤的相对夯沉量差值不大于 10mm 时，夯实面下 1m 深度范围内的压实系数不小于 0.96，地基系数 K_{30} 不小于 150MPa/m。若检测结果达不到设计要求，应采取补夯措施，直至达到设计要求为止。

6.3.1.7　小结

高速液压夯实机是一种新型的高效液压夯实机械，夯实能量大、机动性强，可调控夯击能量，通过集中的夯击能量对土体进行夯实，能均匀提高土体深层压实度，特别适合狭小面积的夯实作业要求，填补了传统的碾压、振动压实等表层压实技术和传统强夯技术之间的空白。高速液压夯实机不仅适用于普通的平面夯实,还可以应用于斜面夯实,为高速公路建设中台背、涵背等施工重点区域提供了一种快速有效的解决方案。

6.3.2 装配式钢波纹管涵快速连接工艺

6.3.2.1 技术背景

钢波纹管涵具有工期短、重量轻、安装方便、耐久性好、工程造价低、抗变形能力强、减少通车后养护成本等特点,尤其应用在高寒冻土地区、软土路基地带,具有明显的经济效益。

6.3.2.2 工艺及原理

在公路涵洞中,涵洞的不均匀沉降是其破坏的主要形式之一。从材料与结构和功能的本质关系上分析,采用柔性、高强度的金属波纹涵管洞,不仅具有适应地基与基础变形的能力,可以解决因地基基础不均匀沉降导致的涵洞破坏问题,而且波纹管涵洞由于轴向波纹的存在使其具有优良的受力特征,轴向和径向同时分布因荷载引起的应力应变,可以更大程度上分散荷载的应力集中,更好地发挥钢结构的优势。尤其在多年冻土、软土、膨胀土、湿陷性黄土等不良工程岩土地区及深浅填土路段,利用波纹管结构修筑涵洞更具有优势。

6.3.2.3 技术优势

(1)施工操作工艺简单,施工方便,不需要大型机械设备,施工速度相对较快,节省了设备投资,降低了工程造价。

(2)有力地解决了北方地区霜冻对桥梁和管涵结构的破坏问题。

(3)减少或根本舍弃了常规建材,如水泥、黄砂、石子、木材的使用,环保意义深远。

(4)结构受力情况合理,荷载分布均匀,并有一定的抗变形能力。

(5)采用标准化设计,生产、设计简单,生产周期短。钢波纹涵管有圆形、椭圆形、半圆形等,进出口也可按照边坡比例做成斜口,加工波纹管管径范围为 0.5~8m,管壁厚度为 3~7mm,能够满足填土 0.5~40m 厚度的需要。

6.3.2.4 工艺流程及操作要点

1)工艺流程

施工前准备→施工放样→设置围堰→排水清淤→平整场地→基础分层回填→检测压实度、含水率等→水准测量→平整场地→施工放样→拼装管节(板片)→检测密水情况及管底纵坡→检测并涂刷防腐涂层→涵管就位→两侧分层回填→检测压实度、含水率等→管顶分层回填→进出口处理。

2)操作要点

(1)检测波纹管各管节的长度、直径是否与该处涵洞相符合。
(2)设涵管安装指挥员一名,负责指挥起吊及施工人员现场操作。

3)安装操作方法

(1)整装型钢波纹管施工步骤。

①安装前工作:检查涵管底部基础平整度、水平、高程;核对土建基准,确定涵洞位置、中心轴线、中点。

②连接安装波纹管:根据涵洞实际情况,排放涵管,如果涵洞两侧进出水口是与路基同坡度的斜口形式,安装时先安装中间管节,在基础长度方向留出进出水口的位置。中间管节全部安装完毕,校正就位后再安装两侧进出水口。安装时从一侧排放第一根管节,使其管节中心和基础纵向中心线平行,同样把第二根管放置就位,当两个管相邻法兰间相距 3~5cm 的缝隙时,用小撬棍对准法兰上的螺栓孔,使其两个管节法兰上的螺栓孔对正,这时从第二节管的另一端用撬棍撬动管节,使其纵向平移,并使法兰间距在 2cm 左右,然后全部穿上螺栓,拧上螺丝,带平扣即可,此后依此方式逐节连接。

③镶实棉垫:由于现场地势原因,有时相邻两法兰之间,间距较小,有时管子顶部两法兰间距较大,石棉垫镶嵌困难,用绑丝把石棉垫绑在螺栓上固定,然后工人开始对称拧螺栓,直至从外观看两法兰之间只有 2~5mm 的缝隙即可。

④管壁内外涂沥青:涂乳化沥青或热沥青两道,从外观看管壁内外均匀地涂成黑管即可。一般沥青涂层的厚度要达到 0.3~1mm。

⑤用千斤顶校正整道涵管,使其中心在所规定的中心线上。

(2)拼装型钢波纹管施工步骤。

①安装前工作:闭合截面波纹管检查波纹钢管涵底部平整度、水平、高程;核对基准点,确定管涵的位置、中心轴线、中点。非闭合截面波纹管检查两侧混凝土立墙顶部的预埋件的位置、螺栓孔的间距。

②闭合截面波纹管拼装底板:以中心轴线、中点为基准,第一波纹板定位,以此为起点向两侧延伸,直至两端。圆周向搭接长度为 50mm,第二张板叠在(搭接部分)第一张板上面,对正连接孔。螺栓由内向外插入孔位,对面套上垫圈旋上螺母,用套筒扳手预紧螺母。

③闭合截面波纹管拼装环形圈由下向上顺次拼装;非闭合截面波纹管拼装半环形圈由两侧向上顺次拼装。搭接部分上板覆盖下板,圆周向连接采用阶梯形,即上面两块板的连接叠缝与下面两块板的叠缝错位,连接孔对正后,用螺栓由内向外插入孔空位,用套筒扳手预紧螺母。

④每米长度拼装成型后,要测定一次截面形状,达到标准再继续拼装,达不到标准应及时调整。圆周向拼装到环形圈合拢时,测定截面形状,采用定位拉杆固定,调整预紧螺栓,拼装顶部第一块波纹板。

⑤涵管拼装全部完成,用定扭气动扳手,按预紧力扭矩 270~410N·m 紧固所有螺栓,依次序紧固,不得遗漏,紧固后底螺栓用红漆标示。所有螺栓(包括纵向和环向接缝)应在回填之前拧紧,保证波纹的重叠部分紧密地嵌套在一起。

⑥为了保证达到螺栓扭矩的要求值,在回填之前随意抽取结构上纵向接缝上 2% 的螺栓,用定扭扳手进行抽检试验。如果有任一试验值扭矩范围达不到要求,则应抽检纵向和环向接缝所有螺栓的 5%。如果上述试验 90% 以上满足要求,则认为安装是合格的。否则应重新复核设计,以确定得到的扭矩值是否满足要求。

⑦钢波纹涵管外圈搭接处预紧力扭矩符合要求后,可用专用密封材料密封,以防波纹板连接处渗水。

⑧闭合截面钢波纹板涵管拼装完毕后,在管外壁均匀涂刷两遍沥青,管内壁1/2管径以下范围内均匀涂刷两遍沥青;非闭合截面波纹管在内外管壁均匀涂刷两遍沥青。沥青可为热沥青或乳化沥青或其他防腐涂料。一般沥青涂层的厚度要达到0.3~1mm。

4)截面变形测量

(1)钢波纹管涵在刚刚组装完毕之后、回填过程中、刚刚施工完毕后都要测量截面的形状。

(2)组装完毕后,在开始回填前的截面大小不超过设计的1%,如超出,应重新校正组装。

(3)从回填开始到涵顶填土结束,在各层的填土及压实结束之后马上测量钢波纹管截面大小(测量不同位置三处以上),填土完毕后构造物的最终允许变形范围为$-1\%D<D<5\%D$(D为直径),一般最终的结构形状与组装时的形状最大不超过$\pm 2\%$。如截面变形量超过变形范围,应立即终止施工,查明原因,采取措施将变形量控制在标准范围内。

6.3.2.5 施工质量控制

(1)安装实测项目。

安装实测项目如表6-6所示。

安装实测项目　　　　　　　　　　　表6-6

项次	项目检查	规定值或允许偏差	检查方法
1	管涵基础压实度(%)	达到设计值	波纹管涵轴线:投影下的土基每6m测1处,不少于2处
2	管涵轴线偏位(mm)	20	经纬仪或拉线:每6m测1处,不少于2处
3	管涵内底高程(mm)	±10	水准仪:每6m测1处,不少于2处
4	安装管涵直径(mm)	±1%	尺量:不少于2处

(2)钢波纹管组装完毕后,为防止波形钢板板缝和螺栓孔处渗水,在钢板连接处和螺栓孔处采用专用密封材料密封,填土前应将管壁涂刷沥青防水层。

(3)如受水位高等浮力影响,致使管上浮,应采取锚固设施防止管在回填中上浮。

(4)如施工环境对钢波纹管涵有腐蚀,应采取增加管壁厚度或增涂保护膜等措施。

(5)管径大于3m的钢波纹管,如钢波纹管两端洞口为一字墙形式,应将洞口采用钢筋混凝土加强。

(6)如波纹管涵底纵坡大于5%,应采用必要的防滑移措施。

6.3.3 高路堤大孔径钢波纹管通道应用技术研究

6.3.3.1 技术背景

现场试验通道位于离隰高速公路第LJ4标K31+373处直径7m的钢波纹管通道。钢波纹管的波形参数为波长380mm,波高140mm,壁厚为10mm。钢波纹管管材采用Q355钢板热轧加工成型,表面为热浸镀锌,镀锌量不小于600g/m^2,平均厚度不小于84μm,采用镀锌防腐提高钢波纹管寿命。钢波纹管采用分块波纹板搭接而成,波纹板采用高强螺栓紧固,密封垫密封。现场采用压路机械分层压实。钢波纹管通道的管顶以上填土高度约为26.5m。

本技术将室内有限元模拟与现场测试相结合,得出了施工过程中钢波纹管通道管内应变、管外土压力随着填土高度增加的变化规律,确保了钢波纹管通道施工质量及整体稳定性。

6.3.3.2 现场测试及土拱效应研究

1)测试方案

钢波纹管通道应变:对施工、工后钢波纹管的应变变化规律进行研究,分别在波峰、波谷、波侧三个测试断面沿管周径向布设应变片,每个断面角度依次为:0°、30°、45°、60°、90°、120°、135°、150°、180°、210°、225°、240°、270°、300°、315°、330°,共计60个测点。

管周边土压力:对填土荷载条件下管顶土压力进行跟踪测试,对管顶和管外土压力进行对比分析,研究填土荷载下土压力分布规律。沿管中管周0°、30°、45°、60°、90°、120°、135°、150°、180°各布置一个压力盒,共计9个;在超车道和行车道下各布设一组,合计18个。

具体布设如6-16、图6-17所示。

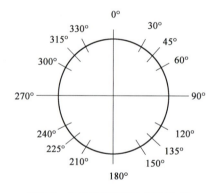

图6-16 钢波纹管管周压力盒布置图

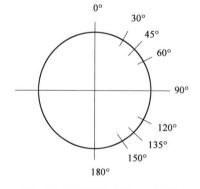

图6-17 钢波纹管管周压力盒布置图

图6-18~图6-21为传感器埋设现场照片。

图6-18 管内应变片布置(打磨)

图6-19 应变片粘贴

6 涵洞工程

图 6-20　埋设压力盒

图 6-21　现场测试

2）测试工况

钢波纹管涵洞管顶按照设计要求的一定厚度进行填筑，通过压实并验收通过后，方可进行应变及土压力的采集，每次采集 5 组数据，取平均值。为便于观测，钢波纹管通道的管内应变、管外土压力测试工况是一致的。管周填土工况如表 6-7 所示，管顶填土工况如表 6-8 所示。

管周填土工况　　　　　　　　　　　　　　　　表 6-7

工况	填土高度(m)	
1	管底 +0.5	
2	管底 +1.5	
3	管底 +2.5	填土土质：管周填土为素土；测试为填土压实后
4	管底 +3.5	
5	管底 +4.5	
6	管底 +5.5	
7	管底 +7.0(管顶部)	

管顶填土工况　　　　　　　　　　　　　　　　表 6-8

工况	填土高度(m)	
1	管顶 +0.5	
2	管顶 +1.0	
3	管顶 +2.2	
4	管顶 +3.4	
5	管顶 +4.1	填土土质：管顶以上素土；测试为填土压实后
6	管顶 +7.2	
7	管顶 +10.1	
8	管顶 +13.0	
9	管顶 +16.2	
10	管顶 +20.1	

3) 试验结果分析

管周填土过程中钢波纹管涵洞切向应变试验结果如图6-22所示。

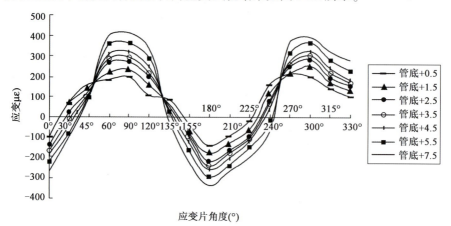

图6-22 钢波纹管涵洞切向应变试验结果

对图6-22分析,可得出:管周填土过程中,波峰各角度切向应变变化规律总体呈"M"形变化,其中,最大拉应变出现在管周90°与300°位置,压应变出现在管顶0°和管底180°位置。各角度切向应变随着填土高度变化增加,在填筑过程中,可能由于施工机械干扰,管周90°、180°和300°位置出现应力集中。波峰各角度切向应变具有一定的周期交替性,填土初期部分测试角度的切向应变值存在突变,这是由于管周施工过程中,机械对钢波管产生不同程度的扰动。因此,应进行重点监测,确保结构安全稳定。

管顶填土过程中钢波纹管涵洞切向应变试验结果如图6-23所示。

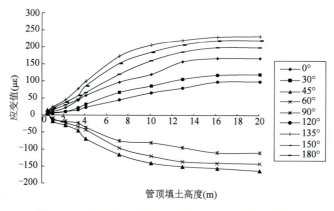

图6-23 钢波纹管涵洞切向应变随填土高度增长分布规律

对图6-23分析得出:总体上,管侧90°、管周60°和45°为压应变,大小关系为:管周45°>管周60°>管顶90°;而拉应变的大小关系为:管周135°>管周150°>管底180°>管顶0°>管周30°>管周120°。不同角度应变值增长率先增大后减小,其中管周135°为最大拉应变,而最大压应变出现在管周45°。填土在2.2~13.0m过程中,各角度应变值突然增大,这是由于管顶1m范围的黄土碾压不充分(为避免破坏钢波纹管,未采用大型机械进行压实),填土管顶上2.2m时,管顶黄土进行了充分碾压,应变值增长增幅较大;管顶填土为 16.2~20.1m 时,各角度应变值几乎不变,这是由于土体与钢波纹管之间产生了土拱效应,减小了钢波纹管内壁受力。

管外径向土压力随填土高度的测试结果如图 6-24 所示。

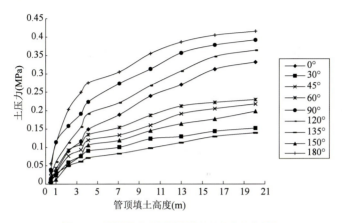

图 6-24 管外径向土压力随填土高度的变化规律

通过图 6-24 分析,可以得出:施工过程中,各角度径向土压力值随填土高度的增加而逐渐增大,且增长率先大后小。填土初期(管顶填土 4.1m 以内),各角度径向土压力值迅速增加,增长率最大,大小关系为:管底 180° > 管侧 90° > 管周 120° > 管顶 0° > 管周 60° > 管周 45° > 管周 150° > 管周 30°。填土至 4.1~13.0m,管外各角度径向土压力值出现快速增大;填土后期(管顶填土 16.2~20.1m)各角度径向土压力值趋于稳定,此时形成土拱效应。各个测点的径向土压力值均以抛物线的形式增长。填筑至管顶上 4.1m 时应进行观测,防止钢波纹管产生较大变形。

管外径向土压力随测试位置的测试结果如图 6-25 所示。

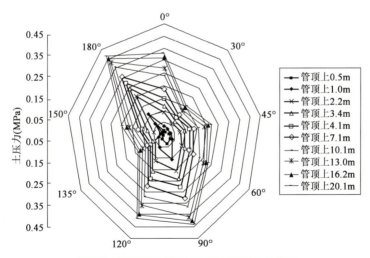

图 6-25 管外径向土压力随测试位置的变化规律

通过图 6-25 分析,可以得出:不同角度径向土压力随填土高度增长幅度不同,最大土压力值在管底 180°位置,最小土压力值在管周 135°位置。从整个圆周角度来看,管外各角度径向土压力从管顶 0°→管底 180°的变化趋势为:减小→迅速增大→急剧减小→增大。

6.3.3.3 数值模拟分析

1) 材料参数

依据设计材料和现场实测数据,对钢波纹管涵洞相关力学参数进行如下设置,见表6-9。

表6-9 钢波纹管涵洞的材料参数

类型	弹性模量(GPa)	密度(kg/m³)	泊松比	厚度(mm)
钢波纹管	200	7850	0.3	10
土体	0.04	1900	0.35	—
天然砂砾	0.045	2000	0.18	—

填土高度为11.64m,天然砂砾填到管顶1m,其他的填充剂是管顶填土。

2) 网格划分

为达到应有的计算精度,波纹管的单元形状取四边形,实体单元取六面体,在计算误差允许范围内,尽量减少单元数目,以节省计算的时间。

对于钢波纹管涵洞,网格划分的顺序为先划分波纹管单元(图6-26),再划分土体单元(图6-27)。

图6-26 波纹管网格划分

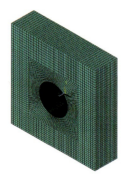
图6-27 土体网格划分

3) 结果分析

根据建立的模型,计算所得模型竖向变形如图6-28、图6-29所示。

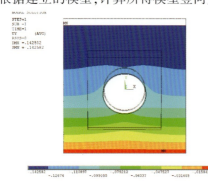
图6-28 整体竖向挠度云图

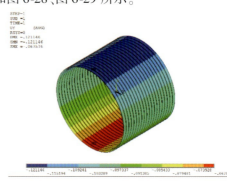
图6-29 钢波纹管竖向挠度

由图6-30可知,在管顶平面内,距管顶5m处的土压力最大,这是由于钢波纹管涵洞所在的内土柱在填土过程中沉降较小,而外土柱弹性模量远小于钢波纹管结构,故会有较大的沉降量,这样就会在内外土柱的交接面,即距管顶5m处形成沉降差,外土柱对该位置的土压力会产生附加压力,使其大于管顶平面内其他位置土压力。管顶土压力随着填土高度的增加会小于管顶平面内其他位置,由此可见,虽然内外土柱的沉降差会对内土柱产生附加应力,但由于该结构中管径达到7m,外土柱产生的等效应力不能对管顶土压力产生影响。而在内外土柱范围内,由于土体之间相互扰动等复杂的相互作用,使得其土压力会随着填土高度的增加而大于管顶土压力。

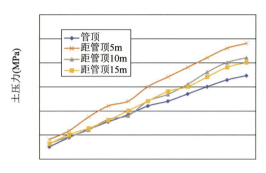

图6-30 管顶平面内土压力

6.3.3.4 小结

通过对直径7m钢波纹管通道现场测试和数值模拟,得出了施工过程中钢波纹管通道管内应变、管外土压力随着填土高度增加的变化规律。通过分析,进一步指导施工,确保了钢波纹管通道施工质量及整体稳定性。

7 总结

本书对离隰高速公路在品质工程建设中所积累的优秀经验进行了总结和提炼,对山西省山区高速公路建设质量控制要点、关键质量通病形式、形成原因及防治措施进行了归纳总结,同时对建设过程中采用的新材料、新技术、新工艺等"四新技术"和特殊工艺进行了分享。

路基工程方面:对填土路基、填石路基、土石混填路堤、高填方路堤、填挖交界(纵横)地段路基、土质路堑、石质路堑和深挖路堑 8 种类型的路基形式的施工工序、施工质量控制要点进行了归纳总结。特殊工艺及新技术应用方面,对杂填场地的超能强夯处置技术、CFB 灰渣改良高含水率路基土技术、黄土地区公路边坡生态防排水一体化技术、整体式模板一次浇筑成型阶梯式急流槽技术、路基"三同步"标准化施工进行了分享。

路面工程方面:对水泥混凝土面层、沥青混凝土面层、水泥稳定碎石基层、层间结合的施工工艺和关键质量通病与防治进行了归纳总结。特殊工艺及新技术应用方面,对胶粉复合改性沥青混合料技术、基层大宽度全幅摊铺技术和面层全幅智能化摊铺技术等进行了分享。

桥梁工程方面:对桩基、承台系梁、桥墩、桥台、盖梁、梁板(预制、张拉、压浆)及桥面系附属工程的施工工序、施工质量要点、关键质量通病原因分析与防治措施进行了归纳总结。特殊工艺及新技术应用方面,对桩底岩溶探测技术、混凝土密实性无损检测技术应用、智能喷淋养生技术应用、小半径高墩柱现浇梁施工技术、薄壁空心墩液压爬模、玄武岩纤维水泥混凝土应用进行了分享。

隧道工程方面:对洞身开挖、初期支护、仰拱及仰拱填充、防排水和混凝土衬砌的施工工序和关键质量通病与防治进行了归纳总结。特殊工艺及新技术应用方面,对聚能水压光面爆破技术、低标号 CFB 灰渣混凝土技术和隧道全液压轨行式整体模板台车技术应用进行了分享。

涵洞工程方面:对混凝土涵洞、波形钢管涵进行了归纳总结。特殊工艺及新技术应用方面,对台背、涵背回填高速液压夯实机补强夯实、装配式钢波纹管涵快速连接工艺和高路堤大孔径钢波纹管通道应用技术进行了分享。

本书主要围绕离隰高速公路建设实例,探讨了路基、路面、桥涵、隧道工程施工质量控制要点、关键质量通病的形成原因和防控措施,可为山西省山区高速公路的建设实践提供一定经验与借鉴。

未来,山西省其他高速公路的建设案例将会是对本书的有益补充,希望公路工程技术人员和管理人员能本着防患于未然的原则,尊重客观事物本来规律,遵守规范、规程和技术标准,做一名有职业操守的从业者,尽量避免质量通病的发生,一旦发生应尽早处治,把病害扼杀在萌芽阶段,切实从可持续发展的角度出发,提升山西省公路工程建设质量,打造品质公路,造福子孙后代。

参 考 文 献

[1] 中交第一公路勘察设计研究院有限公司.呼北国家高速公路山西离石至隰县段两阶段施工图设计[R].山西:中交第一公路勘察设计研究院有限公司,2020.

[2] 山西省交通规划勘察设计院有限公司.呼北国家高速公路山西离石至隰县段两阶段施工图设计[R].山西:山西省交通规划勘察设计院有限公司,2020.

[3] 交通运输部公路局.高速公路施工标准化技术指南[M].北京:人民交通出版社,2012.

[4] 江苏省交通工程建设局.高速公路建设质量通病防治手册[M].北京:人民交通出版社,2012.

[5] 常新忠,解卫江,王健,等.山西离隰高速公路质量通病管理手册[R].山西:山西离隰高速公路有限公司,2020.

[6] 王健.解卫江,牛雨竹,等.黄土地区公路边坡生态防排水一体化技术[R].山西:山西离隰高速公路有限公司,2022.

[7] 孙志杰,牛雨竹,李鹏飞,等.基于经验统计的杂填场地高能级强夯夯沉量预测[J].山西交通科技,2023(1):57-60.

[8] 李卫红,常惠宗,李海潮,等.杂填场地高能级强夯处置停夯标准研究[J].山西交通科技,2022(06):28-31.

[9] 解卫江,李鹏飞,孙志杰,等.高能级强夯杂填场地的夯沉量变化规律研究[J].电力学报,2023,38(03):209-215.

[10] 解卫江,李卫红,王宇强,等.CFB灰渣制备轻质早强小型预制构件研究与应用[J].公路交通科技,2022,39(12):36-44.

[11] 解卫江,梁凯,胡滨,等.湿陷性黄土地区高填方大孔径钢波纹管涵洞受力分析[J].中外公路,2022,42(03):156-160.

[12] 付智,罗薷,王大鹏.《公路水泥混凝土路面施工技术细则》实施手册[M].北京:人民交通出版社股份有限公司,2014.

[13] 中华人民共和国交通运输部.公路路面基层施工技术细则:JTG/T F20—2015[S].北京:人民交通出版社股份有限公司,2015.

[14] 李爱国.沥青路面施工技术与工艺全解[M].北京:人民交通出版社股份有限公司,2014.

[15] 张登良.沥青路面工程手册[M].北京:人民交通出版社,2003.

[16] 沈金安.沥青及沥青混合料路用性能[M].北京:人民交通出版社,2001.

[17] 王旭东,李美江,路凯冀.橡胶沥青及混凝土应用成套技术[M].北京:人民交通出版社,2008.

[18] 中华人民共和国交通部.公路沥青路面施工技术规范:JTG F40—2004[S].北京:人民交通出版社,2004.

[19] 山西省质量技术监督局.公路改性沥青路面施工技术规范:DB14/T 160—2015[S].山

西:山西省质量技术监督局,2015.
[20] 苏新国,颜赫,鲁圣弟,等.沥青路面层间粘结效果影响因素[J].长安大学学报(自然科学版),2013,33(3):7.
[21] 中华人民共和国交通运输部.公路桥涵施工技术规范:JTG /T 3650—2020[S].北京:人民交通出版社股份有限公司,2020.
[22] 广东省交通运输厅.广东省公路桥梁工程后张法预应力施工及检测技术指南[R].广州市:广东省交通运输厅,2021.
[23] 中华人民共和国建设部.岩土工程勘察规范:GB 50021—2001[S].北京:中国建筑工业出版社,2001.
[24] 湖南省质量技术监督局.预应力混凝土箱梁桥腹板竖向预应力精轧螺纹钢筋张拉力检测规程:DB43/T 847—2013[S].长沙:湖南省质量技术监督局,2013.
[25] 中华人民共和国水利部.水利水电工程物探规程:SL 326—2005[S].中国水利水电出版社.2005.
[26] 辽宁省市场监督管理局.基于声波层析成像的桥梁混凝土质量检测技术规程:DB21/T 3179—2019[S].辽宁:辽宁省市场监督管理局,2019.
[27] 解卫江,王健,韩冠华,等.桩底溶洞声呐探测装置及方法[R].山西:山西离隰高速公路有限公司,2022.
[28] 解卫江,王健,范张强,等.连续刚构桥梁竖向预应力筋使用性能研究[R].山西:山西离隰高速公路有限公司,山西路桥第八工程有限公司离隰高速LJ4项目部,2022.
[29] 王健,常惠宗,范张强,等.智能喷淋养生系统[R].山西:山西离隰高速公路有限公司,中铁三局集团有限公司离隰高速公路工程PPP项目经理部一分部,2022.
[30] 解卫江,龙浩,牛雨竹,等.小半径高墩柱现浇梁施工技术[R].山西:山西离隰高速公路有限公司,中铁十八局集团有限公司离隰高速LJ3项目部,2022.
[31] 邹祎.隧道洞身开挖爆破施工技术研究[J].工程技术研究,2019,4(23):43-44.
[32] 马伟斌.铁路山岭隧道钻爆法关键技术发展及展望[J].铁道学报,2022,44(03):64-85.
[33] 李增恩.隧道掘进聚能水压爆破技术的研究与应用[J].湖南工程学院学报(自然科学版),2021,31(02):84-87.
[34] 李伟,袁绍国,高文磊.聚能水压光面爆破在岩巷掘进中的研究[J].煤炭技术,2019,38(06):25-27.
[35] 陈国新,杜志芹,沈燕平,等.高保坍型聚羧酸系高性能减水剂的研制及性能[J].新型建筑材料,2012,39(03):81-82+88.
[36] 谢文强,常志祥,王修辉.煤矿岩巷掘进聚能水压光面爆破新技术研究与应用[J].能源与环保,2017,39(08):130-134.
[37] 赵伟平.公路隧道超欠挖原因分析、预防与控制措施研究[J].甘肃科技,2012,28(12):96-97+71.
[38] 邓强,裴占龙,田青青.边坡支护施工技术在肯尼亚某大坝工程中的应用[J].水泥工程,2020(03):78-81.
[39] 河北省质量技术监督局.公路涵洞通道用复合钢波纹涵管通用技术要求:DB13/T

2585—2017[S].石家庄:河北省质量技术监督局,2017.

[40] 解卫江,常新忠,王健,等.高路堤大孔径钢波纹管通道应用技术研究[R].山西:山西离隰高速公路有限公司,中交第一公路勘察设计研究院有限公司,西安中交土木科技有限公司,2022.

[41] 解卫江,常新忠,王健,等.装配式钢波纹管涵快速连接施工工法[R].山西:山西离隰高速公路有限公司,山西路桥第三工程有限公司离隰高速 LJ6 项目部,2021.

[42] 常新忠,解卫江,王健,等.平板液压夯路基边坡夯实技术研究与应用[R].山西:山西离隰高速公路有限公司,山西路桥第八工程有限公司离隰高速 LJ4 项目部,2022.